高等职业教育物流类专业系列教材

智 慧 仓 配 运 营

主　编　苏杜彪　徐　丽
副主编　王小艳　程文科　王颖菊
参　编　邢　龙　付晓艳　刘志强　王　琳

机械工业出版社

本书立足于高等职业教育学生特点及物流行业的现实情况，对标《高等职业教育专科现代物流管理专业教学标准》，结合目前智慧仓储与配送作业的具体工作内容，并融合了物流管理职业技能等级认证和全国职业院校技能大赛的相关内容与要求。全书以工作流程为内容主线，兼顾理论与实践的统一。本书共分为 7 个模块，前 6 个模块均配有习题与训练，最后一个模块为综合实训。

　　本书可供现代物流管理、物流工程技术等专业的学生和教师使用，也可供从事物流行业的专业人士和企业管理人员学习参考。希望读者通过学习本书，能够获得系统的智慧仓配知识体系，提升解决实际问题的能力，并在未来的职业生涯中发挥重要作用。

　　本书配有微课视频，扫描书中二维码即可随时学习。本书配有电子课件等数字资源，凡使用本书作为教材的教师可登录机械工业出版社教育服务网 www.cmpedu.com 注册后下载。咨询电话：010-88379534，微信号：jjj88379534，公众号：CMP-DGJN。

图书在版编目（CIP）数据

智慧仓配运营 / 苏杜彪，徐丽主编. -- 北京：机械工业出版社，2025. 5. --（高等职业教育物流类专业系列教材）. -- ISBN 978-7-111-78144-8

Ⅰ. F25-39

中国国家版本馆 CIP 数据核字第 20250Q9J83 号

机械工业出版社（北京市百万庄大街 22 号　邮政编码 100037）
策划编辑：张雁茹　　　　　　　　责任编辑：张雁茹　赵晓峰
责任校对：张勤思　张慧敏　景　飞　封面设计：马若濛
责任印制：单爱军
保定市中画美凯印刷有限公司印刷
2025 年 6 月第 1 版第 1 次印刷
184mm×260mm · 17 印张 · 420 千字
标准书号：ISBN 978-7-111-78144-8
定价：55.00 元

电话服务　　　　　　　　　　　网络服务
客服电话：010-88361066　　　机 工 官 网：www.cmpbook.com
　　　　　010-88379833　　　机 工 官 博：weibo.com/cmp1952
　　　　　010-68326294　　　金 书 网：www.golden-book.com
封底无防伪标均为盗版　　　机工教育服务网：www.cmpedu.com

前　言

物流行业的智慧化改造已经成为提升企业竞争力、优化客户体验、降本增效的关键因素。与此同时，电商的蓬勃发展、制造业领域产品的规模化都对物流服务提出了更高的要求。纵观整个物流行业的人才需求，不难发现智慧物流人才供给严重不足。因此，为了培养更多智慧物流专业人才，增强物流从业人员对智慧物流环节中"仓储"和"配送"的认知和实践技能水平，学校教师联合大型物流企业一线工作人员共同编写了本书。

本书是第二批国家级职业教育教师教学创新团队标志性成果之一，依据高等职业教育专科的培养目标和人才培养模式，围绕社会需要和职业岗位群的要求，坚持以提高学生整体素质为基础，以培养学生的实践应用能力为核心。本书以智慧仓配、传统仓配工作流程为内容主线，分为走进智慧仓配、智慧仓配布局规划、仓储作业、配送作业、智慧仓配运营管理、仓储与配送成本控制和绩效管理及智慧仓配综合实训共计 7 个模块 22 个单元。

本书的特点如下。

1. 聚焦智慧物流相关岗位要求

本书依据现代流通领域相关岗位"工作数字化、操作智能化、业务综合化"的新要求，联合物流企业一线人员共同探讨相关岗位工作内容。在传统教材的基础上增加了智慧物流工作岗位的多个实例，编写了智慧物流设施设备认知、智慧设备使用标准与维护、信息系统建设及智慧物流综合实训等多个贴近企业实际的内容。

2. "岗课赛证标"多元融合

本书对标《高等职业教育专科现代物流管理专业教学标准》，融合世界职业院校技能大赛"智慧物流"赛项竞赛内容、物流管理职业技能等级证书考核要求，以及 GB/T 41834—2022《智慧物流服务指南》等现行国家标准，并将其融入教材的内容、习题、实训和引例等多个方面。

3. 教材内容形式多样且丰富

本书采用了项目引例、视野之窗、知识之窗、技能之窗等多种形式，增强学生学习兴趣。同时配备了在线精品课程资源，扫描二维码即可进入课程学习。

本书由新疆交通职业技术大学苏杜彪、宁波职业技术大学徐丽任主编，并进行统稿。具体分工如下：模块一由新疆交通职业技术大学程文科和伊犁职业技术学院王颖菊共同编写；模块二由程文科与新疆交通职业技术大学王小艳共同编写；模块三由苏杜彪编写；模块四由王小艳和新疆铁道职业技术学院付晓艳共同编写；模块五由苏杜彪和徐丽共同编写；模块六由徐丽编写；模块七由苏杜彪、新疆交通职业技术大学王琳及新疆铁道职业技术学院刘志强共同编写。新疆龙海达物流有限公司邢龙总监提供了本书企业案例，并指导了模块三、模块四和模块七的编写。

　　本书在编写过程中，得到了新疆维吾尔自治区邮政管理局、新疆龙海达物流有限公司、新疆维吾尔自治区物流行业协会、新疆京邦达供应链科技有限公司及新疆铁道职业技术学院等的大力支持，在此表示衷心的感谢！本书编写过程中参考了大量的文献资料，利用了许多网络资源，引用了许多专家学者和国内相关企业的资料，在此对这些文献作者和公司表示崇高的敬意和诚挚的感谢！

　　由于物流行业发展变革迅速，智慧化设备和技术层出不穷，相关理念也在不断涌现，书中许多理论和方法有待进一步探讨。同时，由于编者水平有限，书中难免有疏漏和不足，敬请各位专家和广大学者批评指正。

编　者

目　录

模块一

走进智慧仓配

【知识目标】

1. 了解仓储的含义、产生和发展史。
2. 熟悉仓储管理的内容和基本任务。
3. 了解智慧仓储的含义、特点。
4. 了解物流企业的特点。

【能力目标】

1. 能够明确仓储企业的主要岗位及其职责范围。
2. 掌握仓储作业的主要内容和作业流程。
3. 能够理解仓储在物流管理中的作用。
4. 能够分辨智慧仓储和传统仓储的区别。

【素质目标】

1. 培养组织协调能力和团队协作意识。
2. 培养目标意识、规则意识和标准操作意识。
3. 具备基于仓储作业活动的大局观和细节观。
4. 树立敬业和吃苦耐劳的职业观念。

【项目引例】

京东 618 再创新纪录

截至 2023 年 6 月 18 日晚 23 时 59 分，京东 618 再创新纪录，烟火气持续在全国各地沸腾！2023 年京东 618 期间，京东物流持续发挥一体化供应链服务优势，多措并举、全力保障全国范围内的无差别送货上门，同时，已经推出 13 年的 211 限时达让"上午下单、下午收货"的时效服务成为快递行业服务升级风向标。数据显示，在京东 618 高峰期，全国超过 95％的区县实现了当日达、次日达。

极致的快递服务背后，离不开遍布全球的供应链基础设施。2023 年京东 618 期间，亚洲一号生产的第 100 亿件智能包裹从京东物流亚洲一号昆山智能产业园 2 期（以下简称昆山亚一 2 期）上线，这标志着我国智能物流迎来又一个全新里程碑。随着昆山亚一 2 期的最新投用，全球规模最大仓拣一体智能物流园落成，10 年间数十座亚一与超过 1500 个仓库搭建的供应链网络在让超千万 SKU［最小存货单位（Stock Keeping Unit）］库存周转实现全球领先的 32.4 天的同时，更让半日达等优质服务普惠全国。

2023 年京东物流一体化供应链产品和解决方案持续升级，拳头产品商务仓再度升级，将数智化技术能力与标准仓配一体服务深度融合，通过算法模拟，为客户提供合理的备货方案及补货计划，提升库存运转效率，减少跨区发货，提升当日达、次日达占比，提高仓配一体履约及交付服务标准。为了保障商家体验，京东物流针对物流入库、在库、出库等多个环节，推出"及时上架""24 小时快速出货""100% 送货上门""极速理赔"等 15 项高标准服务承诺及 8 项必赔承诺。

与此同时，京东物流持续为海外客户、我国出海品牌提供一体化供应链物流服务。2023 年，京东物流荷兰芬洛 1 号仓等欧洲多个仓库引入了自动化分拣拣选方案，通过"地狼"AGV［自动导引车（Automated Guided Vehicle）］搬运机器人和智能分拣机器人的配合，将拣货效率提升超过 3 倍。同时，京东物流通过部署"正逆一体工作站"，帮助客户提升退换货订单的处置效率。高度自动化的设备与解决方案让芬洛 1 号仓运转效率比普通仓库高 3 倍以上。如今，芬洛 1 号仓已承担起高端成衣品牌香蔻慕乐在 17 个欧洲国家的上万个 SKU 的订单履约。

此外，在澳大利亚悉尼市的京东物流悉尼 1 号仓中，众多 AGV 机器人高效处理仓内数万个 SKU 商品，让仓内的中小件产品的拣货效率提高超过 5 倍，同时让仓内履约效率提升超过 100%。

与此同时，随着昆山亚一 2 期的最新投用，昆山亚一成为全球规模最大的仓拣一体智能物流园区，80 多条自动分拣线、一万个智能分拣机器人等高度自动化、智能化设备的应用，使其具备日均分拣超过 450 万件包裹的能力，分拣准确率达到 99.99%，效率也提升了 5 倍之多。

> **思考：**
> 1. 近年来，我国快递物流行业迅猛发展，在快递实现了当日达、次日达的过程中，智慧仓储起到了什么作用？
> 2. 简述本案例中涉及的主要物流装备与技术。

单元一 仓储的认知

📖 【思维导图】

仓储的认知
- 仓储的产生与发展
  - 仓储的产生
  - 仓储发展的四个阶段
  - 我国仓储业的发展历程
- 仓储与仓储管理
  - 仓储的概念
  - 仓储在物流管理中的作用
  - 仓储管理的内容与目标
- 物流企业的认知
  - 运输型物流企业
  - 仓储型物流企业
  - 综合服务型物流企业

一、仓储的产生与发展

（一）仓储的产生

在商品从生产领域向消费领域转移的过程中，商品生产和商品消费在时间、空间及品种和数量等方面不同步，这一客观矛盾促使了仓储业的产生。

自从人类社会出现了剩余产品，就出现了"储备"这个概念。所谓储备，是指将多余的、暂不消费的商品存起来以备再用的活动规范。从宁波余姚河姆渡遗址出土的稻谷可以看出，人类储备的历史已达 7000 余年。在原始社会末期，当某个人或某个部落的生产出现暂时的剩余时，就把多余的产品储存起来。但是，当时的储存完全是自发的行为，规模小、数量少，以储存自然采集物和猎物为主，人们使用的是石块和木棒做的粗笨工具，生产力水平极低。当时储备的目的，一是维持产品的数量；二是保护产品的所有权。

随着生产力的发展，人类历史上出现了第一次社会大分工，即农业和畜牧业的分离。由于社会的分工、技术的进步，人类学会了使用畜力，能够制造简单的车船，并开始修路凿河，生产有了剩余，简单的储存方式如烘、焙、熏、腌等及悬于壁、藏于窖的储存方法产生了。一旦生产有了剩余，以物易物就出现了，随之而来的是储运活动，当然这只是指产品的储运。

随着生产力的进一步发展，人类历史上出现了第二次社会大分工，即手工业从农业中分离出来，成为一个独立的生产部门，这是一种以交换为目的的真正的商品生产。随之而来的贸易不仅有部落内部的和部落之间的贸易，还有海外贸易，交换的范围扩大了。随着商品生产和商品交换的进一步发展，人类历史上出现了第三次具有决定意义的社会大分工，即工业和商业的分离。它创造了一个不从事生产只从事商品交换的人群——商人。从此商业作为专门从事商品流通的独立经济部门出现在历史舞台上。

工业革命后，庞大的生产规模和较高的生产能力使越来越多的商品投入流通领域，不断开辟远方市场成了发展生产的必然趋势，交换的范围更大了。大规模的商品生产和商品交换在客观上要求商品的储备规模不断扩大，于是，商品储备逐渐从某个部门、某个企业的附属部门逐渐分离为一个独立的行业——仓储业。

仓储是每个物流系统都不可缺少的组成部分，是生产者与客户之间一个主要的联系纽带，在物流系统中起着运输整合、产品组合、物流服务、防范偶发事件、物流过程平稳等一系列增加附加值的作用。

人们经常将仓储解释为储存商品。广义上讲，这种定义是指提供储存功能，而这种储存功能不仅包括露天矿石的储存，生产车间产品的存放，还包括原材料、在制品和转运中产品的存放。每个人工制造、自然生长或捕获到的产品在其生命周期（从被创造到被消费）中至少都会被储存过一次，这充分说明了仓储在国民经济发展中的重要性。

仓储是指商品在从生产地向消费地的转移过程中，在一定地点、一定场所、一定时间的停滞。储存是物流的一种运动状态，是商品流转的一种作业方式。储存过程包括对物品进行检查、保管、加工、集散、转换运输方式等多种作业。储存是物流的主要职能，也是商品流通不可缺少的环节。现代物流是指原材料采购、产品生产及销售过程的实物物流的统一管理，也是实现促进产品销售和降低物流成本的管理。物流过程需要经过许多环节，其中仓储是不可缺少的重要环节。仓储从传统的物品存储、流通中心发展成为物流产业的节点，作为物流管理的核心环节发挥着协调整体物流的作用，仓储也是产品制造过程中的一个环节。

在我国，仓储有两个含义：一是微观层次上的，即企业所进行的仓储活动。商品的仓储活动是由商品生产和商品消费之间的客观矛盾所决定的。商品在从生产领域向消费领域转移的过程中，一般都要经过商品的仓储阶段，这主要是由商品生产和商品消费在时间、空间及品种和数量等方面的不同步所引起的，正是在这些不同步中，仓储活动发挥了重要作用；二是宏观层次上的，指专业从事仓储活动的产业，即仓储业。仓储业是从事仓储活动的经营企业的总称。随着社会主义市场经济的不断发展，仓储业已成为经济社会发展中不可或缺的力量，在国民经济体系中占有重要地位。我国的仓储业历史悠久，特别是改革开放以来，形成了规模较大、各种专业化门类齐全的仓储分工，在数量上完全能满足我国经济发展的需要。

（二）仓储发展的四个阶段

1. 人工仓储阶段

人工仓储是仓储系统发展最原始的阶段，仓库物资储存、输送和控制主要依靠人工来实现，效率低且容易出错。但是在当前社会的发展状态下，由于人工仓储投资少、收益快，因此还在持续运营。

2. 机械仓储阶段

机械仓储是指通过传输带、工业运输车、机械手和吊车来移动和搬运物料，用货架、托盘和可移动货架等来储存物料，通过人工操作机械储存设备，用限位开关、螺旋机械制动和机械监视器等控制设备的运行。

3. 自动仓储阶段

自动化技术的发展与应用对仓储技术的发展起到重要的促进作用，AGV、自动货架、自动存取机器人、自动识别系统、自动分拣系统等都加入了仓库系统自动控制设备的行列，大大提升了工作效率。

随着计算机技术的发展，自动仓储的工作重点转向物资的控制和管理，要求实现实时、协调和一体化。计算机之间、数据采集点之间、机械设备的控制器之间，以及它们与主计算机之间的通信可以及时汇总信息，仓库计算机及时记录订货和到货时间，显示库存量，计划人员可以方便地做出供货决策，管理人员可以随时掌握货源及需求。

信息技术的应用已成为仓储技术的重要支柱。到20世纪70年代末，自动化技术越来越多地应用到生产和分配领域。"自动化孤岛"需要集成化，于是便形成了"集成化系统"的概念。在集成化系统中，整个系统的有机协作使总体效益和生产的应变能力大大超过各部分独立效益的总和。集成化仓库技术作为计算机集成制造系统中的物资存储的中心受到了人们的重视，集成化系统里包括人、设备和控制系统。

4. 智慧仓储阶段

智慧仓储是指采用先进的信息技术手段对仓储设备与仓储管理过程进行智能化改进，通过构建一套流程标准化的现代信息管理系统，提升采集、处理、流通、管理、分析的信息加工链与入库、出库、移库、盘点、拣选、分发的业务环节链的调度水平，旨在通过信息化、物联网和机电一体化等来实现仓库高效管理，从而降低仓储成本、提高运营效率、提升仓储管理能力。智慧化仓储利用射频识别（Radio Frequency Identification，RFID）、网络通信、信息系统应用、智能化设备等手段，以达到出入库、移库管理信息自动采集、识别和管理为主的目的。

智慧仓储是智慧物流过程中的一个环节。智慧仓储的应用保证了仓库管理中的各个环节数据传输的速度和准确率，确保企业能够准确掌握仓库的实时数据，包括出入库信息、库存信息，为企业合理控制库存奠定了基础。通过利用仓储管理系统实时更新仓储数据，可以提高仓储任务分配和执行的效率，优化仓储作业的流程，节约人力和物力，为管理者提供辅助决策依据，便于及时掌握所有货物的当前位置及质量情况，从而提高仓储管理的效率。

智慧仓储的特点主要包括以下几方面。

（1）从自动化进阶到高柔性自动化　随着工业社会的发展和技术的不断进步，仓储物流技术逐渐由人工堆放平面库发展到自动化刚性立体库，再发展到高柔性自动化立体库。叉车技术让仓储系统进入了机械化立体库时代，库房的空间利用率得到了极大提升，同时保留了高柔性的特点。无人、高效和空间利用率高等优点使自动化立体库逐步成为制造业和商业推崇的最佳仓储解决方案。将成品直接从生产线运送到成品库的货架上，这极大提升了仓储一体化的进程。

（2）高密度化　随着城市化进程不断深入，土地的稀缺性问题日益严重，作为工业、商业和社会不可或缺的仓储物流用地日趋紧缺，高密度仓储物流技术成为发展趋势。一方面，传统的货架越建越高，以充分利用仓库有限的占地面积。这样的仓储系统一般利用超高堆垛机来完成出入库作业；另一方面，减少巷道的数量，实现货物在水平和垂直方向的高密度存放。

（3）拣选无纸化和自动化　拣选是仓储物流中劳动密集的作业环节，在一些电商物流中心，拣选作业甚至占仓库运营成本的50%。为了提高拣选效率、降低仓储物流总成本，近年来拣选方式和技术不断创新，拣选作业更加动态化，部分领域实现了拣选的自动化。为了提高拣选效率、降低差错率，无纸化拣选已经成为大趋势。

（4）数字化　物流贯穿企业业务全流程，而作为物流核心环节的仓储物流系统，其数字化是企业数字化建设的重中之重。仓储物联网、信息采集硬件设备的投入及数字孪生技术的应用可以构建仓库的数字化管理，如数字大屏、看板，从而在物流数字化和网络化建设方面打下良好的基础。

（5）透明化和可预测　通过数字化和网络化建设，可以实现仓储物流的可视化管理，下一步是全流程的透明化和对未来业务的精准预测。全流程透明化可以实现流程的优化，提高物流的速度、效率和质量，降低物流成本。特别是在电子商务时代，客户的订单随机性高，导致电商物流中心的业务需求波动大，这给仓储物流系统的资源配置带来巨大挑战。基于数字化和新型预测方法的物流需求预测分析对仓储物流系统的建设和运营意义重大。

（6）智能化　仓储物流技术发展的最终目标是智能化，即在数字化和透明化的基础上，模仿生物和人的智能给仓储物流系统赋予感知、分析、学习和决策的能力，甚至利用"深度学习"技术，让系统具有思维、推理判断和自行解决复杂物流问题的能力。

（三）我国仓储业的发展历程

近年来，我国的仓储业正在向仓储社会化、仓储产业化、仓储标准化、仓储现代化的方向发展。拥有先进管理理念的物流企业开始注重对整体供应链进行管理，积极发展与客户的长期合作关系，通过提供各种增值服务来参与客户的供应链管理，降低客户的成本，从而提高自身的竞争力。

我国的仓储业将在建设与需求同步增长的和谐氛围中发展壮大，而网络化、信息化和先进的信息技术将成为其发展的有效途径。预计第三方仓储需求将增大，仓储管理现代化步伐进一步加快，各企业更加注重核心竞争力的打造，物流园区将在政府的支持和引导下进入良性发展阶段。

1. 基于仓储平台的增值服务迅速发展

更多企业开始从供应链管理的角度出发，积极发展基于仓储的各项增值业务，创新适合本企业的业务模式，这必将促使仓储行业快速发展。

2. 第三方仓储需求增大

越来越多的中小型企业借助第三方仓储来减少资本的投入，提高服务水平。从长期来看，第三方仓储因拥有众多优点将成为市场主体。

3. 仓储管理现代化步伐加快

仓储企业逐渐加快现代化改造的步伐，加大对仓库的硬件投入。这包括库房建设和改造，购置新型货架、托盘、数码自动识别系统和分拣、加工、包装等新型物流设备，大幅度提升现有仓储自动化水平和物流运作效率，增加物流服务功能。

4. 信息化水平提高

中国物资储运总公司（以下简称中储）为适应仓储信息化管理发展的需求，对其仓储业务进行信息系统的建设和改造。该信息系统运行以来，通过为企业提供科学规范的业务管理、实时的生产监控调度、全面及时的统计分析、多层次的查询对账功能，包括网上查询在内的多渠道方便灵活的查询方式，以及新型增值业务的管理功能，不仅满足了中储生产管理、经营决策的要求，而且有力支持了中储开发新客户，已成为其营销和发展的利器。中储以仓储信息化管理系统为支撑，整合物流组织体系，重构仓储管理模式，有效降低了运营成本，取得了明显的经济效益。良好的信息系统大大提高了服务水平，赢得了客户的信赖。

5. 物流园区的发展更加合理规范

国家对物流园区发展的总体指导性将加强，通过出台各项政策，对物流园区整体的健康发展将产生有利影响。图 1-1 所示为部分自动化物流技术装备。

a) 堆垛机

b) 自动化立体库

c) 无人配送机

d) AGV机器人

图 1-1　自动化物流技术装备

知识之窗：

我国商业仓库的发展历史

我国古代商业仓库是随着社会分工和专业化生产的发展而逐渐形成和扩大的。《中国通史》上记载的"邸店"，可以说是商业仓库的最初形式，但当时由于受商品经济的局限，它既有商品寄存性质，又有旅店性质。随着社会分工的进一步发展和商品交换范围的不断扩大，专门储存商品的"塌房"从"邸店"中分离出来，成为带有企业性质的商品仓库。

我国近代商业仓库随着商品经济的发展和商业活动范围的扩大得到了相应的发展。19世纪我国把商业仓库叫作"堆栈"，即堆存和保管物品的场地和设备。堆栈业与交通运输业、工商业关系密切，与商品交换的深度和广度关系也极为密切。由于我国近代工业的发展主要集中在东南沿海地区，因此堆栈业也主要在东南沿海地区发展。据统计，1929年上海码头仓库数量总计在40家以上，库房总容量达到90多万吨，货场总容量达到70多万吨。堆栈业发展初期只限于堆存货物，其主要业务是替商人保管货物，物品的所有权属于寄存人。随着堆栈业务范围的扩大、服务对象的增加，堆栈业逐渐划分为码头堆栈、铁路堆栈、保管堆栈、厂号堆栈、金融堆栈和海关堆栈等。

新中国成立以后，国家接管并改造了旧时留下来的仓库，当时采取对口接管改造的政策，即铁路、港口仓库由交通运输部门接管。随着工农业生产的发展、商品流通的扩大，商品储存量相应增加，但由于改建的仓库和接收的仓库大多是企业的附属仓库，在数量上和经营管理上都不能满足经济发展的需要。为此，政府采取了一系列措施来改革仓储管理工作。例如，1952年原中央贸易部颁发的《关于国营贸易仓库实行经济核算制的决定》中指出，为解决仓容不足、消除仓库使用不合理现象、提高仓库使用率，必须有组织、有计划地实行经济核算制。

在一个较长时期里，我国仓库一直属于劳动密集型企业，即仓库中大量的装卸、搬运、堆码、计量等作业都是由人工来完成的，因此，仓库不仅占用了大量劳动力，而且劳动强度大、劳动条件差，特别是在一些危险品仓库，还极易发生中毒、爆炸等事故；从劳动效率来看，人工作业的劳动效率低下，库容利用率不高。改革开放以来，为迅速改变这种落后状况，我国采取了以下措施：一方面，重视旧式仓库的改造工作，按照现代仓储作业要求来改建旧式仓库，增加设备投入，配备各种装卸、搬运、堆码等设备，减轻工人的劳动强度，改善劳动条件，提高仓储作业的机械化水平；另一方面，新建了一批具有先进技术水平的现代化仓库。随着世界经济发展和现代科学技术的突飞猛进，仓库的性质发生了根本性变化，从单纯地进行储存保管货物的静态储存一跃进入了多功能的动态储存新领域，成为生产、流通的枢纽和服务中心。

二、仓储与仓储管理

（一）仓储的概念

仓储是指通过仓库对商品与物品进行储存与保管。"仓"即仓库，为存放、保管、储存物品的建筑物和场地的总称，可以是房屋建筑、洞穴、大型容器或特定的场地等，具有存放和保护物品的功能。"储"即储存、储备，表示收存以备使用，具有收存、保管、交付使用的意思。

《物流术语》（GB/T 18354—2021）中对仓储的定义为"利用仓库及相关设施设备进行物品的入库、储存、出库的活动"。

仓储既有狭义概念又有广义概念，狭义概念是指通过特定场所对物料进行储存和保管；广义概念是指物品从发出地到接收地的过程中，在一定地点、一定场所、一定时间的停滞。在这个阶段要对物品进行检验、保管、养护、流通加工、集散、转换运输方式等多种作业。

仓储显然是由于社会产品出现剩余和产品流通的需要而生。当产品不能被即时消耗时，需要专门的场所存放，这属于静态仓储。而将物品存入仓库及对于存放在仓库里的物品进行保管、控制、提供、使用等的管理，便形成了动态仓储。可以说仓储是为有形物品提供存放场所、对物品存取进行管理和对存放的物品加以保管、控制的过程。

（二）仓储在物流管理中的作用

1. 运输整合和配载

扫码看视频

由于运输的费用率具有随着运量的增大而减少的规模经济规律，因此尽可能大批量地运输是节省运费的有效手段。而将连续不断生产出的产品集中成大批量再提交运输，或者将众多供货商所提供的产品整合成单一的一票运输等运输整合就需要通过仓储来进行。整合不仅可以实现大批量运输，还可以应用比重整合、轻重搭配，实现运输工具空间的充分利用。整合服务还可以由多个厂商共同享有，以减少仓储和运输成本。在运输整合中还可以对商品进行成组、托盘化等作业，使运输作业效率提高。运输服务商也可以在仓储中整合众多小批量的托运货物，进行合并运输、运输配载，以达到充分利用运输工具、降低物流成本的目的。

2. 分拣和产品组合

对于通过整合运达消费地的产品，需要在仓库里根据流出去向、流出时间的不同进行分拣，分别配载到不同的运输工具上，配送到不同的目的地或消费者手里。

仓储的整合还适用于将在不同产地生产的系列产品在仓库整合成系列体系并向销售商供货。生产商要求分散的供应商将众多零配件送到指定的仓库，由仓库进行虚拟配装组合，再送到生产线上进行装配，这包括将众多小批量的货物组合成大的运输单元，以降低运输成本。

3. 流通加工

流通加工是指将产品加工工序从生产环节转移到物流环节中进行的作业安排。由于仓储中的物资处于停滞状态，因此在仓储中进行流通加工既不影响商品的流通速度，同时又能使产品及时满足市场消费变化的需要和不同客户的需要。流通加工包括产品包装、装潢包装、贴标签、改型、上色、定量、组装等。虽然流通加工往往比在生产地加工成本更高，但能够及时满足销售的需求，还能降低整体物流成本。

4. 平衡生产和保证供货

很多产品具有季节性销售的特性，在销售高峰前才组织大批生产显然不经济而且不可能。只有通过一定时间的持续经济生产，将产品通过仓储的方式储存，才能在销售旺季集中向市场供货，并通过仓储点的妥善分布实现及时向所有市场供货。同时一部分集中生产且常年销售的产品需要通过仓储的方式稳定持续地向市场供货。仓储可以说是物流的时间控制开关，通过仓储的时间调整，使物品按市场需求的节奏流动，满足生产与销售的平衡需要。对一般商品、生产原材料进行适量安全储备，是保证生产稳定进行和促进销售的重要手段，也是防止突发事件（如交通堵塞、发生不可抗力、意外事故等）对物流产生破坏的重要应急手段。

5. 存货控制

除了在现场装配的大型设备、建筑，绝大多数通用产品的现代生产很难做到完全无存货，但存货意味着资金运转停滞，资金成本、保管费用增加，并会产生耗损、浪费等风险。对于存货的控制是物流管理的重要内容之一。存货控制就是对仓储中的商品存量进行控制的工作，并且是整个供应链的仓储存量控制。仓储存货控制包括存量控制、仓储点的安排、补充控制、出货安排等工作。

（三）仓储管理的内容与目标

1. 仓储管理的概念

《物流术语》（GB/T 18354—2021）中对仓储管理的定义为"对仓储及相关作业进行的计划、组织、协调与控制"。

现代企业的仓库已成为企业的物流中心。过去，仓库被看成是一个无附加价值的成本中心，而现在仓库不仅被看成是形成附加价值过程中的一部分，而且被看成是企业成功经营中的一个关键因素。仓库是连接供应方和需求方的桥梁，从供应方的角度看，作为流通中心的仓库从事有效率的流通加工、库存管理、运输和配送等活动；从需求方的角度看，作为流通中心的仓库必须以最大的灵活性和及时性满足顾客的需要。因此，对于企业来说，仓储管理的意义重大。在新经济新竞争形势下，企业在注重效益、不断挖掘与开发竞争能力的同时，已经越来越关注仓储合理管理的重要性。精准的仓储管理能够有效控制和降低流通和库存成本，是企业保持优势的关键助力与保证。仓储管理是随着储存货物的多样化、精细化要求，仓储设备的智能化，仓库结构的现代化发展而不断变化发展的，主要经历了以下三个阶段。

（1）简单仓储管理　由于生产力水平低下和发展缓慢，库存产品的数量和品种都很少，仓库结构简单、设备粗陋，因此仓库管理工作比较简单，主要负责产品出入库的计量及库存物资的看管。

（2）复杂仓储管理　随着生产力水平的提高，特别是在机器生产代替手工生产之后，社会储存产品数量增多，品种复杂，产品性质各异，对储存条件提出了各自不同的要求。同时，由于社会分工越来越细，许多生产性活动逐渐转移到流通领域，使仓库的职能发生了变化，仓库不仅仅是单纯进行储存和保管物资的场所，还增添了产品的分类、挑选、整理、加工、包装等活动，从而增加了产品的价值。储存商品的复杂化和仓储职能的多样化，必然引起仓储建筑结构的变化及技术设备的变化。机械进入仓库使得机械作业代替了手工作业，仓储活动向复杂化方向发展，称为复杂仓储管理。

（3）现代仓储管理　近代社会，科学技术的进步给行业带来了更多的可能性。随着计算机、物联网、大数据等技术在物流产业中普遍应用，仓储管理成为现代物流的重要组成部分。尤其是在供应链管理模式下，仓储的意义已超越单纯的物资存放，成为供应链中起到调节供需、缩减成本、优化物流系统的重要环节。现代化仓储在供应链运行中起着越来越重要的作用，而这些功能的达成有赖于信息化平台的赋能。

2. 仓储管理的内容

仓储管理是指对仓库内物品的存储、管理、配送等工作的管理。在实际操作中，管理者需要在保障企业正常经营活动的前提下确保货物的完好无损，应对各类货物的活动状况进行分类记录并展示货物在数量与品质方面的状况，有的企业还要对货物的地理位置、部门、订单归属和仓储分散程度等情况进行管理，这其中涉及众多的要素与变量，如果管理者没有清晰的管理脉络，当仓储规模提升后，管理工作很容易陷入困境。随着物流业的发展，仓储管理也变得越来越重要，涉及的内容主要有仓库的选址与布局、仓储设备选择与配置、仓储组织管理、仓储业务管理、仓储信息技术管理、仓储作业运营管理。

（1）仓库的选址与布局　企业进行仓库的选址与布局是一个关键决策，需要考虑如下因素。

1）靠近市场。选择离企业的主要市场和客户群体较近的地点，可以减少物流时间和成本。

2）交通便利。选择交通便利的地点，附近有高速公路、铁路、港口或机场可以提供快速的物流连接。

3）劳动力资源。考虑当地的劳动力资源情况是否能够满足仓库操作和管理需求。

4）地租成本。仓库租金是一个重要的考虑因素，选址时要综合考虑地租成本和其他经营成本。

5）设施和设备。选择设施完备、设备齐全的仓库，能够提高仓库操作效率和安全性。

6）周边环境。考虑当地的社会环境、安全因素和政府政策等，确保仓库不会受到不利影响。

7）可扩展性。如果企业有扩张计划，选择一个具备扩展潜力的仓库地点是明智的选择。

（2）仓储设备选择与配置　仓储设备主要是指仓库中除了仓库主体建筑外，进行仓储业务所需的一切设备、工具和用品。仓库管理离不开仓库硬件设施的配置，仓库作业人员借助各种各样的仓储设备，可以合理地组织商品正常转运，妥善维护商品的质量，保障人、财、物的安全。为了提高仓库的运作效率和准确性，现在的企业还会配置仓储管理系统（Warehouse Management System，WMS）用于跟踪库存、管理订单、优化拣货路线等。这样既可以有效降低仓储作业中的人工作业劳动量，又提高了物品流通的顺畅性和流通过程中的质量管理。

（3）仓储组织管理　仓储组织管理的内容如下。

1）建立仓储企业组织结构，具体组织结构包括直线制组织结构形式、直线职能制组织结构形式、事业部制组织结构形式。

2）明确仓储从业人员的岗位职责，具体岗位包括保管员、理货员、商品养护员。

3）设立合理的仓储作业流程和信息流程，确保仓储管理高效、透明、顺畅，提高客户的满意度。

（4）仓储业务管理　这是仓储管理最基本的日常管理内容，是仓储管理的核心，它包括如何组织入库前的货物验收、货物如何入库、货物在库的保管养护、货物数量质量的盘点、货物如何出库等内容。只有认真做好仓储业务管理中的每个环节，才能确保仓储作业的顺利、高质量运行，为后期的配送工作打下坚实的基础。

（5）仓储信息技术管理　现代物流系统一般具有物流节奏快、物流结构与路线复杂、信息量大、实时性要求高等特点。传统的凭主观经验管理物流的方法已经无法适应现代社会，只有采用信息技术（如条码技术、仓储管理系统等）并通过计算机实时联机来发送和接收信息，才能使仓库的物流计划、物流调度及物流输送各个过程的信息相互流通，使物流与仓储进货、销售、生产协调，提高仓储系统的效益。

（6）仓储作业运营管理　仓储作业运营管理包括以下几方面。

1）仓储作业商务管理，包括合同管理、订单管理等，是仓储业务执行的基础。

2）仓储作业质量管理，包括物品的完整性、安全性、时效性、准确性，物品验收、储存、库存管理等。

3）仓储作业成本控制与绩效评价，这是仓储企业管理者的重要工作内容和目标，包括仓储作业成本控制、仓储作业绩效评价。

3. 仓储管理的特征

仓储管理的特征是由仓储管理的内容决定的，具有综合性、技术性、经济性、安全性和动态性。

（1）综合性　仓储管理涵盖多个方面，如商品储存、保管、配送等，需要进行综合管理和全面规划。

（2）技术性　仓储管理需要运用各种先进的技术，如计算机技术、信息技术等，以提高仓储效率和管理水平。

（3）经济性　仓储管理需要考虑经济效益并合理规划仓储成本、运输成本等，以达到降低成本、提高效益的目的。

（4）安全性　仓储管理需要保证商品的安全和完整，采取各种措施防止物品损坏、丢失或火灾等事故发生。

（5）动态性　仓储管理需要根据市场需求和业务变化进行实时的调整和管理，保证仓储的高效运作。

4. 仓储管理的目标和任务

（1）仓储管理的目标

1）优化库存。库存管理是仓库管理的一项主要职责。通过提供实时的库存信息、提高库存准确性，能够有效预防供应过剩和缺货的问题。这需要仓库采用先进的物料管理系统（如 ERP 或 WMS 系统），实时跟踪货物的收货、入库、储存、拣选、包装、出库等库存流转情况。另外，还可以引入定期的库存盘点，这也是提高库存的辅助手段。优化库存可以降低库存占用资金，减轻资金压力，与此同时，也能保障正常的生产和销售活动，提高客户满意度。

2）提高运转效率。高效的仓库操作是指在满足对货物准确性和完整性需求的同时，尽可能降低操作成本。这涉及对员工的培训、工艺流程的优化、仓储布局和设备的合理化，以及先进技术的应用等多个方面。

3）保证货物安全。确保仓储产品的安全和完整是仓库的基本职责之一。这需要保证仓库环境的安全，包括合规的仓储环境，到位的防火、防潮、防静电设施，合理的货品摆放，以避免货物受损或人员受伤等情况的发生。

4）提高客户满意度。满足末端客户的需求是所有流程的最终目标。应确保货物准确和及时出库，满足客户的需求。这需要对订单准确地识别和处理，避免发货错误。

（2）仓储管理的任务　仓储管理的任务是科学做好各项物资的出入库和在库管理，保管保养好各项仓储设施设备，建立健全仓储管理制度，提升员工业务水平，通过信息化技术不断提高仓储作业效率，在满足客户需求的同时降低企业成本。

1）合理规划并有效利用各种仓库设施，规划、革新、改造，不断扩大仓库储存能力，提高作业效率。

2）做好仓库物资的验收、发运及保管工作，保证企业生产获得及时齐备、准确完好的物资供应。

3）合理储备物资。过多的物资储备固然可以提高供应能力，但是会占用过多的流动资金，增加储存费用，这在经济上是不合理的。所以仓库管理必须由物控部根据销售订单对各项物资的储备量予以正确规划，以保证其合理的储存数量。

4）降低企业成本。降低成本对提高企业经济效益具有重要意义。仓储管理必须不断改善管理手段与方法，在采购、运输、验收、保管、发放出库等各个环节采用先进、科学的方法，在仓储管理的实践中总结成功经验，及时发现薄弱环节，从而降低企业成本。

5）重视员工培训，提高员工业务水平。仓库管理本身是对"物"的管理，但这种管理是由人来实现的。只有将较高素质的员工与现代机器设备相结合，才能充分发挥这些设备的作用。机器要由人来操纵，各种科学的管理方法要由人来组织、实施，因此提高员工队伍的业务技术水平是提高仓库管理整体水平的必要条件，也是改善仓库管理的重要任务之一。

6）确保仓库和物资安全。防火防盗，以保证仓库物资和仓库不受意外损失，是仓库管理的重要任务。因此，一切物资均应存入合适的仓库并遵守严格的防护制度。仓库工作人员应以主人翁的态度来对待企业财产，懂得任何损失不仅影响企业正常生产，也影响员工自身的经济利益。

三、物流企业的认知

物流企业是指至少从事运输或仓储一种经营业务，并能够按照客户的物流需求对运输、装卸、包装、仓储、配送等基本功能进行组织和管理，具有与自身业务相适应的信息管理系统，实行独立核算、承担民事责任的经济组织。物流企业的类型一般分为三种：第一种是运输型物流企业；第二种是仓储型物流企业；第三种是综合服务型物流企业。

扫码看视频

（一）运输型物流企业

运输型物流企业是指以从事货物运输服务为主，具备一定规模的实体企业，其特点如下。

1）以从事货物运输业务为主，包括货物快递服务或运输代理服务，具备一定规模。

2）企业自有一定数量的运输设备。公路运输的设备是汽车、铁路运输的设备是火车、航空运输的设备是飞机、水路运输的设备是轮船。

3）企业的主要业务活动应以为客户提供门到门运输、门到站运输、站到门运输、站到站运输等一体化运输服务，以实现货物运输为主。

4）具备网络化信息服务功能，应用信息系统可对运输货场进行状态查询、监控。

（二）仓储型物流企业

仓储型物流企业是指以从事区域性仓储服务为主，包含其他物流服务活动，具备一定规模的实体企业，其特点如下。

1）企业以为客户提供货物储存、保管、中转等仓储服务，以及为客户提供配送服务为主。企业可以为客户提供其他仓储增值服务，如商品经销、流通加工等。货物二次包装是仓储型物流企业的一个重要工作。

2）企业自有一定规模的仓储设施、设备，自有或租用必要的货运车辆。

3）企业能为客户提供配送服务及商品经销、流通加工等其他服务。

4）具备网络化信息服务功能，应用信息系统可对货物进行状态查询、监控。

（三）综合服务型物流企业

综合服务型物流企业是指从事多种物流服务活动，可以根据客户的需求提供物流一体化服务，具备一定规模的实体企业，其特点如下。

1）业务经营范围广泛，可以为客户提供运输、货运代理、仓储、配送等多种物流服务项目，并能够为客户提供一体化物流服务。

2）按照业务要求，企业自有或租用必要的运输设备、仓储设施及设备。

3）根据客户的需求，为客户制订整合物流资源的运作方案，为客户提供契约性的综合物流服务。

4）企业配置专门的机构和人员，建立完备的客户服务体系，能及时有效地向客户提供服务。

5）具备网络化信息服务功能，应用信息系统可对货物进行状态查询、监控。

6）企业具有一定运营范围的货物集散、分拨网络。

视野之窗：

综合型物流企业：新疆龙海达物流有限公司

新疆龙海达物流有限公司（以下简称龙海达物流）是新疆龙海达集团所属的物流供应链公司，1997年开始进入物流仓配一体行业，2006年正式成立独立的专业物流公司。

龙海达物流现拥有5个大型自营物流功能园区，多个地州分拨转运二级仓，26万m^2仓储面积，具备多业态、多温控、多品类的仓储租赁、仓内代运营和定制化的服务能力，具有全省二级网络的零担、整车承载能力，可为省内多个城市提供宅配入户的送装一体服务。在家电、商超、快消品、餐饮、医药、家居等六大业态中，可实现B2B转运送达、B2C入户送装一体、冷链仓配等适合不同业态的定制化物流服务。

西部云仓是龙海达物流细分出的一个电商版块，为品牌商、电商、直播、线下零售批发提供仓储管理、分拣打包、二次加工、系统对接、快递物流、物流售后跟踪等一站式服务。

西部云仓高效精细的仓配运作、丰富的个性化定制服务，使得客户只需负责订单对接、标准下达，即可一个单号全程监控，省去了建仓、管理、对接快递物流等烦琐环节。

西部云仓目前占地面积7500m^2，与四通一达、顺丰、京东、邮政建立全面合作关系，按照不同配送需求选择不同的快递方式。公司采用智能化云仓专业管理系统，配备专业的管理人才，能轻松应对电商波峰和波谷。公司可同时为不同领域客户提供个性化服务，如产品质检、贴标喷码、打包包装、效期预警、退货处理等。西部云仓现有合作商家近百家，涉及日用百货、食品、服装、小家电、化妆品等领域。让货物更安全、使流通更高效、在每次货物交付中保证客户收获安心和省心是公司的宗旨。

习题与训练

一、单项选择题

1. 仓储管理的主要目的是（　　　）。

A. 提供临时的货物存储空间　　　　B. 确保货物的长期安全存放

C. 实现货物的快速流通和高效管理　D. 仅为特定客户提供定制化服务

2. 在现代物流企业中，仓储管理的核心目标是（　　　）。

A. 降低仓库租金　　　　　　　　B. 提高货物存储量

C. 提高货物流转效率　　　　　　D. 增加仓库的装饰性

3. 仓储管理的作用是（　　　）。

A. 运输和配载　　　　　　　　　B. 控制库存

C. 提高货物流转效率　　　　　　D. 降本增效

4. 现代物流企业中，仓储管理的基本功能包括（　　　）。

A. 存储　　　　　B. 保管　　　　　C. 配送　　　　　　D. 销售

二、案例分析题

深圳市怡亚通供应链股份有限公司（以下简称怡亚通）成立于1997年，是深圳市投资控股有限公司控股企业，我国第一家上市供应链企业（股票代码002183）。

怡亚通经过多年专业化发展和对物流行业的深耕细作，构建"全国仓网+干线运输+终端配送"的一体化物流服务网络体系，实现产品物流在地理空间上的安全传递，为品牌商、渠道商和中小零售商的流通提供及时、可靠的供应链响应和面向定制化的高效协同，消除企业之间的隔离带，纵向上打造从研发、原材料采购、生产到市场营销、分销、零售等各环节的全程一站式物流服务。通过整合物流资源，为宝洁、联合利华、GE、飞利浦等100多家世界500强及2600多家知名企业提供采购物流、区域和城市配送、干线运输和零担运输、仓储、门店调拨、电商物流等B2B和B2C全覆盖物流服务，业务领域覆盖通信、家电、3C产品、快消、冷链、医疗等多个领域。

怡亚通的"商贸+仓+配"模式在经营理念和管理模式上以高效率周转为目标，以品牌商、经销商、分销商、零售商为主要服务对象，根据商品特性、存储要求，将类型相近、业务相关的库存统一布局，提高物流管理效能。对品牌商/生产企业，通过开放物流信息资源，共享终端消费数据，以便制订合理的生产计划，管控产量、质量，让厂家有更多精力关注产品研发创新；针对经销商，保留商家自主权，根据物流管理信息平台反馈的物流、销售信息，适时调整采购商品的品类和数量，通过统一仓储、协同配送等方式，降低滞销退货比例，减少无效配送；同时，增加品牌商品，进一步享受规模化、标准化经营带来的效益，共享提高经销商流通渠道的主动权和话语权；针对零售商，通过整合区域内所有物流资源，智能化匹配物流供需，以集约化仓储资源，通过同一区域集中配送的方式，为零售门店、电商企业提供汇聚品牌供给的物流配送服务，直击中小零售门店发展痛点，减少商贸企业因自建物流而在人、车、仓等方面的不必要投入。共享仓储可以解决商品因淡旺季带来的浪费，共享配送可以降低运输空载率，有效推进物流降本增效，提升客户物流专业化服务体验。

1. 分析怡亚通属于什么类型的物流企业。

2. 在运作模式上，怡亚通和传统物流企业的区别是什么？

单元二 智慧仓配系统设施

【思维导图】

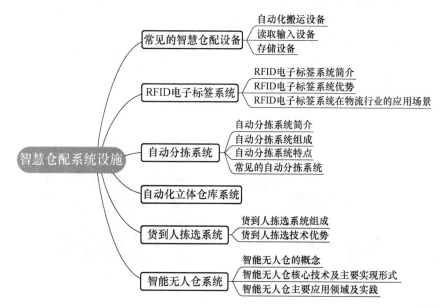

一、常见的智慧仓配设备

(一)自动化搬运设备

1. AGV 智能搬运机器人

扫码看视频

AGV 智能搬运机器人是一种用于自动物流搬运的机器人,通过特殊地标导航自动将物品运输至指定地点,常见的有自动搬运车(AGV 叉车)、潜伏式 AGV、顶举式 AGV、重载 AGV 等,如图 1-2 所示。

AGV 引导方式一般分为磁条引导、激光引导、RFID 引导等。磁条引导是最常用也是成本最低的方式,但是站点设置有一定的局限性,对场地装修风格有一定影响;激光引导成本最高,对场地要求也比较高,所以一般不采用;RFID 引导成本适中,其优点是引导精度高,站点设置方便,可满足复杂的站点布局,对场所整体装修环境无影响,并且 RFID 的高安全性、稳定性是磁条引导和激光引导不具备的。

2. 堆垛机

堆垛机又称为堆垛起重机,是指采用货叉或串杆作为取物装置,在仓库、车间等处攫取、搬运和堆垛,或者从高层货架上取放单元货物的专用起重机,是一种常见的仓储搬运设备,如图 1-3 所示。

3. 自动码垛机器人

自动码垛机器人是机械与计算机程序有机结合的产物,如图 1-4 所示,为现代生产提供了更高的生产效率。自动码垛机器人在码垛行业有相当广泛的应用,大大节省了劳动力,节省了空间。自动码垛机器人运作灵活精准、快速高效、稳定性高、作业效率高，其系统采用的专利技术坐标式机器人的安装占用空间灵活、紧凑，能够使在较小的占地面积范围内建造高效节能的全自动砌块成型机生产线的构想变成现实。

a) 自动搬运车(AGV叉车)

b) 潜伏式AGV

c) 顶举式AGV

d) 重载AGV

图 1-2　常见的 AGV 智能搬运机器人

图 1-3　堆垛机

图 1-4　自动码垛机器人

4. 多层穿梭车

多层穿梭车是一种自动化物流设备，通常用于密集式存储系统中。它能够在货架内的水平方向进行货物的存取作业，如图 1-5 所示。多层穿梭车系统允许货物以高密度存储，通过减少叉车通道来最大化利用仓库空间，从而提高仓储效率和空间利用率。多层穿梭车系统通常包括穿梭车本身、快速升降机、箱式输送线、分拣线及仓库管理系统（WMS）和仓库控制系统（Warehouse Control System，WCS）。多层穿梭车可以在不同的货架层之间移动，执行存取操作，而快速升降机则负责将穿梭车或货物在垂直方向上移动到不同的货架层。

图 1-5　多层穿梭车

（二）读取输入设备

1. 手持 PDA

手持 PDA（Personal Digital Assistant），又称为掌上计算机，是物流生产活动中最常见到的智能设备，主要用来进行数据自动输入，如图 1-6 所示。设备主体包括条形码扫描器、RFID 读写器等。

图 1-6　手持 PDA

2. 智能穿戴设备

智能穿戴设备的出现是为了克服手持 PDA 在操作时的不便，因此将扫码器和设备主体分离，以无线或蓝牙相连，方便操作。该设备通常呈手表型，因此智能穿戴设备也称为智能物流手表，如图 1-7 所示。

3. RFID 读写设备

RFID 读写设备是物流行业中用于自动识别和管理货物的关键技术装备，如图 1-8 所示。该设备利用无线射频识别（RFID）技术，实现对物品的快速识别和数据采集，广泛应用于物流仓储的入库管理、出库管理及库存管理等场景。

4. 光学字符识别设备

光学字符识别（Optical Character Recognition，OCR）设备是指应用于物流行业，通过光

图 1-7　智能穿戴设备

图 1-8　RFID 读写设备

学输入将各种单据、证件、面单上的文字信息转化为可编辑的数字文本的高科技设备，如图 1-9 所示。这些设备能够自动识别和处理图像中的文字，广泛应用于快递包裹信息录入、货运物流过磅计重、道路运输市场监管等场景，可有效提升物流单据证照的数据录入及核对效率。

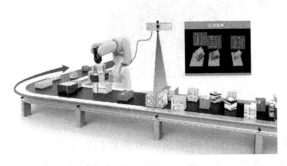

图 1-9　光学字符识别设备

（三）存储设备

1. 物料箱

　　物流物料箱是物流行业中用于存储和运输货物的标准化容器，如图 1-10 所示，它们在提高物流效率、降低成本、保障货物安全等方面发挥着重要作用。物料箱的大小一般依据联用的货架（如密集库、立库）确定尺寸，通常有 400mm×300mm、600mm×400mm、650mm×440mm、530mm×365mm 四个系列 10 多种规格。

图 1-10　各类型物流物料箱

视野之窗：

交通运输部联合国家发改委等多部门颁布
《关于做好标准化物流周转箱推广应用有关工作的通知》

为深入贯彻落实 2020 年中央经济工作会议和中央财经委第八次会议精神，按照《国务院办公厅转发国家发展改革委等部门关于加快推进快递包装绿色转型意见的通知》（国办函〔2020〕115 号）有关要求，加快推进物流包装绿色转型，着力构建现代物流体系，为服务构建新发展格局提供有力支撑，现决定在全国推广应用标准化物流周转箱。有关事项通知如下：

一、充分认识推广应用标准化物流周转箱的重要意义

标准化物流周转箱是指具有可折叠、可循环反复使用、技术性能好、质量高且符合国家标准的小型箱式集装器，可广泛应用于农副产品、商超配送、邮政快递等多个领域。近年来，随着物流业的持续快速发展，物流包装材料使用量不断增加，造成大量资源消耗和环境污染，且包装标准不统一，严重影响了物流运输和流通效率。标准化物流周转箱循环共用可以有效替代现有纸箱、塑料袋、泡沫箱等传统包装材料，大幅减少一次性包装物用量，实现物流包装可循环、减量化，有利于改善市场环境、推进生态文明建设。同时，物流周转箱作为标准化包装和装载单元，可以实现模块化作业、集装化运输、智能化分拣，是推进物流业实现绿色化、模块化、机械化作业的关键要素。加快推广物流周转箱循环共用，对降低货物损耗、提高流通效率，支撑物流业高质量发展具有重要意义。各地区、各有关部门要按照市场主导、政府引导的原则，加强部门协同联动和政策支持，充分调动市场主体的积极性，切实采取有效措施，健全标准体系、完善基础设施、扩大应用范围，加快构建标准化物流周转箱循环共用体系。

二、建立健全物流周转箱标准规范体系

（一）推动健全完善物流周转箱标准体系。加快制定发布果蔬类周转箱（600mm×400mm 模数）尺寸系列、循环共用管理规范等国家标准，发挥标准规范引领作用，面向果蔬产品流通领域加大标准化物流周转箱推广应用力度。持续健全完善农副产品、商超配送、邮政快递等领域周转箱相关标准，加大标准宣贯力度，促进标准规范的有效实施，推进各物流领域周转箱的循环共用。

（二）开展物流周转箱绿色产品认证。深入实施快递包装绿色产品认证制度，按照可重复使用型快递包装产品类别对物流周转箱产品开展绿色产品认证，对通过认证的物流周转箱产品加施绿色产品标识。

2. 托盘

《物流术语》（GB/T 18354—2021）对托盘的定义是：在运输、搬运和存储过程中，将物品规整为货物单元时，作为承载面并包括承载面上辅助结构件的装置，如图1-11所示。作为与集装箱类似的一种集装设备，托盘现已广泛应用于生产、运输、仓储和流通等领域，被认为是20世纪物流产业中两大关键性创新之一。托盘作为物流运作过程中重要的装卸、储存和运输设备，可以与叉车配套使用，在现代物流中发挥着巨大的作用。托盘给现代物流业带来的效益主要体现在：可以实现物品包装的单元化、规范化和标准化，保护物品，方便物流和商流。

扫码看视频

图1-11 常用托盘（塑料）

伴随着经济全球化深入发展，标准化在便利经贸往来、支撑产业发展、促进科技进步、规范社会治理中的作用日益突显。2014年以来，商务部会同财政部、国家标准委等部门，开展物流标准化试点和专项行动，以标准托盘及其循环共用为主线，促进物流各环节标准化衔接，提升物流标准化水平。2018年1月，商务部等10部门出台《关于推广标准托盘发展单元化物流的意见》，指出要支持集装箱、托盘、笼车、周转箱等单元化装载器具循环共用，以及托盘服务运营体系建设，健全标准体系。经过几年的努力，全国标准托盘在物流场景中的应用水平显著提升，托盘循环共用系统初步建立，逐步形成了推进物流标准化的成熟模式。

我国塑料托盘的标准尺寸为1200mm×1000mm（优先）和1000mm×1000mm两种，而一般欧标塑料托盘的尺寸为1200mm×800mm；像1200mm×1000mm尺寸的塑料托盘在德国、荷兰、芬兰等国家常常使用。

视野之窗：

商务部等10部门《关于推广标准托盘发展单元化物流的意见》

各省、自治区、直辖市、计划单列市及新疆生产建设兵团商务、发展改革、工业和信息化、财政、交通运输、统计、邮政、质量技术监督、市场监督管理、铁路部门（集团公司），中国物流与采购联合会、中国仓储与配送协会：

托盘作为物流集装单元器具，广泛应用于生产和流通领域，推广应用标准托盘（以下均指1200mm×1000mm平面尺寸）、发展单元化物流，是降低物流成本、提高流通效率的有效措施。为贯彻党的十九大精神，落实《国务院办公厅关于进一步推进物流降本增效促进实体经济发展的意见》（国办发［2017］73号），加快推广标准托盘、发展单元化物流，促进物流提质增效，现提出以下意见。

……

二、重点任务

（一）加快标准托盘推广应用。重点在快消品、农产品、药品、电商、中小型电器和工业零部件等适用领域，推广规格统一、质量合格的标准托盘。鼓励托盘生产企业从供给端减少一次性托盘、非标托盘的生产与供应。鼓励用户以租赁、转售、交换等形式使用标准托盘，促进托盘沿供应链流转，减少托盘自购自用和静态使用。加快淘汰存量非标托盘，鼓励采用"回购返租"等创新模式实现非标托盘转换。

（二）促进物流链各环节标准化衔接。推动单元化物流载具应用并与标准托盘衔接配套，鼓励产品制造环节采用符合600mm×400mm模数系列的包装箱，鼓励商品流通环节采用600mm×400mm模数系列的周转箱（筐），鼓励物流运输环节推广外廓尺寸为2550mm（冷藏货运车辆外廓2600mm）的货运车辆。推动物流配套设施设备标准化，适应托盘一贯化运作。鼓励对仓库、配送中心、零售门店等物流设施进行标准化建设和改造，对存储、装卸、搬运、分拣、包装等设备进行标准化投入和更新。

（三）推进物流载具循环共用。逐步建立以全国运营为主体、区域运营为补充、相互协同开放的托盘、周转箱（筐）循环共用体系，为发展单元化物流提供保障。鼓励物流载具运营企业做大做强，扩大标准托盘、周转箱（筐）运营规模，通过自建、共建、合作等多种方式拓展公共运营网点，为用户提供托盘、周转箱提取、退还、调拨、维修、数据等便利化、信息化服务……

3. 货架

（1）轻型货架　轻型货架是非常经济实用、方便的一款仓库货架，因其载重量较轻，故称为轻型货架。如图1-12所示，轻型货架由立柱片、横梁、层板组成。轻型货架整体采用无螺钉组合式设计，安装拆卸方便快捷，适合存放一些轻质小件货品，是层板货架的一种。轻型货架可自行拆装，层高可自由调节，但材料规格相对较小，承载量也相对较小。轻型货架价格相对经济，结构相比万能角钢货架更稳定、牢靠，在1500cm跨度内可承载100~200kg。

图1-12　轻型货架

（2）重型货架　重型货架又叫托盘式货架，具有承重大（每层约500kg）、高度适应范围广泛、机械存取、选取效率高等特点，但空间利用率一般。重型货架广泛应用于制造业、第三方物流和配送中心等领域，既适用于多品种小批量物品，又适用于少品种大批量物品。此类货架在高位仓库和超高位仓库中应用最多（自动化立体仓库中大多采用此类货架），如图1-13所示。

（3）流利货架　流利货架一般采用滚轮式铝合金或钣金流利条，呈一定坡度3°左右放置，如图1-14所示。货物通常为纸包装或直接放于塑料周转箱内，利用其自重实现货物的流动和先进先出。货物由小车进行运送，人工存取，存取方便。单元货架每层载重量通常在 100kg 左右，货架高度在 2.5m 以内。流利货架适用于装配线两侧的工序转换、流水线生产、配送中心的拣选作业等场所，可配以电子标签实现货物的信息化管理。流利货架广泛应用于汽车、医药、化工和电子等行业。

（4）重力式货架　重力式货架也叫重力自滑式货架、辊道式货架，如图 1-15 所示。托盘货物用叉车搬运至货架进货口，利用自重，托盘从进口自动滑行至另一端的取货口，属于先进先出的存储方式。由于重力式货架可以实现货物的先进先出，因此主要在对货物时差要求较高的（如保证生产线的物料不间断供给）场合使用。

图 1-13　重型货架

图 1-14　流利货架

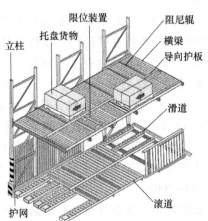

图 1-15　重力式货架

（5）电子标签拣选货架　电子标签拣选货架是一种集成了电子显示技术的仓储设备，它通过在每个货架或货位上安装电子标签来实现对库存商品的数字化管理，如图 1-16 所示。这些电子标签能够实时显示商品的信息，如名称、批次、数量等，并且可以通过无线网络与中央管理系统通信，实现数据的实时更新和同步。

图 1-16　电子标签拣选货架

（6）AGV 货架　AGV 货架是一种新型的自动化仓库存储系统，它与 AGV 小车配合使用，实现货物的自动化存取和管理，如图 1-17 所示。AGV 货架的形式根据搬运的物料形式的不同会有所差别，但就本质来说，AGV 货架也是一种轻型货架。

图 1-17　AGV 货架

（7）贯通式货架　贯通式货架又称为通廊式货架或驶入式货架，如图 1-18 所示。贯通式货架可供叉车（或带货叉的无人搬运车）驶入通道存取货物，适用于品种少、批量大类型的货物储存。由于叉车需要进入货架内部存取货物，通常单面取货建议不超过 7 个货位深度。为提高叉车运行速度，可根据实际需要选择配置导向轨道。与重型货架相比，贯通式货架的库空间利用率可提高 30% 以上。

图 1-18　贯通式货架

（8）异形货架　异形货架是指根据特定商品的存放需求定制的非标准形状的货架，它们通常具有独特的设计，用以适应不同尺寸、形状的商品的存储。异形货架的设计往往更加注重个性化和实用性，能够更好地利用仓库空间，提高存储效率。常见的异形货架有悬臂式货架、挂壁式货架、抽屉式货架、转角货架等，如图 1-19 所示。

a) 悬臂式货架　　　　　　　　　　　b) 挂壁式货架

c) 抽屉式货架　　　　　　　　　　　d) 转角货架

图 1-19　常见的异形货架

二、RFID 电子标签系统

（一）RFID 电子标签系统简介

射频识别技术（Radio Frequency Identification，RFID）是自动识别技术的一种，通过无线射频方式进行非接触双向数据通信，利用无线射频方式对记录媒体（电子标签或射频卡）进行读写，从而达到识别目标和数据交换的目的。在识别系统中，通过电磁波实现电子标签的读写与通信。RFID 通过使用电磁波，可非接触进行数据读写和一次性读取多个数据，且如果设置了电磁波传播范围的话，即使距离数米也能进行通信。作为替换条形码和 QR 码（快速响应码）的新型自动识别技术，RFID 技术以其读取速度快、伪造难度大等优点被应用于多个领域。RFID 电子标签系统流程如图 1-20 所示。

RFID标签　　　　RFID读取器　　　　数据库　　　　　数据库

图 1-20　RFID 电子标签系统流程

（二）RFID 电子标签系统优势

仓储管理在物流管理中处于核心地位，是供应链管理的核心环节，而传统物流仓储操作环节的"人工模式"存在以下四个问题。

第一，"人工计件"导致的统计准确性问题会给企业造成不必要的经济损失。

第二，"人工填单"导致的"漏、错、乱"等问题，会严重影响仓储物流配送的准确性、及时性。

第三，"人工盘点"的方式耗时耗力，还有返工的风险。

第四，"人工成本"日益攀升，导致经营成本不断增加。

RFID 的明暗码可有效防止篡改，可对货物进行真伪识别，具有自动追踪运输路线的特性，为货物安全保驾护航。对于大件商品入库手续多、入仓效率低的常规问题，RFID 电子标签识别可以显著提升货物出仓、入仓效率。在售后逆向物流和备件库管理方面，RFID 可实现一物一码识别身份，避免退货产品货不对版及数据更新不及时等问题。此外，RFID 的应用还可以自动获取数据、自动分拣处理，降低取货、送货成本，提高整体仓储的精细化运营水平。RFID 还能有效降低商品库存周转率、降低人力成本、提升销量等。

（三）RFID 电子标签系统在物流行业的应用场景

1. 固定资产（盘点）管理

资产管理员把 RFID 电子标签粘贴或固定在资产上，方便盘点，并可以在 RFID 固定资产管理系统里统一管理固定资产，对定检、报废的信息设置提醒。不仅如此，利用 RFID 固定资产管理系统还可以进行资产购置审批和易耗品管理，省时省力。RFID 在资产管理场景中的应用如图 1-21 所示。

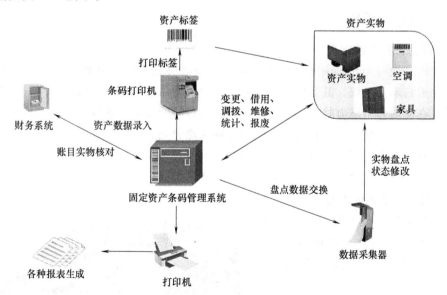

图 1-21 RFID 在资产管理场景中的应用

2. 供应链追根溯源

每个产品都有专属的 RFID 电子标签，记录产品从源厂家到销售终端的所有信息。通过扫描 RFID 电子标签，详尽的信息记录就生成了。RFID 电子标签用于生产线可以无接触地记录工序和工艺操作等信息，对工人工号、时间、操作、质检结果进行记录，可以避免在生产环境中手写、眼看信息造成的失误，满足生产需求，实现生产的可追溯性。

3. 仓库货物管理

通过 RFID 电子标签系统能实时了解货物位置、存储的情况，提高仓储效率，解决仓储货物信息管理难题。RFID 仓储系统流程如图 1-22 所示。

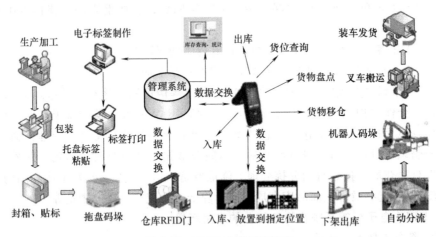

图 1-22　RFID 仓储系统流程

4. 信息自动录入

RFID 技术也给客运和货运管理带来了便利，铁路的车辆调度系统是一个典型的案例。RFID 可以自动识别车辆号码并进行信息输入，省去了大量人工统计的时间，提高了准确度。

三、自动分拣系统

（一）自动分拣系统简介

自动分拣系统（Automatic Sorting System）是指能够识别物品并根据一定标准对物品进行分类传输的自动化系统。其主要功能是将不同类的物品进行区分，以便后续统一处理。自动分拣系统在流通和第三方物流领域主要用于快递包裹的准确快速分拣、门店订单的准确备货；在生产领域主要用于生产物料和成品的准确快速分类、缺陷检测。

自动分拣系统能连续、大批量地分拣货物，分拣误差率极低，其以机械化设备代替人工操作，在降低成本、提升效率和提高准确率方面作用明显。

（二）自动分拣系统组成

自动分拣系统一般由数据采集装置、运输装置、分类装置、分拣格口、控制装置及计算机管理系统组成，如图 1-23 所示。

1. 数据采集装置

数据采集装置是指实现物品分辨的装置，将物品的信息录入分拣系统作为分拣依据。常见的数据采集装置包括条码标签和读码器、RFID 标签和读写器、

图 1-23　自动分拣系统

相机、传感器和称重装置等。

2. 运输装置

运输装置是指承担物品运输任务的装置，常见的实现方式有输送机和 AGV 小车。输送机应用已较为成熟，AGV 小车灵活性较高，主要用于中小型物品的分拣运输。

3. 分类装置

分类装置是指基于控制装置的指示，将物品输送至不同格口，以实现物品分类分拣的装置。目前市场上主流的设备类型包括模组带分拣机、交叉带分拣机、滑块式分拣机、翻板式分拣机、摆轮分拣机、AGV 分拣机器人和机械臂，各类型设备在不同分拣场景下有不同的应用优势。一些自动分拣系统将运输装置和分类装置集成化为一个独立的运动装置。

4. 分拣格口

分拣格口将一个格口作为一个分拣目标位，被分类的物品通过进入不同的格口匹配各自要去的下游。格口形式有输送机类和收集缓存类两种。

5. 控制装置及计算机管理系统

计算机管理系统接收分拣物品的信息，控制运输装置，使分拣货物按分类装置的要求快速准确地进入不同的通道。控制装置使分拣货物在预定的分拣格口快速准确地拣出，同时完成分拣系统各种信号的检测监控及安全保护，对分拣系统中各设备运行的数据进行监测、记录和统计。

（三）自动分拣系统特点

1. 能连续、高效地分拣货物

自动分拣系统不受气候、时间、人的体力等因素限制，可以连续运行超过 100h，每小时可分拣 1 万、2 万甚至 5 万件以上的物品。

2. 精准识别，分拣误差率极低

自动分拣系统分拣误差率的大小主要取决于所输入的分拣信息的准确性，而输入的分拣信息的准确性取决于分拣信息的输入机制。如果采用人工键盘或语音识别方式输入，则误差率一般在 3% 左右；如果通过高速相机扫描识别单号，控制系统自动将货物送到对应的分拣口，货物精准识别率能达到 99.9%。除非条形码的印刷有差错，否则自动分拣基本不会出错。

3. 分拣作业基本实现无人化

采用自动分拣系统的目的之一就是减少作业人员数量，减轻人员的劳动强度，提高人员的工作效率，因此自动分拣系统能最大限度地减少员工数量，基本做到无人化，让企业更方便地管理存储货物。此外，企业不需要花费更多的时间在分拣工作上，可以将精力放在其他工作上。

4. 数据存储，可控管理

人工分拣货物的时候常常会出现分拣错误，或者出现货物丢失的情况，导致分拣工作出现各种各样的问题。而分拣系统在工作中可以将数据存储在系统中。数据存储能够确保货物分拣正确，保证分拣的货物不会丢失。

（四）常见的自动分拣系统

由于自动分拣设备技术差异和应用场景不同，设备类型多种多样，同时自动分拣系统性能的体现较为依赖物流系统整体解决方案的设计。常见的自动分拣系统设备如下。

1. 自动分拣机械臂

自动分拣机械臂在物流领域有广泛的应用，主要应用于快速分拣、快速拆垛码垛等作业场景。如图 1-24 所示，机械臂灵巧地把商品搬到流水线上，流水线通过自动打标机贴上消费者的购买信息，随后就可以出库了。

 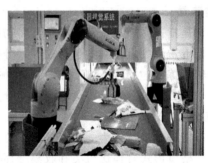

图 1-24　自动分拣机械臂

自动机械臂通常配置真空吸盘或夹取装置，并加载 AI 视觉识别、运动规划算法、工业相机等技术，使机械臂的应用更加智能。一般来说，一台机械臂流水线一天可以轻松分拣 5000 个包裹，如果换成人工，则至少需要 10 个工人工作一天。

2. 自动分拣机器人

自动分拣机器人（AMR）是一种具备传感器、物镜和电子光学系统的机器人，能通过"看"地面上粘贴的二维码给自己定位和认路，如图 1-25 所示。通过调度系统的指挥，机器人抓取包裹后，穿过配有工业相机和电子秤等外围设备的龙门架，通过工业相机读码功能和电子秤称重功能，机器人调度系统便识别了快递面单信息，完成包裹的扫码和称重，并根据包裹目的地规划机器人的最优运行路径，调度机器人进行包裹分拣投递，机器人能够根据导航自动将物品从起始点搬运至目的地。

图 1-25　自动分拣机器人

3. 输送分拣机

输送分拣机具有很高的分拣效率，通常每小时可分拣 6000～12000 件商品。分拣机的种类有很多，不同分拣机的特性与应用场景各不相同。目前，主要有以下几种输送分拣机。

（1）交叉带分拣机　交叉带分拣机是由一组小车组成的封闭输送分拣系统，一般呈环形，小车沿轨道运动，小车表面的传送带可在与小车运动垂直的方向上转动，包裹经过导入台装置准确地移动到小车上，经过条码扫描后识别出张贴于包裹上的条码，根据条码信息将不同目的地的包裹在不同的格口卸载，从而实现根据目的地将包裹进行分类的目的，如图 1-26 所示。

（2）斜导轮式分拣机　斜导轮式分拣机中转动着的斜导轮在平行排列的主窄幅传送带间隙中上浮、下降，以达到分拣商品的目的。被分拣的商品放置在沿轨道运行的小车托盘上，当到达分拣口时，小车托盘倾斜 30°，商品被分拣到指定的目的地，如图 1-27 所示。

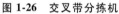

图 1-26　交叉带分拣机

图 1-27　斜导轮式分拣机

（3）倾斜式分拣机　倾斜式分拣机分为条板倾斜式分拣机和翻盘式分拣机。条板倾斜式分拣机是一种特殊的条板输送机，商品装载在输送机的条板上，当商品移动到需要分拣的位置时，条板的一端自动升起，使条板倾斜，从而将商品移离主输送机。翻盘式分拣机常采用环状连续输送方式，其占地面积较小，由于是水平循环，使用时可以分成数段，每段设一个分拣信号输入装置，以便商品输入，而分拣出的商品在同一滑道排出，这样可以提高分拣能力。

（4）滑块式分拣机　滑块式分拣机是一种特殊形式的条板输送机，适用的分拣商品的形状和大小范围较广，是国外最新型的高速分拣机，如图 1-28 所示。

4. 自动化输送系统

自动化输送系统是自动化仓库的重要组成部分，具有将各物流站衔接起来的作用，在衔接人与工位、工位与工位、加工与存储、加工与装配等物流环节的同时，具有物料暂存和缓冲功能，如图 1-29 所示。

图 1-28　滑块式分拣机

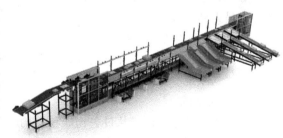

图 1-29　自动化输送系统

四、自动化立体仓库系统

自动化立体仓库系统是指由货架、巷道堆垛机、输送机系统、通信系统、自动控制系统、计算机监控系统、计算机管理系统，以及其他如电线电缆桥架配电柜、托盘、调节平台、钢结构平台等辅助设备组成的复杂的自动化系统，如图 1-30 所示。自动化立体仓库系统运用集成化物流理念，采用先进的控制、总线、通信和信息技术，通过设备运行来进行出入库作业，其系统构成如下。

（1）货架　货架是用于存储货物的钢结构，主要有焊接式货架和组合式货架两种基本形式。

（2）托盘（货箱）　托盘是用于承载货物的器具，也称工位器具。

（3）巷道堆垛机　巷道堆垛机是用于自动存取货物的设备，按结构形式分为单立柱和双立柱两种基本形式；按服务方式分为直道、弯道和转移车三种基本形式。

图 1-30　自动化立体仓库系统

（4）输送机系统　输送机系统是立体仓库的主要外围设备，负责将货物运送到堆垛机或从堆垛机将货物移走。输送机种类非常多，常见的有辊子输送机、链条输送机、升降台、分配车、提升机、带式输送机等。

（5）自动控制系统　驱动自动化立体库系统各设备的自动控制系统主要采用现场总线方式的控制模式。

（6）储存信息管理系统　储存信息管理系统也称中央计算机管理系统，是自动化立体仓库系统的核心。典型的自动化立体仓库系统均采用大型数据库系统（如 ORACLE、SYBASE 等）构筑典型的客户机/服务器体系，可以与其他系统（如 ERP 系统等）联网或集成。

五、货到人拣选系统

货到人拣选是指在物流拣选过程中，人不动，货物被自动输送到拣选人面前，供人拣选，如图 1-31 所示。货到人拣选是物流配送中心一种重要的拣选方式，与其对应的拣选方式是人到货拣选。

（一）货到人拣选系统组成

货到人拣选系统由三部分组成，即存储系统、输送系统、拣选工作站。

1. 存储系统

货到人存储系统已经从过去比较单一的立体库存储发展到多种存储方式，包括平面存储、立体存储、密集存储等，如图 1-32

图 1-31　货到人拣选系统

所示。存储形式也由过去主要以托盘存储转变为主要以料箱（或纸箱）存储。然而，不管是哪种存储方式，存储作业的自动化是实现货到人的基础。存储技术发展的焦点在于如何实现快速存取，由此诞生了许多令人眼花缭乱的存取方式和技术。

（1）小型高速堆垛机　这是一种高频次、高效率拣选的堆垛机，采用以料箱存储为对象的自动化存储和检索（AS/RS）系统。小型高速堆垛机在 20 世纪 80~90 年代已经在日本广泛应用于拆零拣选，以货到人拣选为主。小型高速堆垛机形式多样，其货叉和载货台形式多达数十种，使其具有广泛的适应性，其存取能力最高可达每小时 250 次。

（2）垂直旋转式货柜 这是一种更加"迷你"的货到人拣选存储系统，其形式千变万化，有数十种之多，但受限于其存取能力和储存能力，其在工厂的应用最为广泛。

（3）多层穿梭车 它可以取代小型高速堆垛机完成存取作业，以满足每小时多达1000次的存取作业的需求，将存取效率提升了一大步。随着这一理念的提出，相似的技术层出不穷，比较有名的如旋转货架系统、自动存储系统、纵向穿梭车系统等。这些系统的共同特点是高效、柔性，是货到人拣选系统的主要发展方向。

（4）2D和3D密集存储系统 这是一个集小型高速堆垛机、穿梭车、提升机等多种系统于一体的全新代存储系统，分为托盘存储和料箱存储两种方式。其存储效率是传统立体库存储的1.5~3倍。

a) 小型高速堆垛机

b) 垂直旋转式货柜

c) 多层穿梭车

d) 2D和3D密集存储系统

图1-32 常见货到人存储系统

2. 输送系统

货到人拣选技术的关键是解决快速存储与快速输送之间的匹配问题。对于以电子商务为特点的物流系统来说，要求匹配每小时1000次的输送任务并不是一件很困难的事情。事实上，采用多层输送系统和并行输送系统，可完成每小时多达3000次以上的输送任务。更大的输送量客观上是有需求的，但需要采用一些特殊的手段，如配合3D密集存储系统等。需要注意的是，货到人输送系统根据实际需求增加设备数，提高流量，设备数量是导致成本大幅度增加的重要原因。常见货到人输送系统如图1-33所示。

在近年来的智慧无人仓中，更多的输送系统使用二维码、电磁、磁轨道或其他定位装置（GPS、激光等）来设立其行进路线，无人搬运车则依循轨道进行移动、动作与搬运。

3. 拣选工作站

货到人拣选是货到人系统的最后一个工作场景，拣选工作站主要是用来开展拣货的场

图 1-33　常见货到人输送系统

所。拣选工作站的设置非常重要，一般一个工作站要完成每小时多达 1000 次的拣选任务。拣选工作站应配备电子标签、照相、RFID、称重、快速输送等一系列技术，如图 1-34 所示。

图 1-34　拣选工作站

（二）货到人拣选技术优势

货到人拣选有十分明显的优势，以前限于自动化实现的难度和高昂的成本而难以推广。随着人工成本的不断攀升，以及实现自动化作业的难度和成本的降低，货到人拣选技术有了全面应用的现实基础。

1. 拣选高效

以拆零拣选为例，货到人拣选每小时能完成 800~1000 订单，是传统拆零拣选（包括纸单拣选、RF 拣选）效率的 8~15 倍。这对于大型物流配送中心动辄数百人的拣选队伍来说，具有巨大的优势。

2. 准确性

配合电子标签、RF 终端、称重系统等辅助拣选系统，货到人拣选系统具有非常高的准确性。传统拣选系统的准确率一般为 99.5%~99.9%，而货到人拣选系统准确率可以提高一个量级，将误差控制在万分之五以内。

3. 存储高效

货到人拣选系统由于采用立体存储和密集存储方式，因此其存储密度可以大大提高。以拆零拣选为例，传统拣选方式的作业空间最多维持在 2m 以内，即使采用阁楼货架系统，其空间利用率也非常有限，大致仅维持在 25% 以下，有的系统空间利用率甚至在 15% 以下。而采用立体存储，空间利用率可以达到 45% 以上。如果采用密集存储技术，空间利用率更是高达 60% 以上，是传统方式的 4~5 倍。

4. 降低劳动强度

基于自动化立体仓库作业的整件货到人拣选可以大幅度减少人工搬运，尤其是托盘的搬运。采用货到人拣选技术后，搬运距离得到严格限制，作业高度保持在一个非常舒适的范围内，大大降低了操作者的劳动强度。传统的"人到货"拆零拣选作业由于作业场地很大，完成一个班次的作业往往需要走很长的路程，员工苦不堪言。

六、智能无人仓系统

(一) 智能无人仓的概念

扫码看视频

智能无人仓通过使用多种仓储自动化设备，使货物从入库、上架、拣选、补货，到包装、检验、出库等物流作业流程全部实现无人化操作，是高度自动化、智能化的仓库。自动化设备将替代以往人工作业模式，并高效完成和提升仓储作业效率。智能无人仓是一个包含多个子系统的复杂工程，需要各参与方密切配合、高效协同，实现物流系统的有机集成和逐步优化。严格意义上智能无人仓应该称作无人操作的仓库，而不是简单地理解为没有人的仓库。

视野之窗：

日日顺物流（即墨）产业园大件物流智能无人仓

日日顺物流（即墨）产业园的大件物流智能无人仓位于山东省青岛市即墨通济新经济区，是由日日顺物流打造的首个大件物流智能无人仓，如图 1-35 所示。该无人仓应用全景智能扫描站、关节机器人、吸盘龙门拣选机器人等多项定制智能设备，采用 5G 和视觉识别、智能控制算法等人工智能技术，可实现电冰箱、空调等大件商品 24h 不间断分拣作业。

图 1-35　日日顺物流（即墨）产业园的大件物流智能无人仓

在仓内，各设备在系统的共同作用支持下，使商品通过流水线进入立体存储仓库（见图 1-36a)，AGV 机器人在运输商品（见图 1-36b)，智能提升机在运输商品（见图 1-36c)，商品通过全景智能扫描流水线入库（见图 1-36d)。

a) 商品进入立体存储仓库场景

b) AGV机器人运输商品场景

c) 智能提升机运输商品场景

d) 商品通过全景智能扫描流水线入库场景

图 1-36　智能设备作业场景

(二) 智能无人仓核心技术及主要实现形式

1. 智能无人仓主要构成及核心技术

智能无人仓的目标是实现入库、存储、拣选、出库等仓库作业流程的无人化操作，这就需要具备自主识别货物、追踪货物流向、自主指挥设备执行生产任务、无须人工干预等条件；此外还要有一个"智慧大脑"，针对无数传感器感知的海量数据进行分析，精准预测未来的情况，自主决策后协调智能设备的运转，根据任务执行反馈的信息及时调整策略，形成对作业的闭环控制，即具备智能感知、实时分析、精准预测、自主决策、自动控制、自主学习的特征。

智能无人仓的构成包括硬件与软件两大部分。

硬件对应存储、搬运、拣选、包装等环节的各类自动化物流设备，其中，存储设备的典型代表是自动化立体库；搬运典型设备有输送线、AGV 小车、穿梭车、类 Kiva 机器人、无人叉车等；拣选典型设备有机械臂、分拣机（不算自动化设备）等；包装典型设备有自动称重复核机、自动包装机、自动贴标机等。

软件主要是指仓库控制系统（WCS）和仓库管理系统（WMS）。

WCS 接收 WMS 的指令，调度仓库设备完成业务动作。WCS 需要支持灵活对接仓库各种类型、各种厂家的设备，并能够计算出最优执行动作，例如计算机器人最短移动路径、均衡设备动作流量等，以此来支持仓库设备的高效运行。WCS 的另一个功能是时刻对现场设备的运行状态进行监控，出现问题后立即报警并提示维护人员。

WMS时刻协调存储、调拨货物、拣选、包装等各个业务环节，根据不同仓库节点的业务繁忙程度，动态调整业务的波次和业务执行顺序，并把需要做的动作指令发送给WCS，使得整个仓库高效运行；此外，WMS记录着货物出入库的所有信息流、数据流，知晓货物的位置和状态，确保库存准确。

2. 智能无人仓的主要实现形式

（1）自动化存储 卸货机械臂抓取货物投送到输送线，将货物自动输送到机械臂码垛位置，自动码垛后，系统调度无人叉车送至立体库入口，由堆垛机储存到立体库中。需要补货到拣选区域时，系统调度堆垛机从立体库取出货物，送到出库口，再由无人叉车搬运货物到拣选区域。

（2）机器人拣选 机器人拣选方案完全省去补货、拣货过程中员工的行走动作，由机器人搬运货物到指定位置，作业人员只需要在补货、拣选工作站根据电子标签灯光显示屏指示完成动作，节省人力、效率高、出错少。机器人拣选方案分为"订单到人"和"货到人"两种模式。

（3）输送线自动拣选 货物在投箱口自动贴条码标签后，对接输送线投放口，由输送线调度货物到拣选工作站，可通过机械臂完全无人化拣选，或者根据电子标签灯光显示屏进行人工拣货。

（4）自动复核包装分拨 拣选完成的订单箱子输送到自动包装台，通过重量加X光射线等方式进行复核，复核成功由自动封箱机、自动贴标机进行封箱、贴面单，完成后输送到分拣机并自动分拨到相应道口。

（三）智能无人仓主要应用领域及实践

随着各类自动化物流设备的快速普及应用，机器人的成本越来越低，各行各业对于智能无人仓的需求越来越强烈。尤其是具备如下几个特征的行业对智能无人仓的需求更加突出。

1）劳动密集型且生产波动比较明显的行业（如电商仓储物流）对物流时效性要求不断提高，受限于企业用工成本的上升，尤其是临时用工难度加大，采用智能无人仓能够有效提高作业效率，降低企业整体成本。

2）劳动强度比较大或劳动环境恶劣的行业（如港口物流、化工企业）引入智能无人仓能够有效降低操作风险，提高作业安全性。

3）物流用地成本相对较高的企业（如城市中心地带的快消品批发中心）采用密集型自动存储技术能够有效提高土地利用率，降低仓储成本。

4）作业流程标准化程度较高的行业（如烟草、汽配行业）中，标准化的产品更易于衔接标准化的仓储作业流程，实现自动化作业。

5）对于管理精细化要求比较高的行业（如医药、精密仪器行业）可以通过软件加硬件进行严格管控，实现更加精准的库存管理。

6）电商行业是智能无人仓落地相对较多的行业。电商物流飞速发展，人工成本一直占据所有成本中的最大比例，而成熟的智能无人仓技术可以有效降低这一成本；同时，智能无人仓解决了电商领域高流量、多品类的复杂场景。

视野之窗：

新型仓储类型——智慧云仓

智慧云仓（Smart Cloud Warehouse）是指利用云计算、物联网和人工智能等技术，在仓储物流领域实现智能化、自动化和可视化管理的仓库系统。它通过集成各种传感器、无线通信设备和智能控制系统，实时监测和管理仓库内的货物、设备和人员活动，提高仓储运营的效率和精确度。简单而言，所谓云仓，一个是"云"，即利用数据云技术实现仓储数据的互联互通，将整个链条的所有数据上传云共享；一个是"仓"，即依托线下仓储设施实现在线交易、交割、支付、结算等一站式高效仓储服务。

智慧云仓可以说是向社会开放仓储资源和配送资源的第三方物流服务模式。商家与云仓平台企业签订入仓协议，在云仓平台根据市场销售预测数据布局库存，使用云仓平台的仓库资源将库存安排在离消费者最近的仓库里。当客户的订单下达后，由云仓平台自动选择最近的仓库拣选出货，然后由云仓平台将货品送到客户手中，以实现对市场需求的极速反应，提高市场竞争力。

以顺丰云仓为例，顺丰云仓网络的构成主要是"信息网+仓储网+干线网+零担网+宅配网"。顺丰云仓通过多仓组合实现全网协同，通过大数据驱动全网的调拨，从而提高效率。顺丰目前涉足的行业除了传统的属性如服装、电子产品等行业，还囊括了生鲜冷链领域、汽车、金融等相对行业专业程度高的品类。

习题与训练

一、单项选择题

1. 自动化立体仓库系统中用于存储货物的设备是（　　　）。

A. 堆垛机　　　　B. 叉车　　　　C. 货架　　　　D. 货到人拣选系统

2. 在自动分拣系统中，用于识别货物信息的设备通常是（　　　）。

A. 条码扫描器　　B. 重量秤　　　C. 体积测量仪　　D. 温度传感器

3. 在货到人拣选系统中，拣选员不需要（　　　）。

A. 移动到货物位置　　　　　　B. 操作拣选设备

C. 等待货物到达　　　　　　　D. 确认拣选信息

4. 在自动化立体仓库系统中，用于提高存储密度的设备是（　　　）。

A. 堆垛机　　　　　　　　　　B. 货架

C. 货到人拣选系统　　　　　　D. 自动分拣系统

5. 货到人拣选系统的主要优点是（　　　）。

A. 减少货物损坏　　　　　　　B. 提高拣选效率

C. 降低人工成本　　　　　　　D. 以上都是

二、多项选择题

1. 智慧仓配系统可能包含（　　　）设备或系统。

A. 自动分拣系统　　　　　　　B. 货到人拣选系统

C. 仓库管理系统　　　　　　　　D. 手动拣选车

2. 自动化立体仓库系统的优点包括（　　　）。

A. 提高存储效率　　　　　　　　B. 减少人工成本

C. 提高货物安全性　　　　　　　D. 减少货物损坏率

3. 货到人拣选系统可以应用于（　　　）场景。

A. 大型电商仓库　　　　　　　　B. 传统零售仓库

C. 制造业仓库　　　　　　　　　D. 食品冷链仓库

三、问答题

1. 简述自动化立体仓库系统的主要组成部分及其功能。

2. 简述货到人拣选系统是如何提高拣选效率的。

3. 智能无人仓系统在安全性方面有哪些考虑和措施？

4. 某大型电子商务公司为了应对"双十一"购物节期间的订单激增，决定与一家第三方物流公司合作，以提高其货物的分拣、包装和配送效率。然而，在合作初期，该物流公司在处理大量订单时出现了分拣错误、配送延迟和客户投诉增多等问题。请分析导致这些问题的原因，并提出相应的解决方案。同时，考虑如何利用智慧仓配系统、自动分拣系统等现代物流技术，优化物流公司的物流流程，并提高其服务质量。

模块二

智慧仓配布局规划

【知识目标】

1. 熟悉仓库的功能、分类、储位划分及编码等内容。
2. 熟悉无人仓的布局内容。
3. 熟悉配送中心的基本定位、配送中心建设规划的基本程序。
4. 熟悉仓储配送中心的基本结构及作业区域。

【能力目标】

1. 能够按照仓库的不同用途进行分类。
2. 能够对仓库布置和储位划分提出合理化建议。
3. 能够对配送中心的建设进行定位分析。
4. 初步具备对仓储配送中心内部空间和作业系统进行规划设计的能力。

【素质目标】

1. 具有精益求精的工匠精神，树立安全和节约意识。
2. 培养降本增效的责任意识。
3. 培养创业实干的精神。

【项目引例】

京东物流乌鲁木齐"亚洲一号"启动运营

2021 年 9 月 29 日，京东物流乌鲁木齐"亚洲一号"智能产业园（以下简称京东物流乌鲁木齐"亚洲一号"）正式启动运营，这是新疆首个单体面积最大的智能物流园区。

该物流园区的运营可让乌鲁木齐 80% 的订单实现当日达、次日达，新疆其他地州市的包裹到达时效也将缩短 2 天以上。走进京东物流乌鲁木齐"亚洲一号"的仓库，现代化气息让人眼前一亮，其配置了全球领先的自动化分拣设备和智能控制系统，让工作人员与智能系统无缝衔接，让一件件快递货品来去自如。

该物流园区的自动化分拣中心拥有先进的物流智能分拣线，新疆消费者下单后，可直接从这里出货，最大的分拣处理能力达每天 100 万件。

目前，该物流园区涵盖食品、3C、家电、服装、进口产品等全品类商品，拥有先进的电商物流智能分拣线之一，包含10条高速自动矩阵系统，3条窄带分拣系统，1套交叉带分拣系统，以及西北首个"地狼"智能仓储系统，每天的分拣处理能力达100万件。

在一处5000m²的智能仓储库中，110台略大于扫地机器人的设备各自"背"着5层货架，井然有序地传送快递，来回穿梭，相不干扰，还可按照智能大脑自动避障。它们就是京东物流乌鲁木齐"亚洲一号"的"地狼"机器人系统，也是西北首个拥有"地狼"的智慧仓。

"地狼"是京东物流自主研发的典型的搬运式货到人拣选系统，利用"地狼"AGV（自动物流机器人），将货架搬运至固定的工作站供作业人员拣选，颠覆了传统"人找货"的拣选模式。

在"地狼"行走之处，可看到地面有一个个二维码，每个二维码代表一个坐标，"地狼"根据系统自动规划的送货路径，在二维码引导下行驶，工作人员只需在工作台领取相应任务，等待"地狼"搬运货架过来，再进行相应操作即可。

从前根据消费者下单的信息，人需要到货架挑选货品，再进行打包。如今后台可监测到同一时间段、同一区域，不同消费者下单的商品，将这些商品分类后放在货架，再由"地狼"运送到工作人员工作台，由工作人员打包即可。

也就是说，工作人员负责上架和拣货，货物分拣搬运的工作可全部交由"地狼"完成，操作员在智能系统的提示下就可完成订单拣选。

"地狼"最高承重500kg，速度可以达到2m/s，依靠遍布地面上的一个个二维码规划、引导路径，再依靠自带的传感器避免碰撞，保证了"地狼"搬运货架来回穿梭、互不干扰，提高了分拣效率和准确度。

近年来，京东集团将新疆作为西北地区布局的重要一环，不断加大投入，通过构建完善的下沉物流基础设施和上行产品产业带渠道，积极参与新疆特色产业发展与产品推广，与新疆名特优企业密切合作，让新疆特产走向大江南北、走向全国。

下一步，京东物流乌鲁木齐"亚洲一号"还将与新疆城际配送、城市配送、农村配送有效衔接，以更好地满足城市供应、工业品下乡、农产品进城、进出口贸易等物流需求，并将持续推动项目二期的建设，力争成为新疆一流的电子商务智能物流示范基地，引领带动新疆电商、物流行业的发展。

思考：
1. 本案例中仓储如何布局可以有效实现订单次日达？
2. 简述本案例中涉及的智慧物流装备与技术和传统物流装备与技术的区别。

单元一　仓储布局规划设计

📖【思维导图】

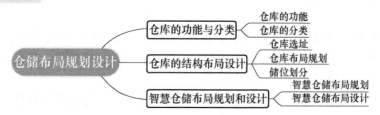

一、仓库的功能与分类

《物流术语》（GB/T 18354—2021）对仓库的定义是：用于储存、保管物品的建筑物和场所的总称。

（一）仓库的功能

仓库的功能分为基本功能和增值服务功能两部分，基本功能包括储存保管功能、供需调节功能、客户服务功能、风险防范功能。仓储的增值服务功能包括货物整合功能、流通配送加工功能、交叉转运功能、信息传递功能。

1. 基本功能

（1）储存保管功能　储存和保管是仓储最基本的功能，仓库具有一定的空间，用于储存物品，并根据储存物品的特性配备相应的设备，以保持储存物品的完好性。在仓库作业时，还有一个基本要求，就是防止搬运和堆放时碰坏、压坏物品，这要求对搬运机器和操作方法进行不断改进和完善，使仓库真正发挥储存和保管的作用。

（2）供需调节功能　创造物资的时间效用是物流的两大基本职能之一，物流的这一职能是由物流系统中的仓库来完成的。现代化大生产的形式多种多样，从生产和消费的连续性来看，每种产品都有不同的特点，有些产品的生产是均衡的，而消费是不均衡的；还有一些产品生产是不均衡的，而消费却是均衡不断进行的。要想使生产和消费协调起来，就需要仓库发挥"蓄水池"的调节作用。

（3）客户服务功能　仓库能够为客户提供代储、代运、代加工等服务，支持客户的生产、供应、销售和生活需求。为了满足客户需求，仓储物流企业可以提供全程跟踪服务、定时配送服务、定制化的服务解决方案，并以优质的售后服务来赢得客户的信任和支持。

（4）风险防范功能　仓库可以通过合理的储存和保管措施，进行精细化的养护作业，控制内外部因素对商品质量的影响，降低损耗，防止物品损坏或丧失价值，从而起到防范风险的作用。

2. 增值服务功能

（1）货物整合　当仓库从多个供应商处收到货物时，可以通过整合，凑满一整车，运输至批发、零售商处，以此来降低成本。整理货物包括拣货和简易的再包装，需要对仓库员工进行相关培训，还需要在仓库里划出一块区域专门用于理货。

（2）流通配送加工　现代仓库的功能已处在由保管型向流通型转变的过程之中，即仓库由储存、保管货物中心向流通、销售中心转变。仓库不仅要有储存、保管货物的设备，还要增加分拣、配套、包装、流通加工和信息处理等设置。这样既扩大了仓库的经营范围，提高了物资的综合利用率，又方便了消费，提高了服务质量。流通加工是指在物品从生产领域向消费领域流动过程中，为促进销售、维护产品质量和提高物流效率，对物品进行加工，使其发生物理、化学或形状的变化。流通加工可提高物流的服务水平，能起到运输、仓储不具备的作用。

（3）交叉转运　在交叉转运模式下，货物由送货车辆运输至配送中心，不进行仓库存储的操作，而是把货物直接放置在即将进行配送的车辆之中。它的优点是提高运转效率，减少存储成本和操作费用。

（4）信息传递功能　在处理仓储活动有关的各项事务时，需要依靠计算机和互联网，通过电子数据交换和条形码等技术来提高仓储物品信息的传输速度，及时而准确地了解仓储信息，如仓库利用水平、进出库的频率、仓库的运输情况、顾客的需求及仓库人员的配置等。

（二）仓库的分类

1. 按仓库管理体制分类

按仓库管理体制分类，可以分为自营仓库、公共仓库和第三方仓库，仓库类型及特点见表2-1。

扫码看视频

表 2-1　仓库类型及特点（按仓库管理体制分类）

类型	含义	特点
自营仓库	由企业自己拥有并管理的仓库	1. 服务企业产品,专业性强 2. 更大程度的控制力度,较强的管控能力 3. 规模小,成本低 4. 充分发挥人力资源的优势 5. 仓储设施设备简单,专业化程度低 6. 投资回报率较低
公共仓库	向社会提供服务的仓库,专门向客户提供相对标准的仓储服务	1. 节省资金投入,减少企业财务方面的压力 2. 缓解存储压力,缓解市场需求高峰期的存储压力 3. 减少投资风险 4. 较高的柔性化水平 5. 企业的经营活动更加灵活 6. 有效沟通成为租赁公共仓库的难题
第三方仓库	企业将仓库转包给外部公司,由外部公司企业提供综合物流服务的仓储方式	1. 企业集中精力于核心业务 2. 灵活运用新技术,实现以信息换库存,降低成本 3. 减少固定资产投资,加速资本周转 4. 提供灵活多样客户服务,为客户创造更多的价值 5. 生产企业对物流的控制能力降低

2. 按仓库用途分类

按仓库用途分类，可以分为采购供应仓库、批发仓库、零售仓库、储备仓库、中转仓库、加工仓库和保税仓库，仓库类型及特点见表2-2。

表 2-2　仓库类型及特点（按仓库用途分类）

类型	特点
采购供应仓库	主要用于集中储存从生产部门收购的和供国际进出口的商品,一般这类仓库的库场设在商品生产比较集中的大中城市,商品运输枢纽的所在地
批发仓库	主要用于储存从采购供应场调进或在当地收购的商品,一般靠近商品销售市场,规模同采购供应仓库相比一般要小一些,既从事批发供货,也从事拆零供货业务
零售仓库	主要为商业零售业做短期储货,一般提供店面销售。零售仓库的规模较小,所储存物资周转较快
储备仓库	一般由国家设置,以保管国家应急的储备物资和战备物资。货物在仓库中储存时间一般比较长,并且储存的物资会定期更新,以保证物资的质量
中转仓库	处于货物运输系统的中间环节,存放等待转运的货物,一般货物在此仅做临时停放。这类仓库一般设置在公路、铁路的场站和水路运输的港口码头附近,以方便货物在此等待装运
加工仓库	一般具有产品加工能力的仓库,加工的货物会有一定延迟
保税仓库	为国际贸易的需要,设置在一国国土上,但在海关关境以外的仓库。外国企业的货物可以免税进出这类仓库并办理海关申报手续,而且经过批准后,可以在保税仓库内对货物进行加工、存储等作业

各类仓库（按仓库用途分类）见图2-1。

| a) 采购供应仓库 | b) 批发仓库 | c) 零售仓库 |
| d) 储备仓库 | e) 加工仓库 | f) 保税仓库 |

图 2-1　各类仓库（按仓库用途分类）

3. 按仓库构造分类

按仓库构造分类，可以分为单层仓库、多层仓库、立体仓库、露天堆场，仓库类型及特点见表 2-3。

表 2-3　仓库类型及特点（按仓库构造分类）

类型	特点
单层仓库	设计简单，所需投资较少；仓库内搬运、装卸货物比较方便；各种附属设备（如通风设备、供水、供电等）的安装、使用和维护都比较方便；仓库的地面承压能力比较强
多层仓库	一般使用垂直输送设备来搬运货物；占地面积较小，建筑成本可以控制在有效范围内；存在的问题在于建筑和使用中的维护费用较大，一般商品的存放成本较高
立体仓库	空间利用率高，可以提高仓库管理水平，减少货损，优化、降低库存，缩短周转期，节约资金，提高劳动生产率，降低劳动强度
露天堆场	空气流通性好，造价低，修建时间短，存在的问题是货物易损坏和丢失

各类仓库（按仓库构造分类）见图 2-2。

| a) 单层仓库 | b) 多层仓库 |
| c) 立体仓库 | d) 露天堆场 |

图 2-2　各类仓库（按仓库构造分类）

4. 按仓库保管条件分类

按仓库保管条件分类，可以分为普通仓库，保温、冷藏、恒湿恒温仓库，特种仓库和气调仓库，仓库类型及特点见表2-4。

表 2-4　仓库类型及特点（按仓库保管条件分类）

类型	特点
普通仓库	用于存放无特殊保管要求的物品的仓库
保温、冷藏、恒湿恒温仓库	用于存放要求保温、冷藏或恒湿恒温的物品的仓库
特种仓库	用于存放易燃、易爆、有毒、有腐蚀性或有辐射性的物品的仓库
气调仓库	用于存放要求控制库内氧气和二氧化碳浓度的物品的仓库

各类仓库（按仓库保管条件分类）见图2-3。

a) 普通仓库　　　　　　　　　　　　　　b) 恒温库

c) 特种仓库　　　　　　　　　　　　　　d) 气调仓库

图 2-3　各类仓库（按仓库保管条件分类）

5. 按建筑结构分类

按建筑结构分类，可以分为封闭式仓库、半封闭式仓库和露天式仓库，仓库类型及特点见表2-5。

表 2-5　仓库类型及特点（按建筑结构分类）

类型	特点
封闭式仓库	封闭性强，便于对库存物进行维护保养，适宜存放保管条件要求比较高的物品
半封闭式仓库	保管条件不如库房，但出入库作业比较方便，且建造成本较低，适宜存放对温湿度要求不高且出入库频繁的物品
露天式仓库	俗称"货场"，最大优点是装卸作业极其方便，适宜存放较大型的货物

二、仓库的结构布局设计

（一）仓库选址

1. 仓库选址的基本原则

（1）经济性原则　仓库规划中要充分考虑经济因素的影响，尤其是成本问题。仓库的成本主要包括库场的建设费用，设备的购置费用，人员工资和运营中的各项费用等。在遵循经济性原则时，要以总成本最低作为中心指标。

（2）协调性原则　对于服务业，几乎无一例外都要遵循这一原则，将仓库建设在服务区附近，以降低运费，提高对客户需求的反应速度。

（3）战略性原则　库场选址是一项战略性的经营管理活动，因此要有战略意见。选址工作要考虑企业服务对象的分布及未来的发展，要考虑市场的开拓。

（4）适应性原则　首先，仓库规划必须与国家及省市的经济发展方针、政策相适应，与工业整体布局结构相适应、与国民经济和社会发展相适应；其次，仓库规划要与企业的需求相适应。仓库是企业出于完善自己的物流系统，协调服务与成本关系的目的而建设的，必须完全满足企业的需求。

（5）可行性原则　仓库规划要充分考虑建设的可行性，在兼顾以上四条原则的同时，考虑规划的可操作性。仓库规划一定要建立在现有的生产发展水平上，要考虑实际的需要，使规划能够实现既定目标。

2. 影响仓库选址的因素

（1）销售目标市场及客户分布　仓库选址时首先要考虑目标市场即服务客户的分布，不论是制造业还是服务业，设施的地理位置一定要和客户接近，越近越好。因为产销两地接近，运输成本减小，会大大降低总成本。还要考虑地区对产品和服务的需求情况，消费水平要和产品及其服务相适应。

（2）交通条件　交通条件是影响物流成本及效率的重要因素之一。交通运输的不便将直接影响配送的时效，因此必须考虑运输通路，以及未来交通与邻近地区的发展状况等因素。仓库附近应有：高速公路、国道、铁路、快速道路、港口、交通限制规定等。一般仓库应尽量选择在交通方便的高速公路、国道及快速道路附近，如果以铁路及轮船作为运输工具，则要考虑靠近火车编组站、港口等。

（3）土地条件　土地的使用必须符合相关法律规章及都市规划的规定，尽量选在物流园区、工业园区或经济开发区。用地的形状、长宽、面积与未来扩充的可能性与规划内容及实际建置有密切的关系。因此在选择仓库场址时，必须参考规划方案中仓库的设计内容，在无法完全配合的情形下，必要时需修改规划方案中的内容。

（4）自然条件　在物流用地的评估中，自然条件也是必须考虑的，事先了解当地自然环境有助于降低建构的风险。例如，考虑湿度、盐分、降雨量、台风、地震因素等条件，有的仓库靠近海边，往往盐分比较高，这些都会影响商品的储存品质，尤其是服饰或电子产品等对湿度及盐分非常敏感。

（5）人力资源条件　在仓储配送作业中，最主要的资源是人力资源。由于一般物流作业仍属于劳力密集的作业形态，在仓库内部必须要有足够的人力。因此在决定仓库位置时必须考虑人员的来源、技术水平、工作习惯、工资水平等因素。

（6）社会环境与政策条件　政策条件是物流选址评估的重点之一，尤其是现在取得物流用地比较困难，如果有政府政策的支持，则更有助于物流的发展。政策条件包括企业优待措施（土地提供、减税），城市规划（土地开发、道路建设规划），地区产业政策等。

（7）其他基础设施　除交通是否便利外，道路、邮电通信、动力、燃料管线等基础设施是否完善对建设仓库的影响也很大。

3. 仓库选址的方法

仓库选址的方法有综合因素评分法、重心法、盈亏平衡分析法、量纲分析法、负荷距离法、运输模型法、引力模型、多因素分析法和检查表法等。这里重点介绍综合因素评分法和重心法。

（1）综合因素评分法

1）确定评价项目，列出相关因素。

2）给每个因素赋予一定的权重，反映该因素在目标中的重要程度。

3）给每个因素建立一个量度（量度区间建议为 1~10 或 1~100）。

4）评价者对收集的选址中的每个因素赋分，使用步骤 3）中的量度。

5）用每个因素的权重乘以步骤 4）中的赋分，计算每个选址的综合得分。

6）对于每个选址的综合得分进行排名，得分最高者为最优选址。

技能之窗：

位于 W 市的龙海物流公司打算建立仓库来满足 W 市 80 余家直营连锁店的供货需求，现对 A、B、C、D 四地进行选址，表 2-6 列出了选址的重要因素得分和权重，要求进行选址决策。

表 2-6　选址的重要因素得分和权重

因素	权重	位置得分			
		A	B	C	D
交通条件	20	9	8	8	7
紧邻市场	15	8	7	9	6
紧邻供应商	18	9	8	7	9
税收	10	8	5	6	5
人力资源条件	18	7	5	6	4
基础设施	19	5	7	6	7

解答：

计算综合得分，即用权重乘以各位置得分，计算结果见表 2-7。

表 2-7　计算结果

因素	权重	位置综合得分			
		A	B	C	D
交通条件	20	20×9=180	20×8=160	20×8=160	20×7=140
紧邻市场	15	15×8=120	15×7=105	15×9=135	15×6=90
紧邻供应商	18	18×9=162	18×8=144	18×7=126	18×9=162
税收	10	10×8=80	10×5=50	10×6=60	10×5=50
人力资源条件	18	18×7=126	18×5=90	18×6=108	18×4=72
基础设施	19	19×5=95	19×7=133	19×6=114	19×7=133
合计	100	763	682	703	647

（2）重心法　重心法是一种选择仓库位置，从而使仓储配送成本降低的方法。这种方法主要考虑的因素是现有设施之间的距离和要运输的货物量。它经常用于中间仓库或分销仓库的选择。

重心法选址的步骤如下。

1）建立坐标系。首先，需要在坐标系中标出各个地点的位置，这有助于确定各点之间的相对距离。在国际选址中，经常采用经度和纬度来建立坐标系。

2）输入数据。包括各点的坐标、货物量。

3）计算重心。使用特定的公式计算重心。

重心点的横坐标：

$$C_x = \frac{\sum_i d_{ix} Q_i}{\sum Q_i}$$

重心点的纵坐标：

$$C_y = \frac{\sum_i d_{iy} Q_i}{\sum Q_i}$$

式中　d_{ix}——第 i 个地点的 x 坐标；

　　　d_{iy}——第 i 个地点的 y 坐标；

　　　Q_i——运到第 i 个地点或从第 i 个地点运出的货物量。

技能之窗：

龙海连锁超市在 W 市有四家卖场，分别位于 A、B、C、D 四个位置。随着四家卖场业务向好，销售量扩大，原有的仓库存在补货不到位的情况，四家卖场的货物需求量见表 2-8。

表 2-8　龙海连锁超市四家卖场的货物需求量

卖场位置	每月所需的货物量	卖场位置	每月所需的货物量
A（80，40）	3000	C（100，80）	2000
B（50，50）	1500	D（30，100）	3500

目前龙海连锁超市急要建立一个新仓库，问该仓库的最优选址方案是什么？

解答：

1）画出坐标图，标注四家卖场的位置，如图 2-4 所示。

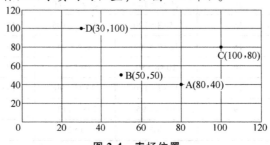

图 2-4　卖场位置

2）根据重心法计算坐标点，如图 2-5 所示。

$$C_x = \frac{\sum_i d_{ix}Q_i}{\sum Q_i} = \frac{80 \times 3000 + 50 \times 1500 + 100 \times 2000 + 30 \times 3500}{3000 + 1500 + 2000 + 3500} = 62$$

$$C_y = \frac{\sum_i d_{iy}Q_i}{\sum Q_i} = \frac{40 \times 3000 + 50 \times 1500 + 80 \times 2000 + 100 \times 3500}{3000 + 1500 + 2000 + 3500} = 70.5$$

仓库位置及最终选址地点见图 2-5。

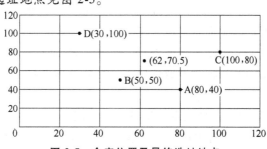

图 2-5　仓库位置及最终选址地点

（二）仓库布局规划

仓库布局是指在一定区域或库区内，对仓库的数量、规模、地理位置和仓库设施、道路等各要素进行的科学规划和总体设计。应在充分利用现有仓库内部空间的情况下，根据储存物资特点、公司财务状况、市场竞争环境和顾客需求情况来适时改变仓库布局。

仓库布局目标如下。

1）提高仓库产出率。

2）便于管理人员进行仓库作业管理，提高仓库内存储物资流动速度。

3）使仓库成本费用最低。

4）在运输、保管、装卸物资等方面提高对客户的服务水平。

5）给仓库管理人员提供良好的工作环境与条件。

仓库平面布置是指对仓库的各个部分如存货区、入库检验区、流通加工区、备货区、通道及辅助作业在规定范围内进行全面合理的安排。

（1）影响仓库平面布置的因素　仓库平面布置会受仓库类型、仓储规模、专业化程度、储存物品、作业流程等因素的影响，具体情况见表 2-9。

表 2-9　影响仓库平面布置的因素

影响因素	具体内容
仓库类型	不同类型的仓库对平面布置的要求不同，平面布置将根据仓库类型进行针对性设置
仓储规模	仓储规模越大、功能越多，需要的设施设备就越多，这使平面布置增加了一定的难度
专业化程度	库存物品种类越多，专业化程度越低，仓库平面布置的难度越大
储存物品	由于类别和种类不同，储存物品对于环境的要求不一样，采取的保管保养方式和搬运装卸的方法也不同
作业流程	在入库、出库、在库的各个作业环节上构成完整的作业流程，要求相应的库区布局与之匹配

（2）仓库平面布置的要求

1）仓库平面布置要适应仓库作业流程的要求，这有利于仓库业务的正常进行。具体内容如下。

① 单一的物流方向。仓库内商品的卸车、验收、存放地点之间必须适应仓库储存作业流程，按一个方向流动。

② 最短的距离。商品在库内的移动应当是直线的、必要的，任何迂回移动或不必要的移动都应避免。

③ 最少的装卸环节。在总平面布置时，应考虑商品在库内的装卸、搬运的次数，尽量减少装卸环节。

④ 最大限度地利用空间。仓库总平面布置是立体设计，既要考虑地面面积的利用程度，也要考虑空间的利用程度，总平面布置应有利于合理储放和充分利用库容。

2）仓库平面布置应有利于提高仓库的经济效益。平面布置应充分考虑地形、地质条件，因地制宜，使之满足商品运输和储放的要求，充分合理地利用各种固定设备，以便最大限度地发挥设备效能。

3）仓库平面布置应有利于保证安全和增进职工的健康。仓库建设应根据《建筑设计防火规范》（GB 50016—2014）的有关规定，留有一定的防火间距，并有防火、防盗等保护设施，还应符合卫生要求。仓库平面布置不仅要满足通风、日照等要求，还应考虑雨水排放及环境绿化等工作，应有利于增进职工的身体健康。

（3）仓库平面布置的原则

1）最大效益原则。要因地制宜，充分考虑地形、地质条件，满足商品运输和存放上的要求，并能保证仓库充分利用。

2）作业优化原则。提高作业的连续性，实现一次性作业，减少装卸次数，缩短搬运距离；减少搬运环节，使仓库完成一定的任务所发生的装卸搬运量最少。

3）周转最快原则。以库存周转率为排序依据，将出入库频次高且出入量比较大的品种放在离物流出口最近的固定货位上。

4）有效存储原则。确保保管条件不同、作业手段不同、灭火措施不同的货物不混存。

5）通道占用最少原则。在物料搬运设备大小、类型、转弯半径的限制下，尽量减少通道所占用的空间。要考虑物料的形状大小，根据实际仓库的条件，合理搭配空间。避免空间不足时多货位放货，避免空间太大导致使用不充分。

6）最优空间利用原则。最大限度地利用平面和空间，尽量利用仓库的高度，有效利用仓库的容积。

（4）仓库动线规划　仓库中的动线设计是指在仓库中规划和设计货物的运输路径和作业区域，以达到提高仓库作业效率、降低物流成本、优化仓库空间利用率等目的。

仓库的动线设计应注意以下三个原则。

1）不迂回。如果动线来回折返，掺杂过多无效搬运，对订单处理能力会有很大影响。

2）不交叉。如果不同功能区作业动线交叉打架，会拥堵阻碍动线流线，且不安全。

3）最佳化。应保证作业行走距离最小，并根据货物特性和布局选择最优路径。

常见的物流动线类型有 L 型、U 型、I 型、S 型，见表 2-10 和图 2-6~图 2-9 所示。

表 2-10　物流动线类型

动线类型	L 型	U 型	I 型	S 型
动线特征	货物出入仓库的路径最短	出货和收货区域在仓库的同侧方向	出货和收货区域在仓库的不同方向	作业流程较为复杂,多个步骤迂回处理
动线特点	可以应对进出货高峰同时发生的情况;适合越库作业的进行;可同时处理"快流"及"慢流"的货物	适合越库作业的进行;使用同一通道供车辆出入;易于控制和进行安全防范;可以在建筑物三个方向进行空间扩张	可以应对进出货高峰同时发生的情况;常用于接收相邻加工厂的货物,或用不同类型的车辆来出货和发货	适合处理多工序作业和宽度不足的仓库中作业,结合 I 型动线最优
存在问题	除了 L 型流向范围内的货物外,其他功能区的货物出入效率会相对降低	收发集中进行,容易混淆	出入距离过远,动线路径长,收发同时管理的成本高	单一步骤设计过于复杂时,产生动线迂回和交叉情况

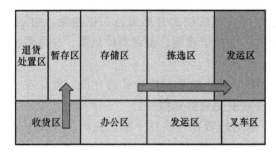

图 2-6　L 型动线流程图

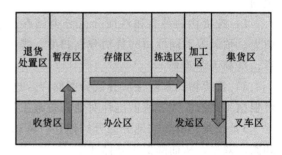

图 2-7　U 型动线流程图

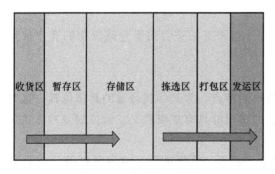

图 2-8　I 型动线流程图

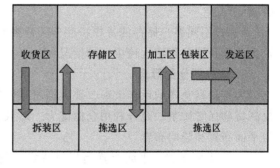

图 2-9　S 型动线流程图

(三)储位划分

储位划分是指根据已确定的商品分类保管方案、仓容定额,规划和确定库房和货场的货位摆放形式,目的是提高仓库平面和空间的利用率,提高仓储质量,方便出入库作业,降低物品的仓储成本。

1. 储位划分的依据

在确定物品存放位置时，应采取物品分区分类储存的方法。

（1）分区分类储存的原则 仓库货物储位分区分类储存商品应遵循以下"四个一致"原则。

1）货物的自然属性、性能应一致。在分区分类的仓储管理中，同一类物品或类似物品应在同一个地方保管，既避免了货物因属性抵触而造成损失，又提高了作业效率、保管效率和仓储工作效率。

2）货物的养护措施应一致。在仓储管理中，考虑到不同货物对温度、湿度、光线等养护条件的需求不同，要求进行分区分类存放，将养护需求相同的货物存放在一起。

3）货物的作业手段应一致。在分区分类的仓储管理中，应将作业手段一致的货物存放在一起，既减少仓储设施设备的使用种类，又提高仓储作业效率。

4）货物的消防方法应一致。在分区分类的仓储管理中，将消防方法一致的货物存放在一起，既提高了消防工作的效率，又降低了消防作业的费用。

（2）分区分类储存的方法 由于仓库的类型、规模、经营范围、用途各不相同，各种仓储货物的性质、养护方法也不同，因而分区分类储存的方法也有多种，需统筹兼顾，科学规划。

1）按货物的种类和性质分区分类储存。它是指按照货物的自然属性，把怕热、怕潮、怕光、怕风等不同性质的货物分别归类、集中存放，既便于管理、提高养护质量，又方便出货，提高工作效率。

2）按货物的危险性质分区分类储存。这点主要针对化学品、危险品的存放，重点在于可根据不同的灭火方法做出针对性的防范工作，有效避免危险和损失。

3）按货物的发往地分区分类储存。将相同发运地的货物存放在一起，提高了仓储中装卸搬运效率，从而降低了仓储成本。

4）按方便仓储作业和安全作业的特点分区分类储存。将周转率高的货物放置在离通道较近的区域，方便进出货作业。将安全保卫级别高的货物放置在封闭的、安全性能高的区域。

5）按不同客户储存的货物特性分区分类储存。这种方法适合用于仓储货物的客户数量较少，而且储存货物比较单一的情况。

2. 储位划分的形式

为了提高仓库的运作效率，要根据所存储货物的特点，为其寻找合适的具体位置，这对提高货物保管质量、充分利用仓储能力、降低仓储费用等具有重要意义。储位划分的形式分为平面布置和竖向布置。

（1）平面布置 平面布置是指对货垛、货架、通道、货垛间距、收发货区等进行合理规划。主要布置形式有垂直布置和倾斜布置两种类型。

1）垂直布置。垂直布置是指货垛或货架的排列与仓库的侧墙互相垂直或平行，具体包括横列式布置、纵列式布置和纵横式布置。

① 横列式布置是指货垛或货架的长度方向与仓库侧墙互相垂直的布置方式。这种布置的主要优点是：主通道长且宽，副通道短，整齐美观，便于存取查点，如果用于库房布置，还有利于通风和采光。具体如图2-10所示。

② 纵列式布置是指货垛或货架的长度方向与仓库侧墙平行的布置方式。这种布置的优点主要是可以根据库存物品在库时间的不同和进出频繁程度安排货位。将在库时间短、进出频繁的物品放置在主通道两侧；将在库时间长、进库不频繁的物品放置在里侧。具体如图 2-11 所示。

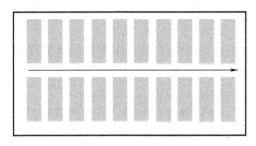

图 2-10　横列式布置

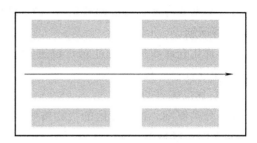

图 2-11　纵列式布置

③ 纵横式布置是指在同一个保管场所内，横列式布置和纵列式布置兼而有之的布置方式，可以综合利用两种布置的优点。具体如图 2-12 所示。

2）倾斜布置。倾斜布置是指货垛或货架与仓库侧墙或主通道形成一定夹角的布置方式。具体包括货垛倾斜式布置和通道倾斜式布置。

① 货垛倾斜式布置是横列式布置的变形，它是为了便于叉车作业、缩小叉车的回转角度、提高作业效率而采用的布置方式。具体如图 2-13 所示。

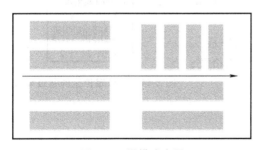

图 2-12　纵横式布置

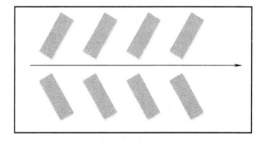

图 2-13　货垛倾斜式布置

② 通道倾斜式布置是指仓库的通道斜穿保管区，把仓库划分为具有不同作业特点的布置方式，如大量存储和少量存储的保管区等，以便进行综合利用。采用这种布置形式，仓库内形式复杂，货位和进出库路径较多。

（2）竖向布置　竖向布置是指将库存货物在仓库立体空间上布局的布置方式，其目的在于充分有效地利用仓库空间。竖向布置的主要形式有货物堆垛、利用货架、采用架上平台等。

1）货物堆垛。将物品包装后直接堆码在托盘或地坪上，层层堆码到一定高度。

2）利用货架。对货物进行竖向布置的主要手段是利用各种货架。

3）采用架上平台。在仓库净空较高和货架较矮的情况下，可采用架上平台的方式充分利用空间。

3. 货位编号

货位编号是一种对货位进行标识和分类的方法，它可以将仓库划分为不同的区域，每个区域再细分为不同的货架、层数和排数。

（1）货位编号的重要性

1）提高仓库运营效率。通过货位编号，仓库管理人员可以快速定位所需货物的具体位置，减少找货时间，提高工作效率。

2）降低库存成本。准确的货位编号可以避免因找不到货物而导致的延误发货、增加库存成本等问题。

3）优化仓库布局。通过对货位进行编号，可以更直观地了解仓库布局和货物存储情况，方便进行仓库布局优化。

（2）货位编号的原则

1）分类原则。将仓库内的货物按照品类、特性、品牌等进行分类，将相同或相似的货物存储在同一区域。

2）标识原则。每个货位都要有明确的标识，包括货位编号、货物名称、数量等信息。

3）唯一性原则。每个货位编号都应该是唯一的，不同区域的货位编号不应该重复。

4）可扩展性原则。考虑到仓库的发展和调整，货位编号应该具有一定的扩展性，方便进行货位的调整和增加。

5）可读性原则。货位编号应该简单易懂，方便仓库管理人员快速识别和记忆。

6）顺序原则。货位编号应该按照一定的顺序进行编排，方便进行查找和管理。

7）货位编号的定位方法。对于货位的定义，至今没有固定的标准，10个仓库可能有10种不同的货位编号，而常见的货位编号通常采用三位定位法或五位定位法。

图2-14使用的是五位定位法，即"仓+排+格+层+板"。"A"为仓库编号；"01"为货架排数；"21"为货架格数；"2"为货架层数；"2"为货架板数。

图2-14　五位定位法的货位编号

三、智慧仓储布局规划和设计

（一）智慧仓储布局规划

智慧仓储布局规划是指在一定区域或库区内，对智慧仓储的平面布局、仓库内设施设备等各种要素进行科学规划和整体设计。

随着大数据、物联网、机器人、传感器等技术的不断进步，智慧仓储作为以上技术的载体，有望迎来高速发展。随着土地使用成本及人工成本的增加，仓储费用也有明显的增加，降本增效是我国仓储行业未来发展的核心。合理规划设计智能仓储，减少人工及土地的使用，降低物流费用是我国仓储行业发展的必经之路。

1. 智慧仓储的规划目标

目前，我国仓储物流行业正处于仓库管理升级的阶段（自动化和集成自动化向智能化不断升级）。随着信息技术的发展，仓储物流行业将联合工业互联网技术不断向智能化升级。因此，智慧物流是大势所趋，也成为诸多企业和资本的布局重点。

基于各个企业的情况，企业推进智慧仓储升级的手段各有不同。但究其本质，智慧仓储的规划目标有以下五个方面。

（1）高度智能化　智能化是大数据时代下智慧仓储的显著特征。智慧仓储不只是自动化，更不局限于存储、输送、分拣等作业环节，而是仓储全流程的智能化，包括应用大量的机器人（AGV）、RFID 标签、MES、WMS 等智能化设备与软件，以及物联网、人工智能、云计算等技术。

（2）完全数字化　智慧物流时代的一个突出特征是海量的个性化需求，要想对这些需求进行快速响应，就要实现完全的数字化管理，将仓储与采购、制造、销售等供应链环节结合，在智慧供应链的框架体系下，实现仓储网络全透明的实时控制。

（3）仓储信息化　无论是智能化还是数字化，其基础都是仓储信息化的实现，而这离不开强大的信息系统的支持。

1）互联互通。想要信息系统有效运作，就要将它与更多的物流设备、系统互联互通，以实现各环节信息的无缝对接，尤其是 WMS、WCS 等，从而确保供应链的流畅运作。

2）安全准确。在网络全透明和实时控制的仓储环节中，要想推动仓储信息化的发展，就要依托信息物理系统、大数据等技术，解决数据的安全性和准确性问题。

（4）布局网络化　在仓储信息化与智能化的过程中，任何设备或系统都不会孤立地运行，而是通过物联网、互联网技术智能地连接在一起，在全方位、全局化的连接下，形成一个覆盖整个仓储环境的网络，并能够与外部网络无缝对接。

基于这样的网络化布局，仓储系统可以与整个供应链快速进行信息交换，并实现自主决策，从而确保整个系统的高效率运转。

（5）仓储柔性化　在"大规模定制"的新零售时代，柔性化构成了制造业企业的核心竞争力。只有依靠更强的柔性能力，企业才能应对高度个性化的需求，并缩短产品创新周期，加快生产制造节奏。企业要想将竞争力传导至市场终端，同样需要仓储环节的柔性能力作为支撑。仓储管理必须根据上下游的个性化需求进行灵活调整，扮演好"商品配送服务中心"的角色。

2. 智慧仓储布局规划的基本原则

智慧仓储布局规划必须遵循一定的原则，通过具体的需求分析，实现能力与成本的合理规划，使系统既能满足库存量和输送能力的需求，又能降低设计成本。仓储布局规划应当视具体情况而定，为了做出更加完善合理的设计，仓储布局规划应当遵循以下八个原则。

（1）总体规划原则　在进行布局规划时，要对整个系统的所有方面进行统筹考虑。对系统进行物流、信息流、商流分析，合理地对它们进行集成与分流，从而更加高效、准确地实现物资流通与资金周转。

（2）最小移动距离原则　物资移动的距离越短，所需要的时间和费用也就越少。为此，在进行仓储规划时，应当妥善考虑物资移动的路线，避免路线交叉，保持物流畅通。保持仓库内各项操作之间的距离最短，物资和人员流动距离能省则省，尽量缩短，以此来节省物流时间，降低物流费用。

（3）物资处理次数最少原则　仓储管理涉及大量物资处理作业，而每次物资处理都需要耗费时间和费用，还可能形成安全隐患。在进行仓储规划时，应当遵循物资处理次数最少原则，减少不必要的移动，或引入可以同时进行多个操作的设备。

（4）充分利用空间、场地原则　充分利用空间（包括垂直与水平方向空间），在安排设备、人员、物品时应予以适当的配合，最大限度地利用平面与空间，节省建设投资，但应给设备预留适当的空间，以免影响工作。

（5）成本和效益原则　更多的投资必然意味着更先进的仓储管理，但同时代表更高的成本。成本与效益原则要求考虑投资成本和系统效益，在满足仓储管理需求的前提下，尽量减少投资成本。

（6）柔性化原则　智能化时代的仓储环境存在复杂多变的特点，仓储物的品种、规格和数量都可能发生改变。因此，在进行仓储规划时，应当遵循柔性化的原则，采购更具柔性的机械和机械化系统，确保仓库可以扩大规模，能够保持一定的空间以利于设备的技术改造和工艺的重新布置，同时应保持一定的维护空间。

（7）能力匹配原则　设备的存储和输送能力要与系统的需求及频率相协调，从而避免设备能力的浪费。

（8）安全性原则　设计时要考虑智能设备运行的安全性、物品存储的安全性、操作人员的安全和方便。确保货架强度、刚度满足载重需求，堆垛层数应该根据物资货箱承重能力及物资本身的重量综合考虑。对于特殊物品（易燃易爆品等），应严格遵守国家相关法律法规，同时加强仓库管理员职业培训，提升安全意识。

（二）智慧仓储布局设计

1. 智慧仓储布局规划

仓储的布局规划应满足仓库管理的各种功能需求，一般体现在以下五个方面。

1）仓库位置应便于物资入库、装卸和提取。

2）明确划分库内区域，并配置必要的安全、消防设施。

3）应根据需求分类进行仓储布局规划。不同类型的仓库应分开设置，如集装箱货物仓库和零担仓库。库内应对不同物资进行分区存放，如发送、中转、到达物资存放区。

4）尽量减少物资在仓库内的搬运距离，避免迂回运输；库内布局需满足先进装卸工艺和设备的作业需求。

5）仓库货门的设置不仅要考虑物资集中到达时的装卸作业需求，还要考虑增设货门造成的堆存面积的损失。

2. 智慧仓储仓位设计

（1）仓储作业区规划　对于仓库的内部空间布局，主要考虑仓库作业区的规划设计。

1）接货区。在这个区域里应完成接货及入库前的工作，也称进货作业，如接货、卸货、清点、检验、分类、入库准备等。由于货物在接货区停留的时间不能太长，并且处于流动状态，因此接货区的面积相对来说不能太大。接货区的设施主要有装卸货站台、暂存验收检查区域等。

2）立库存储区。在这个区域里存储或分类存储所进的物资，主要任务在于妥善保存货物，并对在库物品进行核验，善用空间，对存货进行科学管理。和不断进出的接货区比较，这个区域所占的面积较大。

存储区应考虑最大限度地利用空间，最有效地利用设备，最安全和最经济地搬运货物，以利于保护和管理货物。在选择存储区位置时，应考虑如下问题：根据货物的特性选择，大批量选大存储区，小批量选小存储区；笨重体积大的货物存储于坚固的货架及接近发货区的地方，轻量货物存储于货架上层；相同和相似货物尽可能靠近存储区，小而轻并且易于处理的货物存储于远储区；周转率低的货物存储于远离进货、发货之处及仓库较高区，周转率高的货物存储于接近发货区之处及低储位。

3）理货、备货区。在这个区域里可以进行分货、拣货、配货作业，为送货做准备，主要有 AGV 拣选区、拆零拣选区等。对于用户多品种、少批量、多批次的配送（如中、小件杂货），智慧仓储需进行复杂的分货、拣货、配货工作。大部分情况下，理货、备货区占仓库很大一部分面积。

4）包装作业区。有许多类型的智慧仓储设置配送加工区域，应在这个区域进行分装、包装、切割、混装等各种类型的流通加工。加工区在仓库所占面积较大，但设施装置随加工种类的不同而有所区别。

5）分放、配装区。在这个区域里，按用户需要将配好的货物暂放暂存等待外运，或根据每个用户堆放状况，确定配车方式、配装方式，然后直接装车或运到发货的行装车。这个区域是暂存货物的，仓储时间短、暂存周转快，所以面积相对较小。

6）装载发货区。在这个区域应将准备好的货物装入外运车辆发出。外运发货区的结构和接货区类似，有站台、外运路线等设施。有时候，装载发货区和分放配装区是一体的，所有分好的货物会直接通过传送装置进入装货场地。

7）管理指挥区（办公室）。这个区域可以集中设置于仓库某个位置，有时也分散设置于其他区域中。它主要包括事务处理场所、内部指挥管理场所、信息场所等。

对不同存储对象的智慧仓储进行布局规划时，存储区货架、存储设备、搬运设备的配套选择也会不同，规划的布局图会有差异，达到的实际效果也大相径庭。

（2）仓位规划

1）仓位规划设计。不同行业对功能区域设计要求不同，相同行业不同的仓库类型的区域功能也会不同，例如，中央分销中心和区域分销中心仓库功能区域的规划需要明确功能设计的原则，功能区域变量的定义和属性，结合二者进行功能区域设计。根据仓储需求，每个仓库的货位位置和形态各异。

通常物品的最高存量、最低存量与正常存量会决定仓位的大小。仓位大小若取决于最低存量，则显然仓位太小，常出现为腾出仓位而辗转搬运物品或无仓位的现象。仓位大小若取决于最高存量，常会造成仓位过大的现象。因此，通常以正常存量来决定仓位的大小。企业在具体规划仓位时，要根据物品的进出库规律及时调整货区和货位。

仓位规划应预留机动货区。预留机动货区的目的是巩固分区分类和暂时存放那些单据未到或待拣收待整理、待分类、待检验的物品。通常在整个仓库划分货区时，应预先留出一定面积作为机动货区，其大小可视仓库业务性质、物品存储量及品种的多少、物品性质和进出频繁程度及储备条件而定。

仓位规划应设置收料区域。仓库要设置特定的收料区用于暂放所购进的物品。此收料区可划分为进料待检区、减料合格区和进料验退区三个区域。

2）货位规格化。实行货位规格化的主要依据是物品分类目录、物品储备定额及物品本身的自然属性。

① 物品分类目录。为满足仓库管理适应计划管理、业务管理和统计报表的需要，并与采购环节相衔接，采用按供应渠道的物品分类目录分类较为合适。

② 物品储备定额。仓位规划要按储备定额中的规定来规划货位。如果无储备定额，可根据常备物品目录进行安排，并在货架上留有适当空位。

③ 物品本身的自然属性。如果不同物品各自的物理、化学性质相抵触，对温湿度要求

不同，或灭火方法相抵触等，则这些物品不能安排在一起存放。

习题与训练

一家快速消费品制造企业计划扩大其生产规模，并在新的生产基地建立一个高效的仓储系统。该企业的产品种类繁多，包括饮料、零食和个人护理用品。新仓库需要能够处理不同尺寸和重量的货物，同时确保货物采用先进先出原则。此外，企业希望减少拣选错误，提高订单处理速度，并优化存储空间。

1. 请分析该企业在进行仓储布局规划时需要考虑的关键因素，并提出一个综合的仓储布局设计方案。

2. 请对内部仓库布局可能选用的设备进行探讨。

3. 请对以上两个问题配以简图进行说明分析。

单元二 配送中心规划设计

📖【思维导图】

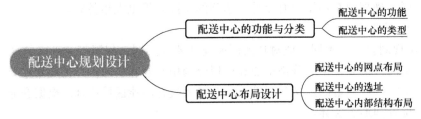

规划设计是指为了新建、扩建或改建生产系统或服务系统，综合考虑相关因素，进行分析、构思、规划、论证和设计，做出全面安排和决策，使资源得到合理配置，系统能更加有效地运行，同时还需考虑控制成本。本节主要探讨配送中心规划设计，如内部布局、选址等内容。

一、配送中心的功能与分类

《物流术语》（GB/T 18354—2021）对配送中心的定义是：具有完善的配送基础设施和信息网络，可便捷地连接对外交通运输网络，并向末端客户提供短距离、小批量、多批次配送服务的专业化配送场所。

（一）配送中心的功能

配送中心不仅具有储存、集散等传统物流的功能，在物流环节不断智慧化的进程中，配送中心也在不断完善其高效分拣、流通加工和信息共享等功能。具体地说，配送中心有如下几种功能。

1. 储存功能

配送中心的服务对象是为数众多的企业和商业网点，例如，连锁店等。配送中心通常会设置储存场所并备齐货物，以便及时按照用户的要求将其所需要的商品在规定的时间内送达指定地点，以满足生产和消费的需要，因此，配送中心往往会储备一定数量的货物来保证配送服务所需要的货源。

2. 分拣功能

配送中心会凭借自身拥有的物流设施和设备将分散的商品集中起来，经过分拣、配装，输送给多家客户，通过集散货物来调节生产与消费，实现资源的有效配置。配送中心必须依据客户对于货物品种、规格、数量等方面的不同要求，从储存的货物中通过拣选、分货等作业完成配货工作，为配送运输做好准备，以满足不同客户的需要，这是配送中心与普通仓库的主要区别。

3. 加工功能

配送中心为促进销售，方便物流运输或提高原材料的利用率，会按用户的要求并根据合理配送的原则对商品进行下料、打孔、解体、分装、贴标签、组装等初加工活动，这使得配送中心具备一定的加工能力。配送中心是重要的流通节点，衔接生产与消费，它不仅能通过集货和储存平衡供求，还能有效地协调产销在时间上、地域上的分离。

4. 集散功能

配送中心凭借其特殊的地位和拥有的各种先进的设施和设备，能够将分散在各个生产企业的货物集中到一起，经过分拣、配装，向多家客户发运。与此同时，配送中心可以做到把各个客户所需要的多种货物有效地组合（或配装）在一起，形成经济、合理的货载批量。配送中心在流通实践中所表现出的这种功能即（货物）集散功能，也称为"配货、分放"功能。

集散功能是配送中心所具备的一项基本功能。实践证明，利用配送中心来集散货物可以提高货车的满载率，由此可以降低物流成本。

（二）配送中心的类型

随着流通规模的不断扩大，配送中心不仅数量增加了，由于服务功能和组织形式等的不同，还演绎出许多不同的类型。

1. 按配送中心的设立者分类

（1）制造商型配送中心　此类配送中心以制造商的成品库为配送基地，配送物品全部由制造商自己生产，并直接向需求方配送，物品在生产、条码和包装等方面比较容易配合流通的需要，以降低流通费用、提高售后服务质量并提高配送效率。此种类型的配送中心大多为满足自身的物流需要而创办，一般不对外承担物流业务或不作为主业。

（2）批发商型配送中心　此类配送中心以批发商或代理商为主体，批发是商品从生产者到消费者手中的流通环节之一，这种配送中心的物流来自各个物流商，它所进行的一项重要活动是对物品进行汇总和再销售，社会化程度高。

（3）零售商型配送中心　这类配送中心一般由零售商设立，零售商发展到一定规模后会建立自己的配送中心，集中采购并统一向自己的零售门店配送所销售的商品。零售商型配送中心的社会化程度介于以上两种配送中心之间。

（4）专业物流配送中心　专业物流配送中心是以第三方物流企业（包括传统的仓储企业和运输企业）为主体的配送中心。这种配送中心通常有很强的配送能力，地理位置优越，可迅速将到达的货物配送给客户，专业性较强，主要面向社会提供配送服务，配送现代化程度较高。随着第三方物流企业的发展，这类配送中心已逐步成为配送的主要组织形式。

2. 按配送中心的服务功能分类

（1）储存型配送中心　储存型配送中心是在充分发挥储存作用的基础上开展配送活动的配送中心。这类配送中心通常具有较大规模的仓库和储物场地，在资源紧缺条件下，能形成储备丰富的资源优势。在我国，储存型配送中心大多起源于传统的仓储企业。

（2）加工型配送中心　这种配送中心的主要功能是对商品进行清洗、下料、分解、集装等加工活动，以流通加工为核心开展配送活动。如某些食品冷链配送中心就是以肉类加工、预制菜加工为核心开展配送业务的加工型配送中心。另外，在生产资料的配送活动中有许多加工型配送中心。

（3）流通型配送中心　此类配送中心以暂存或随进随出的方式进行配货和送货，基本没有长期储存的货物，通常用来向客户提供库存补充，或者快件分拣转运，如快递转运中心、商品分拨配送中心。这种配送中心的典型方式是：大量货物整进零出，采用大型分货机，进货时直接进入分货机传送带，分送到各客户货位或直接分送到运输工具上，货物在配送中心停留时间很短。

3. 按配送中心的归属及服务范围分类

（1）自用型配送中心　自用型配送中心是指隶属于某个企业或企业集团，通常只为本企业服务，不对本企业或企业集团外开展配送业务的配送中心。在国内外，这类配送中心常见于商业连锁体系自建的配送机构，例如，沃尔玛的配送中心由公司独资建立，专门为本公司所属的零售门店配送商品。这类配送中心可以在逐步对外开展配送业务的基础上向公用型配送中心转化。

（2）公用型配送中心　公用型配送中心以盈利为目的，面向社会开展配送服务，其主要特点是服务范围不局限于某个企业或企业集团内部。随着物流业的发展，物流服务逐步从其他行业中分化独立出来，向社会化方向发展，公用型配送中心作为社会化物流的一种组织形式在国内外迅速普及。

二、配送中心布局设计

（一）配送中心的网点布局

网点布局是一个系统工程，需要运用系统理论和系统工程的方法进行。众所周知，配送中心的上游是物流中心或供应商，而下游则是连锁门店或最终的独立用户。当一个物流中心需要设立多个配送中心时，不仅需要确定配送中心的选址，还要确定配送中心的数量、规模、配送半径等，从而建立一个客户满意度高、服务效率高、物流成本低的网络系统，这就是配送中心的网点布局所研究的内容。常见的配送中心典型网点布局形式有四种，如图2-15所示。

1）辐射型分布。配送中心位于许多用户的中央位置，货物从该中心向四面八方的用户进行配送，呈辐射状。

2）吸收型分布。配送中心位于许多货主的某个居中位置，货物从各个产地向此配送中心运送，呈吸收状。

3）聚集型分布。这种形式类似于吸收型分布，但处于中心位置的并非配送中心而是一个生产密集的经济区域，四周分散的是配送中心而非货物或用户。

4）扇形分布。货物经过配送中心向某个方向运送的单向辐射。

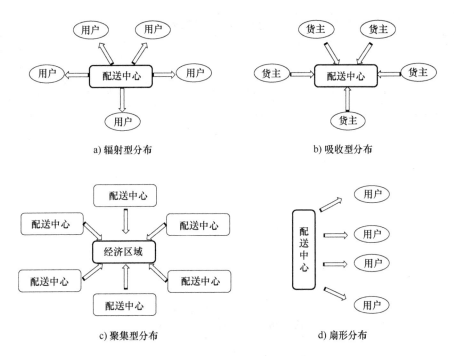

图 2-15　配送中心典型网点布局形式

（二）配送中心的选址

配送中心选址是物流企业规划物流配送网络中的重要一环，关乎整个物流系统的运营效率和成本。由于配送批量小、批次多，具备"物流最后一公里"时效性强等特点，因此配送中心选址是受空间和时间限制的系统优化问题，选址时必须充分考虑。除了要考虑成本问题，还要考虑时间约束问题。同时，客户服务水平和货物品质的约束也至关重要，因此，只有同时考虑成本控制、时间约束、客户服务水平的选址，才具有实际应用价值和意义。配送中心的选址对于提高客户满意度有至关重要的作用。选址的简要步骤如下。

1）选址约束条件分析（需求条件、运输条件、配送服务条件、用地条件、法律制度等）。

2）收集整理资料（收集各类相关费用、业务量、服务客户及配送中心位置信息、配送路线、人员车辆情况等基本资料，为建立数学模型做准备）。

3）地址筛选。常用的筛选方法有德尔菲分析模型法、重心法、评分法等。

技能之窗：

龙海物流主营仓配业务，根据调研，该公司计划在上海某区创建储存型配送中心，市场需求数据及服务客户位置信息见表 2-11，上海市部分区划坐标如图 2-16 所示，请利用重心法进行智慧仓选址分析，按照备选库位置坐标的计算结果落入的区域范围，选择备选库坐落区域位置。

此案例中利用重心法对配送中心选址过程可参考本教材模块二单元一仓库选址中对重心法的介绍。

表 2-11　龙海物流市场需求数据及服务客户位置信息表

产品需求地	来福士	万达店1	万达店2	盒马店1	盒马店2	印象城	大润发1	大润发2	大润发3	大润发4
X坐标	7	11	15	12	9	20	13	15	2	10
Y坐标	11	29	30	50	32	20	40	3	2	15
需求量	76829	48267	145500	111770	102000	83450	68770	112345	148100	169808
单位运输成本/元	0.02	0.02	0.02	0.05	0.05	0.04	0.04	0.02	0.01	0.02

图 2-16　上海市部分区划坐标

（三）配送中心内部结构布局

不同的配送中心其构成要素和布局是不同的。图 2-17 所示的是某配送中心内部布局示意图，表 2-12 是配送中心构成要素及功能说明。

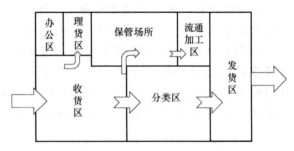

图 2-17　某配送中心内部布局

表 2-12　配送中心构成要素及功能说明

构成要素		功能说明
功能区域	管理区	配送中心内行政事务管理、信息处理、业务洽谈、订单处理及指令发布的场所,一般位于配送中心的出入口
	进货区	收货、验货、卸货、搬运及货物暂停的场所
	理货区	货物被区分为直接分拣配送、待加工、入库储存和不合格需清退的货物,分别送往不同的功能区。在实行条形码管理的中心还要为货物贴条形码
	储存区	对暂时不必配送或作为安全储备的货物进行保管和养护的场所,通常配有多层货架和用于集装单元化的托盘
	加工区	进行必要的生产性和流通性加工(如分割、剪裁、改包装等)的场所
	分拣配货区	进行发货前的分拣、拣选和按订单配货
	发货区	对物品进行检验、发货、待运的场所
	退货处理区	存放进货时残损、不合格或需要重新确认并等待处理的货物的场所

（续）

构成要素		功能说明
设施设备区	设备存放及维护区	存放叉车、托盘等设备及其维护（充电、充气、紧固等）工具的场所
	仓储设备	储存货架、重力式货架、回转式货架、托盘、立体仓库等
	搬运设备	叉车、搬运车、连续输送机、垂直升降机等
	拣货设备	拣货车辆、拣货输送带、自动分拣机等
管理和信息系统	信息管理系统	包括订货系统、出入库管理系统、分拣系统、订单处理系统、信息反馈系统等
	辅助设施	包括库外道路、停车场、站台和铁路专用线等

技能之窗：

　　调研当地的某配送中心，观察该配送中心的布局设计、常用的设施设备、组织机构及员工岗位设置等情况。同时，观察该配送中心的进货、验收、储存、拣取、加工与包装、组配拼装、出货监管、配送等作业环节。

　　根据观察结果，完成以下任务。

　　1）利用计算机绘图软件（如 CAD）绘制该配送中心布局结构简图。

　　2）完成实训任务：画出该配送中心的配送作业流程图（此项由企业兼职教师评分）。

　　3）提升任务：以调研小组为单位完成一份调研报告。

习题与训练

一、单项选择题

1.（　　）是配送中心运作周期的开始。

A. 验收入库　　　　　　　　　　　B. 收货作业

C. 检货配货　　　　　　　　　　　D. 储存

2.（　　）是专门从事城市货物配送活动的经济组织，也是集加工、理货、送货等诸多功能于一体的物流据点，是集货中心、分货中心和加工中心功能的综合。

A. 物流中心　　　　　　　　　　　B. 集货中心

C. 货场　　　　　　　　　　　　　D. 配送中心

3. 以下（　　）选项不属于配送中心的基本要求。

A. 主要面向社会提供公共物流服务　　B. 功能健全

C. 辐射范围大　　　　　　　　　　D. 少品种、大批量

4. 通过集货和存储货物，配送中心有平衡供求的作用，由此，能有效地解决（　　）货物的产需衔接问题。

A. 生鲜食品　　　　　　　　　　　B. 季节性

C. 农产品　　　　　　　　　　　　D. 跨区域性

二、多项选择题

1. 物流配送中心应满足的基本要求包括（　　）。

A. 主要为特殊的用户服务

B. 配送功能健全

C. 辐射范围小和多品种、小批量、多批次、短周期

D. 主要为末端客户提供配送服务

2. 配送中心为了提高装卸搬运的速度，可以采取（　　）措施。

A. 专业化的装载 B. 专业化的运输

C. 专业化的提升运送 D. 专业化的垛码

3. 下列属于配送服务与服务成本之间关系的是（　　）。

A. 配送服务不变，成本降低 B. 成本不变，服务水平提高

C. 配送服务水平和成本均提高 D. 成本降低，服务水平提高

仓储作业

【知识目标】

1. 理解仓储作业通用流程。
2. 理解货物分类原则。
3. 掌握平置库仓储作业要点。
4. 掌握就地堆码计算。
5. 理解智慧仓作业相关知识。
6. 掌握在库作业相关知识。

【能力目标】

1. 能够利用办公自动化软件进行物动量及资金分类表制作。
2. 能够根据分类表安排重型货架货位。
3. 能够根据需求安排货到人GTP智慧仓货位。
4. 能够计算自动化立体库货位需求。
5. 能够计算货垛及货垛设计。
6. 能够制订一般货品的仓储作业流程。
7. 能够对一般货品开展收货与验收。
8. 能够开展盘点作业。

【素质目标】

1. 培养组织协调能力。
2. 树立团队协作意识。
3. 培养独立思考和吃苦耐劳的精神。

【项目引例】

安踏晋江仓打造新型智慧仓储系统

在新消费群体崛起和消费需求变化等多重因素影响下，国货近年来进入高速发展通道，国产运动品牌也迎来新机遇，安踏体育用品集团有限公司（以下简称安踏）的表现尤为亮眼。安踏发布的 2021 年年报数据显示，2021 年安踏实现收益约 493 亿元人民币，同比增长 38.9%。据安踏分析，此轮增速的显著增长得益于电子商务的增长、DTC 模式和疫情的缓和。

2020 年 8 月，安踏开始采取直接面对消费者（Direct To Consumer，DTC）模式的战略转型，在我国 11 个地区（包括长春、长沙、成都、重庆、广东、昆明、南京、上海、武汉等热门城市）开展混合营运模式，涉及的安踏门店约 3500 家，当中约有 60% 由公司直营，40% 由加盟商按照安踏新运营标准营运，目的是去掉中间商环节，将产品直接卖给消费者。混合营运模式以消费者为中心，同时打通线上线下全渠道，具有更强的自主可控性、更低的触达用户成本等特点。目前，安踏 DTC 业务占比（直营店+电商）已接近 70%，其中总计 6000 家门店中的约 52% 为安踏直营。按业务模式划分，2021 年安踏分部 DTC 占收入比重最高，由 2020 年同期的 9.3% 提升至 35.6%。

DTC 模式的推进无疑对安踏的供应链能力提出了更高要求。作为鞋服物流的核心环节，仓储已经成为供应链转型关注的焦点。为应对销量不断增长、人工成本增加、个性化需求多样等因素的影响，安踏携手深圳海柔创新科技有限公司（以下简称"海柔创新"）对晋江物流园原有的智能仓储中心进行升级革新，共同打造新型智慧仓储系统。

安踏晋江仓采用的箱式仓储机器人解决方案，衔接了从入库、上架，到拣选、出库的所有作业流程，并在库内布局设计和设备组合应用方面实现了一系列优化，如图 3-1 所示，具体包括如下几方面。

1）入库作业：设置了一条入库输送线，借助人工换箱，把入库的箱子投到输送线上，通过自动装卸机，可以在 5s 内实现一次性装卸 8 个箱子，提高系统的整体作业效率。同时，库区采取冷热库存分布设计，采用机器人自动搬箱上架的方式取代了传统操作中人工寻找库位入库上架的步骤。

2）出库作业：采用一套环形输送线的拣选系统，减少机器人的搬箱次数，一个箱子搬出后可以供给多个工作站进行拣选。拣选颗粒度细化到料箱，这意味着如果同一个

图 3-1 箱式仓储机器人系统

SKU 大批量发货时，可以把整托盘上的货品拆成多个箱子送至不同的工作站，减少工作站等待箱子的时间，实现更灵活、更柔性的出库拣选作业。同时，鞋服行业通常都有同款集中、同款装箱的需求，但这种需求在传统的人工仓中很难实现。海柔创新的箱式仓储机器人解决方案，通过软件算法和调度系统解决了这一问题，在拣货时就将同款拣选在一个箱子里，以保证货品到末端门店时可以快速上架、陈列。

安踏晋江仓的项目亮点主要体现在以下三个方面。

第一，"货箱到人"的拣选模式解决了鞋服仓储作业面临的"用工荒"难题。一方面，通过更加贴合人体工学的设计方案，使员工作业动作更加连贯，拣选效率得到明显提升；另一方面，拣选人员的作业内容更加简洁，只需要在工作台按照系统提示进行拣选，提升了员

工的留存率，可以快速培训上岗，减少对熟练员工的依赖。

第二，随着整个鞋服消费市场变化，SKU 增加，订单更加碎片化，传统的仓库作业模式已经很难应对新的作业需求。针对这些变化，箱式仓储机器人解决方案一方面通过更高的货架存储方式提升存储密度和拣选位数量，10m 以下仓库的垂直利用率高达 95%，提高 80%~400% 的存储密度；另一方面，通过"仓储机器人+多种工作站"设计，可实现货到人拣选，降低拣选难度，人工拣选效率提升 3~4 倍，拣选准确率达到 99.99% 以上。

第三，由于安踏对订单交付的时效性要求比较高，高流量出库作业对解决方案带来了一定挑战。对此，海柔创新采取了优化软件算法和部分拣选系统硬件、改善作业动作等方式，持续提升整体作业效率。

> **思考：**
> 1. 智慧仓储和传统仓储的本质区别是什么？
> 2. 案例中智慧仓储的作业流程是什么？

单元一 仓储作业准备

【思维导图】

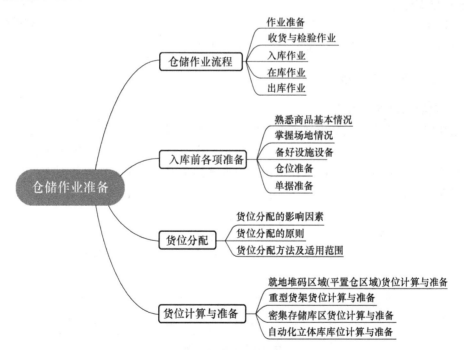

仓储作业是整个流通领域中最重要的一个环节。面对各类货物的频繁进出，应如何更高效、更科学地开展仓储作业工作？"好的开始是成功的一半"，对于仓储作业来说，充足的作业准备是进行仓储工作的第一步，具体来说就是掌握商品的技术特征、明确拟入库货物的周转量情况、入库货位的现状等，同时还需要明确仓储作业的流程与具体人员的工作准备等工作。

一、仓储作业流程

仓储作业流程与货物属性、存储环境、仓库类型、设备使用等因素有密切联系。但就一般的作业流程来看，大致可分为以下流程。

（一）作业准备

在进行作业准备时，仓管人员应及时与客户进行沟通，明确货物的基本属性与情况，据此准备装卸和搬运设备、存放库区、人员排班，根据货物的分类情况安排合适的货位并进一步优化，缮制物流表单，准备应急预案等工作。

（二）收货与检验作业

货物到达仓库前，应对货物进行收货处理，凡是经过运输部门转运的货物，需要经过仓库的接运方可进行验收。在接货时主要开展接运计划、凭证核对、货物初检等工作。检验时，应对货物数量、质量、包装等进行详检，出现问题及时按照规章制度处理。

（三）入库作业

入库作业是仓储作业的核心环节，其效率直接影响仓储服务质量。根据仓库类型的不同及仓库设施设备自动化程度的不同，入库作业的环节、作业方案、人员安排也不相同。

（四）在库作业

当货物进入仓库时，为保证货物的品质与安全，需要进行在库作业管理，主要包括库存盘点、货物安全管理、保管作业等。

扫码看视频

（五）出库作业

当接到客户订单或需求时，即将进行出库作业。出库作业是仓内作业的最后一个环节，主要包括拣选作业、复核、整理等工作。

二、入库前各项准备

（一）熟悉商品基本情况

仓储管理人员或作业人员应熟悉商品的基本情况，例如，商品的数量、品名、单位、重量、包装形式、堆码要求、存储条件等。可根据入库通知单、外观标识等来获取信息，以此对货物存放、库区安排及后续的工作提供相对准确的依据。入库通知单如图 3-2 所示，包装标识如图 3-3 所示。

××××医药有限公司 入库通知单					№	
仓库号：				验收日期：	年 月 日	
供货单位：						
品名/剂型/规格		单位	数 量	单价	金 额	
生产厂商：		产品批号：		每箱包装：		
批准文号：		有效期至：		共 计	箱	
贮存条件：		单据类型：		备 注：		
复核付款：	采购：		保管：		验收：	

图 3-2　入库通知单

（二）掌握场地情况

根据货物的具体情况，选择合适的库区。例如，散货宜放置在堆场或平置仓内，出库量大的托盘货物可优选重力式货架仓库等。同时应掌握对货物入库期间和保管期间的仓库容量、设备占用、人员变动等问题，以便更好地安排工作。

（三）备好设施设备

根据货物的种类、包装、数量及接运方式，确定装卸搬运、计量设备，车辆，苫垫材料，托盘等必备的工具设备。对于采用无人仓等智慧仓技术的，还应该检查各智慧设备，如 AGV 机器人、配套充电桩等，如图 3-4 所示。

图 3-3　包装标识

a) 无人AGV机器人叉车　　　b) 潜伏式AGV机器人　　　c) 升举AGV机器人

图 3-4　智慧仓常用设施设备

（四）仓位准备

按照入库货物的品种、性能、数量及货物分类，确定存放位置或存货面积，并进行仓位的清扫、消毒、腾仓等工作。

（五）单据准备

仓管员对货物入库所需的各类单据、报表、单证、记录簿等，如入库交接单、物料卡、残损单等要妥善准备，确保资料完整。

三、货位分配

入库货位分配是指将货位分配到最优位置上，这样做一方面是为了提高仓库的横向和纵向利用率；另一方面是方便出入库作业，提高整体的作业效率。

（一）货位分配的影响因素

一般来说，货位分配的影响因素有以下几点。

1. 货物的周转率

货物的周转率代表货物出入库的频率，出入库频率高的货物宜优先分配货位。在实际工作中常使用物动量 ABC 分类法进行货位分配。

2. 货物的规格

货物的重量、体积、包装材料等影响货位的可用空间，因此在分配时需要进行考虑。

3. 货物的理化性质

货物的理化性质是指货物的物理特性和化学性质，货物若是易腐性质或本身为危险品，不宜放置在货位高层、密集处，避免影响其他货品。

4. 货品的价值

货物本身的价值也是货位选择的考虑因素之一，常用物品价值 ABC 分类法进行分类作业。

5. 存储设备、搬运与输送设备

存储设备、搬运与输送设备决定了货物在仓库中的移动速度和方式。货位分配应考虑这些设备的作业范围和效率，以减少搬运时间并提高作业流畅性。

> **知识之窗：**
>
> #### 货物的理化性质有哪些？
>
> 1）货物的热力学性质：①吸湿性货物具有吸附水蒸气或水分的性质；②挥发性液体货物具有表面能迅速汽化变成气体散发到空间中的性质；③热变性低熔点货物具有在超过一定温度范围后形态发生变化的性质。
>
> 2）货物的机械性质：①货物的破碎，是指由于货物质脆或包装强度弱，承受较小的外力作用后货物容易破碎；②货物的变形，是指具有可塑性的货物发生的变化；③货物的渗漏。
>
> 3）货物的化学性质：①氧化性货物与空气中的氧或放出氧的物质会发生化学变化；②某些腐蚀性货物具有能对其他物质产生破坏作用的性质；③燃烧性物质具有相互化合而发生光和热的性质。
>
> 4）货物的生物性质：①酶的作用；②呼吸作用；③微生物作用；④虫害作用。

（二）货位分配的原则

1. 合理性原则

储位分配应该根据货物的特性、数量、尺寸、重量等因素进行合理的规划和分配，以确保货物的安全与仓储的便捷。

2. 灵活性原则

储位分配应该具有一定的灵活性，以适应不同的货物类型和数量的变化，同时也要考虑仓库的空间利用率和货物的流通效率。

3. 经济性原则

储位分配应该在保证货物安全的前提下，尽可能地节约仓库的空间和成本，以提高仓库的经济效益。

4. 物品特性原则

物品特性是储位分配的重要考虑因素。不同的物品有不同的特性，如大小、重量、易损性、易腐性等。因此，在储位分配时，应根据物品的特性选择合适的储位。例如，易碎物品应放在易碎物品专用储位，易腐物品应放在通风、防潮的储位，重物品应放在承重能力强的储位等。

5. 货物流向原则

货物流向是储位分配的一个重要考虑因素。货物流向是指货物在仓库内的流动方向，包括进仓、出仓、转仓等。在储位分配时，应根据货物的流向选择合适的储位。例如，进仓货物应放在离进仓口近的储位，出仓货物应放在离出仓口近的储位，转仓货物应放在离转仓口近的储位等。

6. 货物分类原则

货物分类是储位分配的一个重要考虑因素。货物分类是指将货物按照不同的属性进行分类，如品种、规格、批次等。在储位分配时，应根据货物的分类选择合适的储位。例如，同一品种的货物应放在同一区域的储位，同一批次的货物应放在同一排的储位，同一规格的货物应放在同一列的储位等。

7. 货物数量原则

货物数量是储位分配的一个重要考虑因素。货物数量是指货物数量的多少，包括单件货物数量和总货物数量。在储位分配时，应根据货物的数量选择合适的储位。例如，单件货物数量较多的货物应放在单独的储位，总货物数量较多的货物应放在面积较大的储位等。

8. 储位利用率原则

储位利用率是储位分配的最终目的。储位利用率是指在保证货物安全的前提下，尽可能地利用储位空间。在储位分配时，应根据储位利用率选择合适的储位。例如，应尽可能地利用高度，选择高架储位；应尽可能地利用面积，选择多层储位等。

9. 先进先出原则

先进先出原则是指将货物按照其生产或进货的时间顺序进行储存，以确保货物的新鲜度和质量。

10. 后进先出原则

后进先出原则是指将货物按照其生产或进货的时间倒序进行储存，以确保货物的及时性和供应能力。

（三）货位分配方法及适用范围

1. 选用定位存储分配

定位存储分配是指每一个商品都有固定的储位，商品在储存时不可互相窜位。在采用这种储存方法时，必须注意每一个货物的储位容量都必须大于其可能的最大在库量。定位存储最明显的缺点就是库容利用率低，需要较大的存储空间。一般来说，货物有以下特征时可选用定位存储。

1）多品种小批量。

2）物品需存放在重点保管区。

3）存储空间较大。

4）货品的理化性质要求货物之间不能相互影响，或货物有不同的保管要求。

2. 选用随机存储

随机存储避免了定位存储库容利用率低的缺点，并可以对货物存放地点进行随机分配。当出现种类少、批量或体积较大的货物而存储空间有限时，可考虑随机存储。但随机存储存在以下缺点。

1）出入库难度管理较大，可能造成搬运距离的增加。

2）盘点难度较大。

3）相邻货物之间可能存在相互影响，例如危化品等。

3. 选用分类存储

分类存储是指将货物按一定性质加以分类，每一类货物固定其存储位置，同类货物的不同品种又按一定的法则来安排储位。一般来说有以下分类方法。

1）按商品的种类和性质分区分类储存。

2）按商品的危险性质分区分类储存。

3）按商品的发运地分区分类储存。

4）按仓储作业的特点分区分类储存。

5）按仓库的条件及商品的特性分区分类储存。

4. 选用分类随机存储

分类随机存储是指结合了分类存储和随机存储，即每一类货物在各自固定库区采用随机存储的方法。一般来说，此类分配方法可使用计算机辅助分配或计算机全自动分配的方式进行。

视野之窗：

货位分配的方式有人工分配、计算机辅助分配和计算机全自动分配等三种方式。

1）人工分配。人工分配货位凭借的是管理者的知识和经验，其效率因人而异。人工分配货位方法的优点是比计算机等设备投入费用少，缺点是分配效率低，出错率高，需要大量人力。

2）计算机辅助分配。这种货位分配方法利用图形监控系统，收集货位信息并显示货位的使用情况，提供给货位分配者实时查询，为货位分配提供参考，最终由人工下达货位分配指示。

3）计算机全自动分配。这种方法是指利用图形监控储位管理系统和各种现代化信息技术（条形码扫描器、无线通信设备、网络技术、计算机系统等）收集货位有关信息，通过计算机分析后直接完成货位分配工作，整个作业过程不需要人工分配作业。仓储管理系统辅助货位分配的功能界面如图3-5所示。

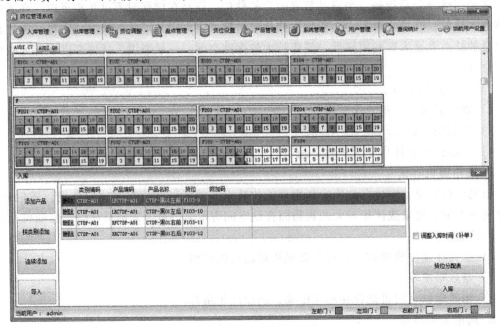

图3-5　仓储管理系统辅助货位分配的功能界面

四、货位计算与准备

龙海物流公共 1 号云仓将于 1 月 2 日拟接收陕西万盛工贸有限公司的一批货物,入库通知单见表 3-1。

表 3-1　入库通知单

编号:RKTZ001			计划入库时间:1 月 2 日		供货商:陕西万盛工贸有限公司	
序号	品名	质量/kg	规格/mm (长×宽×高)	单位	数量	堆码极限	物动量分类
1	中型装修气枪钉	60	400×300×120	箱	2000	4	C
2	电工笔	1	100×80×50	盒	3000	2	A
3	1400 软管	30	1200×800×800	托	20	2	A
4	智能 WiFi 水表	5	110×120×100	盒	500	3	B
5	无痕钉	3	210×220×100	盒	340	3	C
备注:中型装修气枪钉采用杨木包装,其余均为瓦楞纸包装						

龙海物流公共 1 号云仓仓库有就地堆码区、重型货架区、AGV 密集型存储库区、电子标签区 4 个存储区域。其中就地堆码区存放单体超过 50kg 的货品;重型货架区存放一般货物(如 1400 软管、无痕钉等货物);AGV 密集存储库区存放各类实验工具(如电工笔等),自动化立体库存放电子类产品(如智能 WiFi 水表等)。

下面对 4 个存储区域进行货位准备。

(一)就地堆码区域(平置仓区域)货位计算与准备

1. 存储位置的确定

确定物品的存储位置时应考虑仓库的平面布局、物品的在库时间、物品出入库的频率等因素。出库频次较高物品的在库时间一般较短,所以应放在离主通道或出入口较近的区域。中型装修气枪钉单件 SKU 重量大于 50kg,且物动量属于 C 类,属于出库频次较低的物品,因此应放置远离主通道或离仓内出入口较远的位置。

2. 垛型的确定

垛型是指货物堆放时的形状。常见的垛型有平台垛、起脊垛、梯形垛、行列垛、井型垛等形式。表 3-1 中的中型装修气枪钉应选用平台垛的形式,如图 3-6 所示。

3. 堆垛面积与尺寸的确定

(1)堆垛面积的确定　龙海物流公共 1 号云仓的就地堆码区采用环氧树脂地面敷设,仓库库内净高 4.8m,地坪荷载 2.5t/m^2,区域宽度受限 6m。

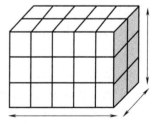

图 3-6　平台垛

计算步骤如下:

1)单位包装底面积 = (400×300) mm^2 = 120000mm^2 = 0.12m^2。

2)单位面积重量 = (60÷0.12) kg = 500kg = 0.5t。

若从仓库净高来看,可堆码层数 a = (4.8÷0.12) 层 = 40 层。

若从堆码极限 4 来看,可堆码层数 b = 4 层。

若从地坪荷载来看,可堆码层数 c = (2.5÷0.5) 层 = 5 层。

3)因此,考虑限重、堆码极限及仓内净高限重,三者应取最小值,即

$$可堆层数=\min\{a,b,c\}=\min\{40,4,5\}=4\ 层$$
$$垛的底面积=(2000\div4\times0.12)\ m^2=60m^2$$

4）因考虑库内宽度受限为6m，因此垛宽=（6÷0.3）箱=20箱。

5）基于段度受限，因此货垛的长度=（60÷6）m=10m，故垛长=（60÷6÷0.4）箱=25箱。

（2）垛型尺寸的确定　本次堆垛需要准备储位60m²，货垛的垛长为25箱，垛宽为20箱，垛高为4箱。

4. 就地堆码区域的整理

对仓内作业区域有碍作业的杂物应及时清除，将堆码保持无垃圾、无灰尘、干净整洁的状态。

（二）重型货架货位计算与准备

1. 重型货架存储区域的选择

重型货架存储区域的选择一般遵循货物出库频率（物动量）。出库频率较高（物动量为A）的货物应放置于重型货架首层（底层）；出库频率适中（物动量为B）的货物应放置于重型货架中部区域；出库频率较低（物动量为C）的货物应放置于货架高层区域。但较重、易碎等货物，即便出库频率较低，也应放置于货架首层。

按照上述思路，1400软管应整托放置于重型货架的首层，无痕钉应在货物组托后放置于货架的高层。

2. 货架储位数量的确定

重型货架储位数量等同于托盘使用量，对于带托运输来说一托一货位，若是件杂货物则需要计算托盘使用量，计算量即为货架储位数量。但如果带托运输的整托货物高度和称重超出货架相关要求的，则需要拆托后重新计算，计算出的结果即为货架储位数量。

表3-1中1400软管是整托运输且不超过货架相关要求，因此托数即为所需货架货位数。对于无痕钉来说，该货物为件杂货，需要进一步计算。

（1）托盘用量计算影响因素　为保证计划入库物品能够顺利入库，仓库管理人员应在入库前准备足够的货位和上架所需要的托盘。在计算所需货位及托盘数量时应追求码盘数量最大化，尽量减少托盘的使用，进而节约成本和作业的时间，但要符合安全操作规定。准备货架储位及托盘数量时需要综合考虑以下因素。

1）计划入库的物品种类及包装规格，货物码盘时不能超过货物自身堆码限高。

2）托盘规格、托盘安全操作要求，不超托盘载重，不超托盘边界2cm。

3）货架货位的设计规格、货位大小及承重。

4）叉车作业要求，应留出安全操作距离。

5）作业人员的熟练程度与技巧。

安全操作距离是指托盘载货单元放在货位上之后，距离货位上梁的间距。在实际工作中，企业一般规定15cm为安全操作距离的最小值。叉车的货叉在货位上叉取托盘货物进行上架与下架操作时，会有小距离货叉的提升和下降，要求作业时不能碰撞货位的横梁，所以需要留出安全间距。如果托盘货物多码一层的高度使安全操作距离小于规定值，为保证作业的安全性就不能这样做。

（2）托盘用量计算　以无痕钉货物为例进行计算。

1）已知条件（从相关设备中获取）。

货架承重：≤500kg。

安全操作距离：150mm。

货格尺寸：1125mm×1000mm×950mm。

托盘尺寸：1200mm×1000mm×150mm。

托盘承重：500kg。

托盘自重：20kg。

2）计算步骤。

第一步：计算托盘每层可摆放箱数。

$$托盘每层可摆放箱数 = 货架面积/货物底面积$$
$$= (托盘长度×托盘宽度)/(货物长度×货物宽度)$$
$$= [(1200×1000)/(210×220)]箱 = \lfloor 25.97 \rfloor 箱 = 25\ 箱$$

第二步：计算码放层数。

$$层数 = 储位可用高度/货物高度$$
$$= (货格高度 - 托盘高度 - 安全操作距离)/货物高度$$
$$= [(950-150-150)/100]层 = \lfloor 6.5 \rfloor 层 = 6\ 层$$

第三步：验证。

验证是指验算码放层数是否超重，是否超出堆码极限，如果二者中有一项超出时，应及时调整。

验证码放层数是否超出堆码极限：码放层数为6，大于堆码极限3，因此层数应调整至3。

验证托盘是否超重：可放货物总重应小于托盘承重，可放货物总重为225kg（=25×3×3kg），小于托盘承重500kg，不超重。

验证是否整托超重：带托货物总重应小于货格承重，带托货物总重为245kg（=225kg+20kg），小于货格总重500kg，不超重。

第四步：得出结论。

综上，无痕钉一托可码放3层，每层25个，一托共计75个。拟入库340箱货物，共需要托盘=（340÷75）个=4.53个，向上取整，共需5个托盘。

技能之窗：

使用物动量 ABC 进行货物分类

扫码看视频

分类管理是现代物流管理方法中最常用、最重要的方法之一，ABC 分类法属于分类管理中的一种表现形式。ABC 分类法又称帕累托分类法，是由意大利经济学家帕累托提出的一种管理方法。它将物品按照价值、销售额等重要程度的不同划分为 A、B、C 三个等级，其中 A 级为最重要的一小部分，B 级为次重要的部分，C 级为数量最多但价值最小的一部分。

在仓库管理中，ABC 分类法的原理同样适用。我们可以将仓库中的物品按照物动量、销售额、成本等指标进行分类。一般来说，A 级物品的周转量、销售额和成本占据整个仓库的一定比例，是价值最高的一小部分；B 级物品的周转量、销售额和成本占比次之；而 C 级物品的周转量、销售额和成本占比最低，但是数量却是最多的。

物动量 ABC 的计算步骤如下。

1）统计历史数据，求得货物统计期间的总周转量。

一般历史数据由出库作业周报得出，统计周期越长，得到结果越准确。出库作业周报见表 3-2~表 3-7。

表 3-2　出库作业周报一

制表人：　　　　　　　　　　　　　制表时间：3 月 6 日

货品编码/条码	货品名称	出库量/箱
6932010061815	口香糖	8
6932010061822	巧克力	2
6932010061846	话梅糖	3
6932010061853	八宝粥	0
6932010061860	牛肉面	0

表 3-3　出库作业周报二

制表人：　　　　　　　　　　　　　制表时间：3 月 13 日

货品编码/条码	货品名称	出库量/箱
6932010061815	口香糖	5
6932010061822	巧克力	0
6932010061846	话梅糖	2
6932010061853	八宝粥	6
6932010061860	牛肉面	2

表 3-4　出库作业周报三

制表人：　　　　　　　　　　　　　制表时间：3 月 20 日

货品编码/条码	货品名称	出库量/箱
6932010061815	口香糖	0
6932010061822	巧克力	2
6932010061846	话梅糖	3
6932010061853	八宝粥	6
6932010061860	牛肉面	4

表 3-5　出库作业周报四

制表人：　　　　　　　　　　　　　制表时间：3 月 27 日

货品编码/条码	货品名称	出库量/箱
6932010061815	口香糖	7
6932010061822	巧克力	3
6932010061846	话梅糖	0
6932010061853	八宝粥	0
6932010061860	牛肉面	4

表 3-6　出库作业周报五

制表人：　　　　　　　　　　　　　制表时间：5 月 4 日

货品编码/条码	货品名称	出库量/箱
6932010061815	口香糖	6
6932010061822	巧克力	15
6932010061846	话梅糖	7
6932010061853	八宝粥	7
6932010061860	牛肉面	4

表 3-7　出库作业周报六

制表人：　　　　　　　　　　　制表时间：5 月 11 日

货品编码/条码	货品名称	出库量/箱
6932010061815	口香糖	8
6932010061822	巧克力	4
6932010061846	话梅糖	5
6932010061853	八宝粥	0
6932010061860	牛肉面	4

通过表 3-2～表 3-7 的叠加，得出 1～6 周总周转量，见表 3-8。

表 3-8　总周转量统计（1～6 周）

货品编码/条码	货品名称	总周转量/箱
6932010061815	口香糖	34
6932010061822	巧克力	26
6932010061846	话梅糖	20
6932010061853	八宝粥	19
6932010061860	牛肉面	18

2）求统计周期内货物的累计周转率。

表 3-9 为统计周期内货物的周转率及累计周转率。

表 3-9　统计周期内货物的周转率及累计周转率

序号	货品编码/条码	货品名称	周转量/箱	周转率(%)	累计周转率(%)
1	6932010061815	口香糖	34	29.06	29.06
2	6932010061822	巧克力	26	22.22	51.28
3	6932010061846	话梅糖	20	17.09	68.38
4	6932010061853	八宝粥	19	16.24	84.62
5	6932010061860	牛肉面	18	15.38	100.00

3）求统计周期内货物的物动量 ABC 分类。

物动量 ABC 的分类标准依据累计周转率所在区间而定。依照不同企业的要求，即便是同一企业，在不同的时期，分类的区间标准也不同。

假设该例题中，货物的累计周转量百分比在 0～70% 划分为 A 类；累计周转量百分比在 70%～90% 划分为 B 类；其余的划分为 C 类，则分类结果见表 3-10。

表 3-10　货物的物动量 ABC 分类结果

序号	货品编码/条码	货品名称	周转量/箱	周转率(%)	累计周转率(%)	分类结果
1	6932010061815	口香糖	34	29.06	29.06	A
2	6932010061822	巧克力	26	22.22	51.28	A
3	6932010061846	话梅糖	20	17.09	68.38	A
4	6932010061853	八宝粥	19	16.24	84.62	B
5	6932010061860	牛肉面	18	15.38	100.00	C

4）物动量 ABC 分类法计算的相关建议。

① 数据量大时尽量使用 EXCEL 等办公自动化或专业软件进行统计。

② 物动量 ABC 分类表制作时，周转率应按由大到小降序排列。

③ 分类标准区间各不相同，应按企业实际情况来定。

④ 周期长的分类结果准确性较高，例如，7 个统计周期的分类结果要比 6 个统计周期的分类结果更准确。

（三）密集存储库区货位计算与准备

密集存储库区主要准备的设备是 AGV 举升式货架、周转箱、AGV 充电桩等及其相关配套设施。一般来说，准备该库区时，仅计算需使用的周转箱数和 AGV 举升式货架数即可。

以 AGV 密集存储库区中存放的电工笔（盒）为例开展计算。

1. 箱装量计算

1）已知条件（从相关设备中获取）。

周转箱规格：500mm×330mm×180mm。

周转箱承重：50kg。

周转箱自重：5kg。

周转箱有效使用空间比率：50%。

2）计算步骤。

$$箱装量=（周转箱规格×有效使用空间比率）/货品规格$$
$$=[（500mm×330mm×180mm×50\%）/（100mm×80mm×50mm）]个$$
$$=\lfloor 37.15 \rfloor个=37个$$

验证承重情况：37×1kg<100kg。

2. 所需周转箱数计算

$$所需周转箱数=入库数量/箱装量=（3000/37）个=\lceil 81.081 \rceil个=82个$$

3. AGV 举升式货架数计算

1）已知条件（从相关设备中获取）。

货架规格：1020mm×1020mm×1900mm。

货架每层高度：300mm。

货架层数：5 层。

货架承重：800kg。

2）计算步骤。

第一步：计算每层货架可容纳周转箱数。

$$每层容纳周转箱数=货架底面积/料箱底面积$$
$$=[（1020mm×1020mm）/（500mm×330mm）]个$$
$$=\lfloor 6.3 \rfloor个=6个$$

第二步：计算货架可容纳周转箱数。

$$货架可容纳周转箱数=每层容纳周转箱数×层数=（6×5）个=30个$$

第三步：计算所需 AGV 举升式货架数。

$$AGV 举升式货架数=所需周转箱数/货架容纳周转箱数$$
$$=（82/30）个=\lceil 2.73 \rceil个=3个$$

（四）自动化立体库库位计算与准备

自动化立体库、电子标签货架及密集库区货物在流转时，均以标准化容器进行流转（托盘或周转箱），因此准备货位时计算所用托盘或周转箱即可。计算方法与 AGV 密集存储库区计算周转箱数一致，即计算标准化容器箱装量后即可确定货位数。

本案例中，若智能 WiFi 水表存储在自动化立体库中，自动化立体小货格货位放置标准化周转箱（规格为 500mm×330mm×180mm，有效使用空间比率为 60%）。因此装箱量为

$$\lfloor (500mm \times 330mm \times 180mm \times 60\%)/(110mm \times 120mm \times 100mm) \rfloor 个 = \lfloor 13.5 \rfloor 个 = 13 个，拟入库$$

500 个水表需要周转箱为 $(500 \div 13)$ 个 $= \lceil 38.3 \rceil$ 个 $= 39$ 个，即需要货位 39 个。

若自动化立体库使用托作为标准容器流转，算出智能 WiFi 水表所需托数即可。

习题与训练

一、不定项选择题

1. 开展仓储作业时的第一步是（　　　）。

A. 熟悉货物的基本情况　　　　　　　　B. 货位分配

C. 单证的准备　　　　　　　　　　　　D. 制订仓储作业计划

2. 货位分配的原则有（　　　）。

A. 先入先出原则　　　　　　　　　　　B. 后入先出原则

C. 货物的分类　　　　　　　　　　　　D. 仓内的可用库容

3. 分区分类存储时，需要考虑货物的（　　　）。

A. 理化性质　　　　　　　　　　　　　B. 品种与规格

C. 重量　　　　　　　　　　　　　　　D. 物动量

二、思考题

1. 绘制电商企业的仓储作业流程图。

2. 比较随机存储与分区存储的优缺点。

三、计算题

1. 龙海物流今收到陕西得力工贸公司紧急入库的 RH 胶棒 3000 件，将其置于 AGV 密集存储库区中，请计算所需 AGV 货架数和料箱数。陕西得力工贸公司紧急入库通知单见表 3-11。

表 3-11　陕西得力工贸公司紧急入库通知单（1）

入库编号	商品名称	包装规格/mm（长×宽×高）	重量/kg	入库/箱
200205250101	RH 胶棒	40×50×35	0.2	2400

其中，周转箱规格：500mm×330mm×180mm；周转箱承重：50kg；周转箱自重：7kg；周转箱有效使用空间比率：60%；货架规格：1020mm×1020mm×1900mm；货架每层高度：300mm；货架层数：5层；货架承重：800kg。

2. 龙海物流收到陕西得力工贸公司紧急入库任务 2400 箱五金工具，陕西得力工贸公司紧急入库通知单见表 3-12。

表 3-12　陕西得力工贸公司紧急入库通知单（2）

入库编号	商品名称	包装规格/mm（长×宽×高）	单体毛重/kg	包装材料	堆码极限	入库/箱
200205250102	五金工具	400×250×320	48	杨木三合板	5	2400

请根据以下信息，进行就地堆码计算。

1）仓库可用宽度受限 5m。

2）地坪荷载为 2t/m^2。

3）仓库总面积 1000m^2，单层仓库，层高 4.8m。

单元二 收货与验收作业

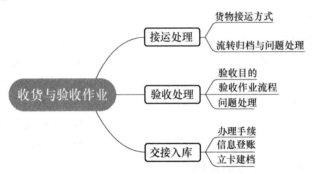

收货与验收作业是入库准备的第二步,其作业质量直接影响仓储后续作业。收货与验收作业流程一般可分为接运处理、验收处理、交接入库等工作。

一、接运处理

货物到达仓库的方式有多种,有供货单位直接运送到仓库交货,也有仓储经营单位前往供货单位提货,也有通过公路、铁路、航空等运输方式转运至中转站提货等方式。仓储经营单位只有在弄清楚入库物品在接收前是否发生过意外情况,如碰撞、规格不符、数量偏差等,经过认真核查,初步查验后,方可接收物品并验收入库。

(一)货物接运方式

1. 库内接货

库内接货是指供货单位或承运单位将货物按照约定时间送至仓库进行存储。当货物送达时,供货员需要与仓管人员进行直接交接,当面验收并做好记录。若有差错,应填写送货单(见图 3-7)、送货人签字证明,仓库根据记录向有关责任部门提出索赔。

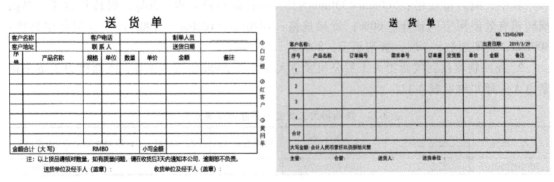

图 3-7 常见制式送货交接单(送货单)

2. 铁路专用线接运

专用线通常是指铁路专用线,是由企业或其他单位管理的与国家铁路或其他铁路线路接轨的岔线。虽然专用线的修建是为了解决企业或单位内部的运输,但其本身仍是国家铁路运输网的组成部分，所以部分铁路专用线也开展共用，即吸引运输铁路专用线周围的企业，这样可以缓解铁路运输压力，充分利用专用线的能力，节约铁路建设资源，同时为货主和专用线所有的企业均带来便利，有利于提高综合交通效率，对提升经济社会效益具有重要作用。专用线一般运输的是大宗物资，而专用线接货是指在专用线沿线设置站点接收货物的方式。铁路专用线接运见图3-8。

接到专用线到货通知后，应立即确定卸货货位，力求缩短场内搬运距离；组织好卸车所需要的机械、人员及有关资料，做好卸车准备。

车皮到达后，应引导对位，进行检查。查看车皮封闭情况是否良好（即货车、车窗、铅封、苫布等有无异状），根据运单和有关资料核对货品名、规格、标志和清点件数；检查包装是否有损坏或有无散包；检查是否有进水、受潮或其他损坏现象。在检查中如发现异常情况，应请铁路部门派员复查，做出普通记录或商务记录，记录内容应与实际情况相符，以便后期交涉。

图 3-8　铁路专用线接运

卸车时要注意为商品验收和入库保管提供便利条件，分清车号、品名、规格，不混不乱；保证包装完好，不碰坏，不压伤，不得自行打开包装；应根据商品的性质合理堆放，以免混淆；卸车后在商品上应标明车号和卸车日期，编制卸车记录，记清卸车货位规格和数量，连同有关证件和资料尽快向保管员交代清楚，办好内部交接手续。

铁路专用线接运步骤一般为：准备接车卸货→进行卸车前的检查→卸车作业→进行卸车后的清理→填写到货台账→办理内部交接。

3. 提货接运

仓储经营单位前往供货单位直接提货，再将其运输至自营仓库内，称为提货接运。仓储经营单位接货需要与验收工作同时进行。应当注意的是，仓储经营单位需要根据提货通知，明确货物的规格、数量、性能，并准备好提货所需的人员、机械、检验设备及其他必要的相关工具，当场清点数量和质量，验收与收货一次完成。对于收货后在运输途中因仓储经营单位造成的货差、破损等情况，需由仓储经营单位承担相关损失。提货接运具体的接运流程是：做好接货准备→前往供货单位→出示提货凭证→现场验收→办理接货手续→装卸运回货场→质量复检→入库。

4. 货场、码头提货

这种提货方式针对由公路、铁路及水运等运输部门转运而来的货物，需要仓库派出接货人员前往货场、码头提货，其具体的流程是：了解货物基本情况→安排接运工具→前往承运单位→出示领货凭证→检查物品状况→装载运回货品→入库。

在货物到达前，接货人员应充分了解货物的品名、规格、型号、特点、保管条件、包装、装卸搬运注意事项等基本情况，并提前安排好存货场地、装卸搬运工具等；同时，需要主动了解到货时间、交货地点。

提货时，提货人员应根据运单和仓库所掌握和提供的资料认真核对货品名称、规格、数量、包装及收货单位，并仔细检查货物外观，如包装是否完好，有无水渍、油污、破损、短少、受潮等情况。如有疑问，或与运单记载内容不符的，应当及时会同承运部门共同查清原因，分清责任。若是承运部门的责任，必须填写"货运记录"，作为向承运部门索赔的依据；若是其他部门的责任（如发货单位），由承运部门填写"普通记录"，并由货运员签字证明情况。

（二）流转归档与问题处理

1. 单据流转归档

完成货物接运时，应准确记录每次单据流转情况，其中应详细列明接运货物到达的各环节情况。当接运工作全部完成后，将所有资料如接运记录、运单、运输状况记录表、损耗单、交接单等录入系统，进行归档。在大中型物流企业中，基本使用运输管理系统（Transportation Management System，TMS）进行表单流转，而不再使用纸质单据。

2. 问题处理

问题处理的依据主要是货运记录。货运记录包括货物名称、件数与运单记载不符的记录，货物被盗、丢失或损坏的记录，货物污损、受潮、生锈、霉变或其他货物差错等的记录。应当在收货人卸车前或提货前，通过认真检查并经承运单位核查后，由承运单位填写记录并提交收货单位。若需要向承运单位进行索赔的，通常情况下需要在领取货运记录次日起半年内，由收货单位向物品到达站或发出站提出赔偿。

视野之窗：

某企业仓库收货员接货规定

1. 目的

通过本规定的实施，明确各部门责任，确保元器件入库的及时性和流畅性，以便更好地服务生产。

2. 入库及职责

2.1 供应部采购进厂的元器件需准确、完整填写合同名称及合同号码，填好后及时交给仓库接货员。

2.2 仓库接货员按照供应部送达的"来货清单"，随即对入库元器件进行搬运，并按照合同摆放和分类做好元器件型号及数量核对工作。确认无误后，在送达的"来货清单"上签名。若发现型号及数量不符等问题，应及时反馈给采购员。

2.3 仓库接货员将确认无误的"来货清单"送达仓库元件管理员，进行入库。

3. 细节说明

3.1 如果供应部没有准确、完整地填写合同名称及合同号码，致使产生摆放错误等问题，采购员应自己到仓库重新搬运摆放。

3.2　仓库接货员只对"来货清单"上的型号及数量与实物情况一致性负责，不对"来货清单"与"公司电气料单"上元器件型号、数量是否一致负责。

3.3　仓库接货员在清单上的签名在 24h 内有效，若有问题，仓库接货员有义务协助采购员进行处理；超出 24h，仓库管理员不负任何责任。

3.4　来货数量较多、重量较重时，生产部经理负责协调人员进行卸车及搬运，供应部采购员需到场共同收货。

3.5　对于由物流公司送到公司的货物，仓库接货员应保证实物数量与清单数量一致，并查验外包装是否完好，确认后将单子转达供应部，在物流清单上的签名时效性为 12h。

3.6　如果在公司规定的下班时间后的来货，须有供应部采购员与接货员共同收货。

3.7　节假日、周日应由供应部和仓库值班人员共同负责收货。

3.8　此规定自公布之日起执行。

二、验收处理

（一）验收目的

货物进入仓库储存，必须经过检查验收，只有验收合格后的货物方可入库保管。

对货物验收的基本要求是"及时、准确、严格、经济"，即要求在规定的时间内，以严肃认真的态度，合理组织调配人员与设备，以经济有效的手段对商品的数量、质量、包装进行准确细致的验收工作，这是确保存储商品数量准确无误和确保商品质量的重要措施。

货物验收的目的主要表现在以下几个方面。

1）验收是做好货物保管保养的基础。

2）验收记录是仓库提出退货、换货和索赔的依据。

3）验收是避免无效劳动、减少经济损失的重要手段。

4）验收有利于维护货主利益。

（二）验收作业流程

验收作业流程依据货物特点及其他因素略有不同，但一般可遵循以下四个步骤：验收准备→核对凭证→确定验收依据与比例→实物查验。

1. 验收准备

验收准备是货物验收的第一步。仓库接到到货通知后，根据货物的性质和批量提前做好验收的前期工作。具体包括以下内容。

1）了解货物的特点、性能。

2）准备相应的检查工具，并做好事前检查。

3）特种货物或上级部门定制的货物，需通知相关部门和技术机构会同验收。

2. 核对凭证

货物到达仓库后，仓库管理人员首先要核对入库货物的相关凭证，凭证一般包括但不限于以下几种。

1）入库通知单、送货单和订货合同副本，这是仓库接收货物的凭证。

2）供货单位提供的材质证明书、装箱单、磅码单、发货明细表等。

3）货物承运单位提供的运单。若货物在入库前发现残损情况，还要有承运部门提供的运输记录或普通记录，作为向责任方交涉的依据。

4）核对凭证，即将上述凭证加以整理并全面核对。入库通知单、订货合同要与供货单位提供的所有凭证逐一核对，核对相符后，才可进行下一步实物检验。

3. 确定验收依据与比例

货物验收的依据一般根据货物的入库通知单、合同及相关材料来确定。对于部分无计划、无合同的到仓货物，必须及时联系货主，方可验收。当货物数量众多或部分包装不宜打开的货物验收时，为避免检验后影响货物销售，可以使用抽检的方法，依据统计学原理确定验收检查的比例。

4. 实物查验

实物查验是指根据入库单及相关技术资料对实物进行数和质量的检验，包括包装验收、数量验收、质量检验。

（1）包装验收 包装验收是在实物检查最初时进行的，首先检查包装是否有破损、水湿、油污等；其次检查包装是否符合标准要求。此外，包装的干湿程度表明其含水量，这些对货物内在质量情况也会产生影响，一般使用湿度测试仪进行测定。拆包时，必须由两人及以上进行现场拆解，以明确责任。

（2）数量验收 数量验收是保证物资数量准确的必要措施。数量验收要求物资入库时一次完成。一般在质量检验前，由仓库保管职能机构组织进行。

知识之窗：

数量验收的三种形式

1. 计件法

计件法是指按件数供货或以件数为计量单位的商品，在数量验收时清点件数。计件商品应全部清查件数（带有附件和成套的机电设备须清查主件、部件、零件和工具等）。固定包装的小件商品如包装完好，打开包装对保管不利，国内货物可采用抽检方法，按一定比例进行开箱验收；其他方法只检查外包装，不进行拆包检查；贵重商品应酌情提高抽检比例或全部检验。计件货物数量检查常用方法见表 3-13。

表 3-13　计件货物数量检查常用方法

检验方法	具体实施	适用范围
逐件清点法	人工逐一清点	包装非定量化或散装单件货物
堆码清点法	堆货后,计算垛的长、宽、高,得出总数	品种、规格、包装大小一致
抽检法	按照比例抽检	品种单一、批量大
质量换算法	过磅称重,换算数量	品种单一、包装和重量标准

2. 计重法

计重法也称检斤法，是指对按质量供货或以重量计量的商品在数量验收时计算承重。商品的重量一般有毛重、皮重、净重之分。毛重是指商品（包括包装重量在内）的实重；净重是指商品本身的重量，即毛重减去皮重。我们通常所说的商品重量多指商品的净重。金属材料和某些化工产品多半按检斤法验收。按理论换算重量供应的商品首先要通过检尺，例如，金属材料中的板材、型材等，然后按规定的换算方法换算出重量并验收。对于进口商品，原则上应全部检斤，但如果订货合同规定按理论换算重量交货的，则按合同规定办理。所有检斤的商品都应填写过磅单，如图 3-9 所示。

3. 检尺求积法

检尺求积法是指对以体积为计量单位的商品，例如，木材、竹材、砂石等，先检尺，后求体积的数量验收法。凡是经过数量检验的商品，都应该填写磅码单。在数量验收之前，应根据商品来源、包装好坏或有关部门规定，确定对到库商品采取抽验方式还是全验方式。

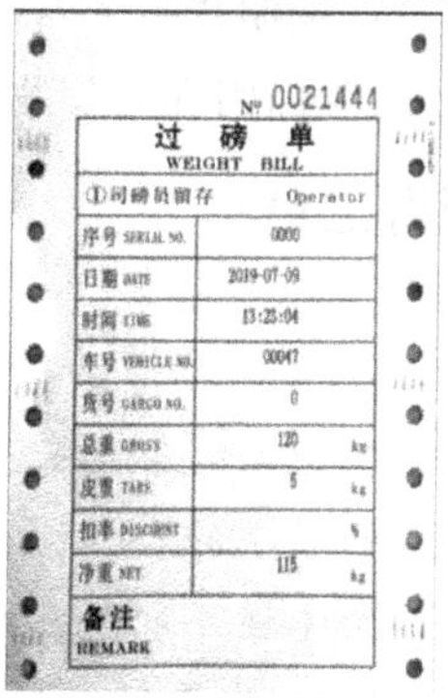
№ 0021444
过　磅　单
WEIGHT BILL
①司磅员留存　Operator

序号 SERIAL NO.	0000	
日期 DATE	2019-07-09	
时间 TIME	13:25:04	
车号 VEHICLE NO.	00047	
货号 CARGO NO.	0	
总重 GROSS	120	kg
皮重 TARE	5	kg
扣率 DISCOUNT		%
净重 NET	115	kg
备注 REMARK		

图 3-9　过磅单

（3）质量检验　质量检验是指检验货物质量指标是否符合规定的工作。质量检验包括外观检验、尺寸检验、机械物理性能检验和化学成分检验四种形式。仓库一般只做外观检验和尺寸检验，如果有必要，后两种检验由仓库技术管理职能机构取样，委托专门检验机构检验。

（三）问题处理

在货物验收过程中，如果发现数量或质量有问题，应该严格按照有关制度进行处理。验收过程中发现的数量和质量问题有可能发生在各个流通环节，需按照有关规章制度对问题进行处理，并填写问题物品处理记录单，见表 3-14。

表 3-14　问题物品处理记录单

常见问题处理	数量不符	质量不合格	包装不合格	物证不符
通知供货商				
按实数签收				
维修整理				
查询等候				
改单签收				
拒收				
退单退货				

三、交接入库

（一）办理手续

在入库前，需要进行货物和文件的交接手续，手续办理完后意味着划清了送货方与仓库的责任。在传统的作业中，需要人工核对与文件交接。若使用了 WMS 系统，则可利用电子表单进行流转实现。通过在系统中录入交接信息，包括货物名称、数量、交接人员等，可以自动生成交接记录，并保存在系统中，方便后续查询和追溯。

（二）信息登账

手续办理完毕即可登账。登账是指建立入仓货物明细账，该明细账动态反映货物进库、出库、结存等详细情况。传统仓库台账需人工操作输入，但对于使用 WMS 系统的智慧仓，可只用图像识别技术与手持扫描枪直接入账。

1）根据入库验收凭证立账。仓库的货物保管明细账要根据入库单和正式的收发凭证分类记账，要记明货物的类别、品名、规格型号、货主等。

2）标明货物所有权。明细账除了标明货物的类别、品名、规格型号、批次、材质、产地，还要标明拥有货物所有权的货主，以及货物的单价、货物存放的库区货位等。

视野之窗：

联想物流智慧云仓收货处理步骤

联想物流智慧云仓的实施不仅提升了联想自身的物流效率和客户体验，还通过与合作伙伴如顺丰的合作，共同推动智慧物流解决方案的发展，为客户创造更大的价值。联想智慧云仓体现了联想在智能化转型方面的技术实力和全栈式解决方案的优势，是联想 3S 战略（Smart IoT 智能物联网、Smart Infrastructure 智能基础设施、Smart Vertical 行业智能）的实践应用。在供应链前段，联想物流搭建了智慧物流收货处理模块，可与供应商、仓库保持同步进程。

1）货物到达通知：供应商在货物发运前，通过电子数据交换或直接与联想的物流系统通信，提前发送货物预计到达时间和相关信息。

2）预约入库：联想的智慧仓储系统根据货物到达时间和仓库当前状况，进行预约入库管理，合理安排货物的入库时间，减少等待时间。

3）货物接收：货物到达后，仓库工作人员使用移动终端设备（如 RFID 扫描器）扫描货物上的条形码或 RFID 标签，确认货物信息。

4）全景扫描：对于大件货物，可使用全景扫描站系统快速获取货物的重量、体积等信息，自动完成货物信息的录入。

5）质量检查：对货物进行外观和数量的检查，确保货物无损并符合订单要求。

6）智能码垛：使用关节机器人或自动码垛系统，根据货物的类型和尺寸进行智能码垛，提高存储效率。

7）自动化存储：通过自动化立体仓库系统，将码垛后的货物通过堆垛机送至指定的存储位置。

8）实时更新库存：智慧仓储管理系统（WMS）实时更新库存数据，确保库存的准确性。

9）环境监控：仓库内的环境监控系统实时监测温湿度等条件，确保货物存储环境符合要求。

10）安全监控：通过视频监控系统确保仓库安全，防止货物损坏或失窃。

11）信息反馈：完成收货后，系统自动向供应商反馈收货结果，包括收货数量、存在问题等。

12）数据分析：利用大数据分析技术，对收货数据进行分析，优化收货流程，提升作业效率。

13）优化作业：根据实时数据和历史数据分析结果，不断优化收货流程，提升作业效率和准确率。

通过智慧仓储收货处理，联想集团能够实现高效、准确的货物管理，提高物流效率，降低运营成本，提升客户满意度。同时，智慧仓储系统的数据分析和预测功能有助于企业更好地规划生产和库存，应对市场变化。

（三）立卡建档

立卡是指为入库货物建立卡片或标签，记录货物的相关信息。传统作业中，这一过程需要人工手写或打印标签，而现在可以利用仓储系统中的自动标签打印功能来实现。通过在系统中输入货物信息，可以自动生成标签，用打印机打印出来并贴在货物上，方便后续识别和管理。

建档是指为入库货物建立档案，记录货物的详细信息和管理过程。传统作业中，这一过程需要人工手写或录入档案，而现在可以利用仓储系统中的档案管理功能来实现。通过在系统中输入货物信息和管理过程记录，可以自动生成档案并保存在系统中，方便后续查询和追溯。

习题与训练

一、单项选择题

1. 物流收货时，（　　）不是必须进行的检查。

A. 货物数量　　　　　B. 货物外观　　　　　C. 货物生产日期　　　　D. 送货车辆的颜色

2. 在物流收货过程中，使用（　　）可以快速获取货物的体积信息。

A. 电子秤　　　　　B. 条形码扫描器　　C. 3D 扫描仪　　　　D. 温度计

3. 对于易碎品的收货检验，以下（　　）是最重要的。

A. 包装完整性　　　B. 重量核对　　　　C. 颜色检查　　　　　D. 品牌验证

4. 在物流收货时，如果发现货物与订单不符，应采取（　　）的措施。

A. 直接拒收　　　　　　　　　　　　B. 先行签收，再联系供应商

C. 拒收并立即通知供应商　　　　　　D. 放在一边，等待上级指示

5. 在物流收货时，（　　）不是提高效率的方法。

A. 使用自动化设备　　B. 优化收货流程　　C. 减少检查项目　　　D. 增强员工培训

二、思考题

请绘制收货作业的流程图。

单元三　入库作业

【思维导图】

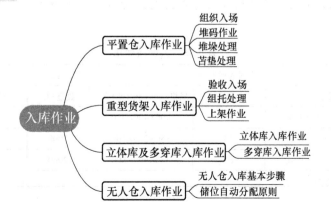

一、平置仓入库作业

平置仓库是用途最广泛的仓库之一，此类仓库为单层设计，货品平面存储，库内高度不足以或没有放置重型货架，部分平置仓没有主体结构，仅为露天堆场。当货物放置于平置仓时，除装卸搬运，需要进一步考虑货物的堆垛和苫垫作业。一般来说，其入库作业流程为：组织入场→堆码作业→堆垛处理→苫垫处理。

（一）组织入场

当货物验收接运后即可准备入库作业，这时货物可以在运输车辆上停留或放置于理货区等待入库作业。在堆码作业前，必须再次对货物，尤其是在理货区存放过夜的货物的基本情况进行排查，必须做到以下几方面。

1）数量、规格、质量、标志需全部查清。

2）受潮、侵蚀及变质的不合格商品应移除处理。

3）散装的货物需要打捆、包装或集装操作，以便机械化操作。

同时准备好装卸搬运设备、苫垫材料及人员排班等。

（二）堆码作业

1. 堆码基本原则

1）分区分类存放。分区分类存放是仓库储存规划的基本要求，是保证货物质量的重要手段，也是堆码作业需要遵循的基本原则。

① 不同类别的货物分类存放，甚至需要分区分库存放。

② 不同规格、不同批次的货物要分位分堆存放。

③ 残次品要与质量合格的货物分开存放。

④ 对于需要分拣的货物，在分拣之后，应分开存放，以免混串。

⑤ 分类存放还包括不同流向的货物、不同经营方式货物的分类存放。

技能之窗：

平置仓储位分区选择

陕西万盛工贸有限公司拟入库一批货物，入库通知单见表3-15，货物应放置于云仓2号库平置库区域内，平置仓储位分区见图3-10。平置库区地面荷载为$2.5t/m^2$，仓库限高为7m，宽度受限为10m。请根据以上基本情况，对该批货物的库区大致范围进行描述，同时阐明理由。

表3-15 入库通知单

编号:RKTZ001		计划入库时间:1月2日		供货商:陕西万盛工贸有限公司		
序号	品名	质量/kg	规格/mm(长×宽×高)	数量/箱	堆码极限	物动量分类
1	五金工具组合I款	55	400×400×420	2000	4	A
2	五金工具组合A款	58	350×270×100	3000	2	B
3	五金工具组合B款	62	440×600×800	2000	2	C
备注:工具均为杨木包装						

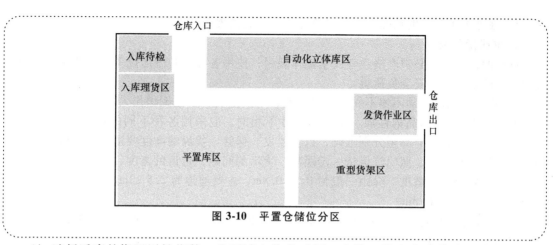

图 3-10　平置仓储位分区

2）选择适当的搬运活性指数。为了减少作业时间、次数，提高仓库物流速度，应该根据货物作业的要求，合理选择货物的搬运活性。对于搬运活性高的入库存放货物，应注意摆放整齐，以免堵塞通道，浪费仓容。

知识之窗：

什么是搬运活性指数？

搬运活性指数是搬运活性的具体体现，是指货物在搬运过程中的难易程度，它反映货物在存放状态下对装卸搬运作业的方便程度。

搬运活性指数用于衡量不同存放状态下货物的搬运难易程度，指数越高，表示搬运活性越高，即货物越容易搬运，人工越少；指数越低，表示搬运活性越低，即货物搬运越困难，人工越高。搬运活性指数的取值范围在 0~4 之间。

例如，散放在地上的物料要想运走，需要经过集中、搬起、升举和装运四次作业，所需的人工作业最多，活性水平最低，即活性系数为 0。具体货物搬运活性指数判定见表 3-16。

表 3-16　货物搬运活性指数判定表

货物状态	具体操作				需作业数目	无需作业数目	活性指数
	集中	搬起	升举	装运			
散装在地	✓	✓	✓	✓	4	0	0
组装成箱	×	✓	✓	✓	3	1	1
已组托	×	×	✓	✓	2	2	2
已装运	×	×	×	✓	1	3	3

3）堆码应位置合适，面向通道。货垛及存放货物的正面应尽可能面向通道，以便查看。另外，所有货物的货垛、货位都应有一面与通道相连，或位于通道旁，以便能直接对货物进行作业。只有在所有的货位都与通道相通时，才能保证不围不堵。

4）堆码应上轻下重。

5）堆码应便于理货、便于查数、便于识别。

6）根据物品的不同收发批量、包装外形、性质和盘点方法的要求，利用不同的堆码工具，采取不同的堆码形式。其中，危险品和非危险品、性质相互抵触的物品应该区分开来堆码，不得混淆。

7）不要轻易地改变物品存储的位置，大多应按先进先出的原则堆码。

8）在库位不紧张的情况下，尽量避免物品堆码的覆盖和拥挤。

2. 堆码操作要求

堆码的操作工人必须严格遵守安全操作规程；使用各种装卸搬运设备，严禁超载，同时还须防止建筑物超过安全负荷量。

1）牢固：码垛必须不偏不斜，不歪不倒，牢固坚实，以免倒塌伤人、摔坏商品。

2）合理：不同商品的性质、规格、尺寸不相同，应采用各种不同的垛形。不同品种、产地、等级、单价的商品须分别堆码，以便收发、保管。货垛的高度要适度，不压坏底层的商品和地坪，与屋顶、照明灯保持一定距离；货垛的间距，走道的宽度，货垛与墙面、梁柱的距离等都要合理、适度。垛距一般为 0.5~0.8m，主要通道为 2.5~3m，如涉及叉车叉运，则通道一般设计为 4~5m。

3）定量：货垛行数、层数力求成整数，以便于清点、收发作业。若过秤商品不成整数，应分层表明重量。

4）整齐：货垛应按一定的规格、尺寸叠放，排列整齐、规范。商品包装标志应一律朝外，便于查找。

5）节约：堆垛时应注意节省空间，适当、合理地安排货位的使用，提高仓容利用率。

知识之窗：

堆码作业"五距"要求

商品堆码要做到货垛之间，货垛与墙、柱之间保持一定距离，留有适宜的通道，以便于商品的搬运、检查和养护。要把商品保管好，"五距"很重要。

五距是指墙距、垛距、柱距、灯距和顶距，如图 3-11 所示。具体要求如下。

1）墙距是指货垛与墙的距离。内墙距不得小于 0.3m，外墙距不得小于 0.5m。

2）垛距是指货垛与货垛之间的距离。货垛间距离应为 1m 左右。

3）柱距是指货垛与屋柱之间的距离。柱距不得小于 0.3m。

4）灯距是指在仓库里的照明灯与商品之间的距离。灯距不得小于 0.5m。

5）顶距是指货垛的顶部与仓库屋顶平面之间的距离。平房仓库顶距为 0.2~0.5m。多层楼房仓库顶距不得小于 0.5m。

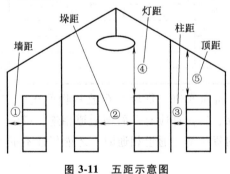

图 3-11　五距示意图

（三）堆垛处理

1. 垛基处理

垛基是货垛的基础，其作用主要是承受整个货垛的重量，将货物的垂直压力传递给地面。垛基将货物与地面隔开，起到防水、防潮和通风的作用；垛基空间为搬运作业提供便利条件。因此，对垛基的基本要求是：将整垛货物的重量均匀地传递给地坪，保证良好的防潮和通风，保证垛基上存放的货物不发生变形。

2. 垛型确定

垛型是指货垛码放的形式。垛型的处理根据货物特性及保管需要来确定，并应充分利用仓库空间。一般来说垛型有如下几种选择。

（1）平台垛　平台垛是指先在底层按同一个方向平铺摆放一层货物，然后垂直继续向上堆积，每层货物的件数、方向相同，垛顶呈平面，垛形呈长方体。实际操作中平台垛并不都采用层层加码的方式，往往从一端开始，逐步后移。平台垛适用于同一种包装规格的整份批量货物，包装规则、能够垂直叠放的方形箱装货物，大袋货物，规则的成组货物，托盘成组货物。平台垛可以用于仓库内和无须遮盖的堆场放的货物码垛。

（2）起脊垛　起脊垛是指先按平台垛的方法码垛到一定的高度，以卡缝的方式将每层逐渐缩小，最后顶部形成屋脊形。起脊垛是堆场场地堆货的主要垛型，货垛表面的防雨遮盖从中间起向下倾斜，方便排泄雨水，防止水弄湿货物。有些仓库由于陈旧或建筑简陋会有漏水现象，仓内的怕水货物也应采用起脊垛堆垛并遮盖。

起脊垛是平台垛为了适应遮盖、排水需要的变形，和平台垛同样具有操作方便、占地面积小的优点，适用平台垛的货物同样适用起脊垛。但是由于起脊垛顶部压缝收小，以及形状不规则，会造成清点货物不便，顶部货物的清点需要在堆垛前以其他方式进行。另外，由于起脊的高度会使货垛中间的压力大于两边，因而采用起脊垛时库场使用定额要以脊顶的高度来确定，以免中间底层货物或库场被压而损坏。

（3）立体梯形垛　立体梯形垛是指在最底层以同一方向排放货物的基础上，向上逐层同方向减数压缝堆码，垛顶呈平面，整个货垛呈下大上小的立体梯形形状。立体梯形垛适用于包装松软的袋装货物和上层面非平面且无法垂直叠码的货物的堆码，如横放的卷形桶装、捆包货物。立体梯形垛极为稳固，可以堆放得较高，充分提高仓容利用率。对于在露天堆放的货物应采用立体梯形垛，为了排水需要可以起脊变形。

为了增加立体梯形垛的空间利用率，在堆放可以立直的筐装、矮桶装货物时，底部数层可以采用平台垛的方式堆放，在码列到一定高度后再使用立体梯形垛。

（4）行列垛　行列垛是指将每批货物按行或列的方式进行排放，每行或列有一层或数层高。行列垛垛形呈长条形，适用于批量小的货物的码垛，如零担货物。为了避免混货，每批货物单独码放。长条形的货垛使每个货垛的端头都延伸到通道边，作业方便而且不受其他阻挡。但行列垛每垛货量较少，垛与垛之间都需留空，垛基小且不能堆高，因此占用较大的库场面积，库场利用率较低。

（5）井形垛　井形垛用于长形的钢管、钢材及木方的堆码。它是指在一个方向铺放一层货物后，在垂直方向进行第二层货物的码放，货物横竖隔层交错，逐层堆放。井形垛垛顶呈平面，垛形稳固，但垛边上的货物可能滚落，需要进行捆绑或收进。井形垛不方便作业，需要不断改变作业方向。

（四）苫垫处理

苫垫处理是指在货物的底部加衬垫物，并在货物上方铺设遮盖物，防止自然条件对货物的质量产生影响。

1. 垛垫

货物垫垛是指在货物堆码前，在预定货位的地面位置，根据货物垛形和地面负重能力，使用衬垫材料进行铺垫的作业活动。

垫垛的目的有：使地面平整，防止地面潮气和积水浸湿货物；使地面杂物、尘土与货物隔离；使货物的泄漏物留存在衬垫之内，不会流动扩散；使重物的压力分散，避免损害地坪。

（1）垫垛物数量的确定　垫垛物的使用数量需要考虑压强分散应在仓库地坪荷载的限度之内，也需要考虑库房消耗这些材料的成本。因此，需要确定最少使用垫垛物的数量。

$$Q = \frac{G_{货}}{LWP - G_{垫}}$$

式中　Q——垫垛物数量；

　　　$G_{货}$——货物重量；

　　　L——垫垛物的长度；

　　　W——垫垛物的宽度；

　　　P——地坪荷载；

　　　$G_{垫}$——垫垛物自重。

技能之窗：

计算垫垛物的数量

陕西万盛工贸有限公司拟入库一批货物，入库通知单见表3-17，货物应放置于云仓堆场处，货物总重为20t，平置库区地面荷载为$2t/m^2$，请分析应使用何种垛垫。

表 3-17　入库通知单

编号：RKTZ003	计划入库时间：1月3日		供货商：陕西万盛工贸有限公司	
品名	质量	包装材料	包装底座规格	数量/台	设备性质
工程机械配件A	20t	钢架	4条（每条2m×0.4m）	3	机电类

A型垫垛：规格2m×2m；自重0.4t；价格500元。

B型垫垛：规格2m×1.3m；自重0.2t；价格400元。

分析步骤：

1）判断货物是否需要垫垛处理。

由于物品对地面的压强 p 为 $20t/(4条×2m×0.4m) = 6.25t/m^2$，大于地面荷载 $2t/m^2$，因此需要进行垫垛处理。

2）计算垫垛数量。

Q_A 为 A 型垫垛数量，Q_B 为 B 型垫垛数量。

$$Q_A = \frac{G_{货}}{LWP - G_{垫}} = \frac{20}{2×2×2 - 0.4} \approx 3$$

$$Q_B = \frac{G_{货}}{LWP - G_{垫}} = \frac{20}{2×1.3×2 - 0.2} = 4$$

需要使用 A 型垫垛 3 个，成本为 1500 元；需要使用 B 型垫垛 4 个，成本为 1600 元。因此应使用 3 个 A 型垛垫。

（2）垫垛的基本要求

1）所使用的垫垛物不会对拟存货物产生不良影响，且具有足够的抗压强度。

2）地面要平整坚实，垫垛物要摆平放正，并保持同一方向。

3）垫垛物间距应适当，直接接触货物的衬垫面积与货垛底面积应相同，垫物应伸出货垛外。

4）要有足够的高度，露天货垛要达到 0.3~0.5m，库房内达到 0.2m 即可。

（3）垫垛的方法

1）露天货场的货垛垫底要先要铺平、夯实地面，周围挖沟排水，再采用枕木、石墩、水泥墩作为垫底材料。用石墩的话，墩与墩之间视具体情况留有一定的间距，这样有利于空气流通。必要时，可在垫墩上铺一层防潮纸或塑料薄膜，而后再放置储存的商品。垫垛局部高度可保持在 40cm 左右。

2）底层库房和货棚内的货垛垫底要根据地坪和商品防潮要求而定。一般水泥地坪只需安放一层垫墩，高度在 20cm 以上即可。有的商品可以不垫，只需铺一层防潮纸。有的库房地坪已设隔潮层，一般情况下可不垫垛。而对于化工材料、棉麻及其制品，以及容易受潮霉烂的商品，应尽可能加高垫层，使垛底通风。在使用垫板垫架、稻糠等物料时，垫垛物料的排列要注意将空隙对准过道和门窗，以利于通风散潮。

2. 苫盖

在进行垫垛处理后，当货物在露天堆场堆放或需要特殊防护时，都需要进行苫盖处理，即通过专用材料进行遮盖，以减少阳光、尘土、风雨等自然因素对货物的影响，并使货物由于自身理化性质所造成的自然损耗尽可能地减少，以保护货物在储存期间的质量。

（1）苫盖材料　常用的苫盖材料有帆布、芦席、竹席、塑料膜、铁皮、铁瓦、玻璃钢瓦、塑料瓦等，如图 3-12 所示。一半仓库使用席子和油毡纸做苫盖材料。

a) 钢瓦　　　　　b) 芦席　　　　　c) 玻璃钢瓦　　　　　d) 油毡纸

图 3-12　常用的苫盖材料

（2）苫盖的基本要求

1）尺寸要求：货车苫盖的尺寸应能完全覆盖货物，确保货物被完全遮挡，防止货物外露。

2）材质要求：货车苫盖通常采用防水、抗拉力、耐磨损的材质制成，如 PVC 布料、帆布等。

3）固定要求：货车苫盖应能够牢固地固定在货车的车架或货箱上，以防止苫盖在行驶过程中被风吹走或变形。

4）边缘处理：货车苫盖的四周边缘应加固处理，以增加苫盖的耐用性和防水性能。

5）标志要求：苫盖上应标明货主的名称、联系方式及运输的货物信息，以方便监管部门的查验。

（3）苫盖方法　常用加苫盖的方法如图 3-13 所示。

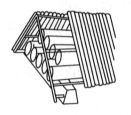

a) 鱼鳞式苫盖法　　　　b) 固定棚架苫盖法　　　　c) 活动棚架苫盖法　　　　d) 就垛苫盖法

图 3-13　常用加苫盖的方法

1）鱼鳞式苫盖法是指将苫盖材料从货垛的底部开始，自下而上呈鱼鳞式逐层交叠围盖。这种方法一般采用面积较小的席、瓦等材料，具有较好的通风条件，但每件苫盖材料都需要固定，操作比较烦琐复杂。

2）固定棚架苫盖法是指使用预制的苫盖骨架与苫叶合装而成的简易棚架进行苫盖。这种棚架不需基础工程，可以随时拆卸和人力移动，但棚架本身需要占用仓库空间，且有一定的购置成本。

3）活动棚架苫盖法与固定棚架不同的是，在活动棚架的四周及顶部铺设苫盖物，并在棚柱底部装上滚轮，使得整个棚架可以沿固定轨道移动。这种方法较为快捷，具有良好的通风条件，但需要较高的购置成本，且固定轨道会占用一定的使用面积。

4）就垛苫盖法是指直接将大面积苫盖材料（如苫布、席子、塑料膜等）覆盖在货垛上进行遮盖。这种方法适用于起脊垛或大件包装物品，操作便利，但基本不具有通风条件，因此适合对通风要求不高的物品，使用时要确保地面干燥。

二、重型货架入库作业

（一）验收入场

货物进入仓库储存必须经过检查验收，只有验收后的货物方可入库操作。具体操作与注意事项见本模块单元二内容。

（二）组托处理

当货物的搬运状态为箱或搬运活性系数为 1 时，需要进行组托处理，方可入库。这是为了提高托盘利用率和仓库空间利用率，方便库内装卸搬运。货物组托如图 3-14 所示。

a) 货物组托前(搬运系数1)　　　b) 货物组托后(搬运系数0)

图 3-14　货物组托

1. 货物组托的基本原则

（1）整齐原则　货物应堆码整齐，一般不超过托盘边 15～20mm，且货物堆码后四个角成一条直线。

（2）使用率最大化原则　托盘的使用率应最大化，即在保证承重的前提下，组托的数量尽可能大。

（3）牢固原则　组托后的货物应稳定性良好、结实牢固。为确保稳定性，可以采取奇数层和偶数层交叉摆放的方式，以及旋转交错、缺口留中的方法。

（4）方便原则　每层的货物数量应尽量相同，以便于盘点和管理。

（5）限重限高原则　组托时需要注意货物不能超过托盘的承重；托盘与货物总重不能超过货架的承重；组托后货物的总高与托盘高度不能超过货格的高度与安全操作距离的差值。

（6）准确性原则　需要清理和检查商品，确保商品的名称、规格、数量、质量无误，外包装完好、清洁且标志清楚。不合格的商品应进行加工恢复或剔除。

（7）一致性原则　货物不应混堆，应保持品种、规格型号、生产厂家、批号的一致性。

2. 组托的基本形式

组托的基本形式可分为平行式、压缝式和旋转交错式。

（1）平行式　平行式又称为并排式组托，是一种较简单的组托形式，如图 3-15 所示。此种方式的托盘利用率较高，但堆码层数较高时不稳定。通常适用于单体较重、箱高较低、堆码极限小的货物。

（2）压缝式　压缝式也是一种较简单的组托形式，如图 3-16 所示。这种组托形式利用奇偶层镜像对称，用自身自重稳定下一层货物。这种方式克服了平行式的不稳定问题，适用于大部分货物，但在进行组托设计时需要考虑托盘利用率。

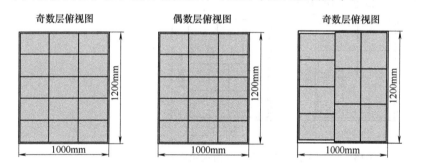

图 3-15　平行式组托示意图　　　　　　图 3-16　压缝式组托示意图

（3）旋转交错式　旋转交错式是一种较复杂的组托形式，如图 3-17 所示。这种组托形式同样利用奇偶层镜像对称，上层与下层通过自重紧密贴合，克服了不稳定的问题。此种方式适合近似于长方体的货物（经验来看，长宽比近似于 1∶2），或两个箱子合并视为长方体进行组托。

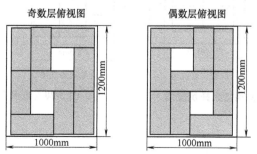

图 3-17　旋转交错式组托示意图（俯视角度）

技能之窗：

确定货物的托盘使用量

陕西万盛工贸有限公司拟入库一批货物（见表3-18），货物应放置于重型货架区域。已知托盘为"1210川字形托盘"（1200mm×1000mm×150mm），托盘自重10kg，承重500kg。重型货架每层货格的尺寸均一致，货格层高1000mm，货格承重520kg。在操作时，安全操作距离为150mm。

请根据入库通知单，计算本次入库作业所需要的托盘总数。

表3-18　入库通知单

编号:RKTZ001		计划入库时间:1月2日			供货商:陕西万盛工贸有限公司	
序号	品名	质量/kg	规格/mm （长×宽×高）	数量/箱	堆码极限	保质期
1	统一绿茶	16	480×320×200	64	4	6个月
2	华为R7000交换器	20	380×315×260	15	3	—
3	皇冠丹麦曲奇	17	320×260×300	23	3	6个月

分析过程如下：

1）确定所有货物的组托形式。

① 统一绿茶的组托形式如图3-18所示。

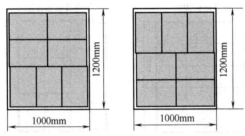

图3-18　统一绿茶组托示意图（俯视角度）

② 华为R7000交换器的组托形式如图3-19所示。

③ 皇冠丹麦曲奇的组托形式如图3-20所示。

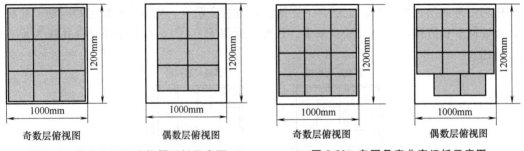

奇数层俯视图	偶数层俯视图	奇数层俯视图	偶数层俯视图

图3-19　华为R7000交换器组托示意图　　　图3-20　皇冠丹麦曲奇组托示意图

2）核算限重及限高。

① 统一绿茶。

重量考虑：按现有组托形式，每层 7 箱，共计 7×16kg＝112kg。按堆码极限 4 层计算，整托共重 112×4kg＝448kg，由于 458kg<520kg，因此可满足货架承重。

限高考虑：按照堆码极限 4 层，货物总高 200mm×4＝800mm，带托总高为 950mm。货格可用高度＝1000mm－150mm＝850mm。由于带托总高大于可用高度，因此堆码应选择 3 层。

② 华为 R7000 交换器。

重量考虑：按现有组托形式，首层 9 箱，二层 6 箱，重量共计（9+6）×20kg＝300kg。由于整托共重 310kg<520kg，因此可满足货架承重。

限高考虑：按照现有组托形式，货物总高 260mm×2＝520mm，带托总高为 670mm。货格可用高度为 850mm，因此现有组托形式满足高度限制。

③ 皇冠丹麦曲奇。

重量考虑：按现有组托形式，首层 12 箱，二层 11 箱，重量共计（12+11）×17kg＝391kg。由于整托共重 401kg<520kg，因此可满足货架承重。

限高考虑：按照现有组托形式，货物总高 300mm×2＝600mm，带托总高为 750mm。货格可用高度为 850mm，因此现有组托形式满足高度限制。

3）确定托盘用量。

① 统一绿茶：入库 64 箱，每托可放置 21 箱，因此需要 4 个托盘。

② 华为 R7000 交换器：入库 15 箱，需要 1 个托盘。

③ 皇冠丹麦曲奇：入库 23 箱，需要 1 个托盘。

共需 6 个托盘。

（三）上架作业

当货物组托完成后，即可开展上架作业。在现代仓储中通常使用手持 PDA 或可穿戴智慧设备进行上架。具体步骤如下。

1. 组托处理

步骤：扫描货品 1 条码→扫描托盘 01 条码→输入数量→保存→扫描货品 2 条码→扫描托盘 02 条码→……→保存→提交。

2. 系统上架处理

步骤：扫描托盘 01 编码→扫描目标货位条码→扫描托盘 02 编码→扫描目标货位条码→……→扫描托盘 0N 编码→扫描目标货位条码。

3. 核对提交

检查库存上架列表→提交→上架完毕。

三、立体库及多穿库入库作业

（一）立体库入库作业

1）入库准备：在货物到达之前，仓库管理系统（WMS）会根据预先设定的策略或实时仓库状态，为即将到来的货物分配最佳存储位置。

2）货物接收：货物到达仓库后，首先进行外观检查和数量清点，确保货物信息与入库单据相符。

3）信息录入：将货物的详细信息（如 SKU、批次号、有效期、目的地等）录入 WMS，这些信息将用于后续的存储和检索。

4）预处理：对货物进行必要的预处理，如分类、标记、打包等，以适应自动化存储的需求。

5）自动化输送：利用自动化输送系统（如输送带、AGV 等）将货物送至指定的入库工作站。

6）自动识别：在入库工作站，通过条码扫描或 RFID 技术自动识别货物信息，确保正确匹配存储位置。

7）堆垛机作业：控制堆垛机（或机器人）将货物搬运至指定的存储货架位置。堆垛机能够在货架间快速穿梭，将货物精确放置。

8）精确放置：堆垛机使用精密的定位系统，确保货物正确放置在货架的指定位置。

9）存储确认：WMS 确认货物已正确放置，并更新库存状态，确保库存数据的准确性。

10）环境监控：立体库内的环境监控系统实时监测温湿度等条件，确保货物存储环境符合要求。

11）安全检查：完成入库后，进行仓库安全检查，包括货架的稳定性和仓库的消防安全检查。

12）信息同步：确保 WMS 中的库存数据与实际库存同步，并进行必要的数据同步。

13）异常处理：对于入库过程中出现的任何异常情况如货物损坏、信息错误等，及时进行处理。

14）作业记录：详细记录整个入库作业的过程，包括货物信息、作业时间、设备使用情况等。

15）文件归档：将入库作业的记录和相关文档进行归档，以便未来的查询和审计。

（二）多穿库入库作业

多穿库是指多穿梭车立体仓库，是一种高密度存储系统，它通过使用多台穿梭车在货架内水平和垂直方向移动来实现货物的快速存取。以下是多穿库入库作业的详细流程。

1）货物到达：货物运输到仓库后，首先进行卸货，并进行必要的检查，确保货物无损并且与订单相符。

2）预处理：对货物进行分类、标记、打包等预处理工作，以便货物能够适应自动化存储需求。

3）信息录入：将货物的详细信息（如 SKU、批次号、有效期、目的地等）录入仓库管理系统（WMS），这些信息将用于后续的存储和检索。

4）输送分拣：通过自动化输送系统，如输送带或自动导引车，将货物运输到入库台。

5）条码识别：在入库台上，通过条码识别系统对货物单元进行扫码识别，读取条码标签携带的信息。

6）入库指令生成：条码信息被传送给中央服务器后，控制系统根据中央服务器返回的信息判断货物的入库位置，并生成入库指令。

7）穿梭车分配：控制系统将入库指令发送给空闲的穿梭车，穿梭车根据指令自动导航至指定的存储位置。

8）货物存储：穿梭车到达指定位置后，进行货物的取货和放置操作，将货物存储在货架中的准确位置。

9）数据更新：入库作业完成后，WMS 更新库存数据，包括库存数量、位置信息等，确保库存信息的实时准确性。

10）环境监控：在整个入库过程中，立体仓库的环境监控系统实时监测仓库内的环境条件，如温湿度等，确保货物存储环境符合要求。

11）安全检查：完成入库后，进行仓库安全检查，确保货架的稳定性和仓库的消防安全。

12）作业记录：详细记录整个入库作业的过程，包括货物信息、作业时间、穿梭车使用情况等，以便未来的查询和审计。

四、无人仓入库作业

【引例】 龙海物流智慧仓001k采用了先进的自动化技术和信息化管理系统，实现了高效率的无人化入库流程。当货物到达仓库时，首先由输送带送至检验区，通过视觉识别系统进行外观检查。检验合格后，AGV小车自动将货物送至入库台，由RFID读取器自动识别货物信息并录入WMS。系统根据货物特性和存储策略，智能分配存储位置。随后，AGV小车和堆垛机协同作业，将货物搬运并存储到指定位置。整个过程中，WMS实时更新库存数据，确保库存的准确性和可追溯性。

（一）无人仓入库基本步骤

一般来说，无人仓的入库可以概括为以下五个关键步骤。

1. 货物到达与预处理

在智慧无人仓中，当货物到达仓库指定的装卸区域时，首先进行货物的预处理工作，包括对货物进行外观检查、数量清点，以及根据需要进行适当的分类和打包。例如，当一批新的电子产品到达龙海物流智慧仓001k时，工作人员会使用自动化输送带将货物送至检验区，并通过视觉识别系统检查货物是否损坏。

2. 自动识别与信息录入

随后，通过固定式或手持式的条码扫描器、RFID读取器对每件货物进行自动识别。系统读取货物信息后，自动将数据录入仓库管理系统（WMS）中。龙海物流智慧仓001k中的WMS能够实时接收来自扫描器的信息，并更新库存状态。这一步骤是确保库存准确性的关键环节。

3. 智能分配存储位置

WMS根据货物的尺寸、重量、存储要求及仓库当前的空间使用情况，智能推荐最佳存储位置。在"云购物"的案例中，系统会考虑产品的销量、尺寸和存储特性，将其自动分配到最合理的货架上。例如，畅销商品会放置在易于拣选的区域，而不常销售的大件商品则可能存储在较高的货架上。

4. 自动化搬运与存储

一旦货物的存储位置被确定，自动化搬运设备如自动导引车（AGV）或堆垛机便开始工作。它们根据系统指令，将货物搬运到指定的存储位置。在龙海物流智慧仓001k中，AGV小车会根据WMS的指令，沿着预定的路径将产品的包装箱运送至货架下方，然后由堆垛机将其放置到准确的位置。

5. 库存更新与环境监控

最后，随着货物存储的完成，WMS会实时更新库存数据，并进行库存状态的监控。在龙海物流智慧仓001k，仓库监控系统不仅能够实时更新库存信息，还能监控仓库内的环境条件，如温度和湿度，确保所有产品都处于最佳存储状态。

（二）储位自动分配原则

在智能分配存储位置时，系统会综合考虑货物的尺寸、重量和存储要求等多个因素，以优化存储空间和提高作业效率。

1）货物尺寸：系统会根据货物的三维尺寸（长、宽、高）来确定合适的存储空间，确保货物能够适应可用的货架。

2）货物重量：系统会考虑货物的重量来决定存储的位置，重货通常存放在货架的底层，以减少对货架结构的压力和安全风险。

3）存储要求：不同的货物可能有不同的存储要求，如温湿度控制、避免光照、特定化学品的隔离存放等，系统会根据这些要求将货物分配到合适的存储区域。

4）货物周转率：系统会分析货物的周转率，将高周转率的商品存放在容易拣选的位置，而低周转率的商品可以存放在较远或较难到达的位置。

5）先进先出/后进先出：根据货物的保质期或库存管理策略，系统可能采用先进先出或后进先出的原则来分配存储位置。

6）避免混放：系统会尽量避免将容易相互影响的货物放在一起，如使有强烈气味的商品或化学品远离食品和衣物。

7）空间优化：系统会使用算法来优化空间利用率，减少空置区域，同时确保有足够的通道和空间进行货物的存取作业。

8）安全考虑：系统在分配存储位置时还会考虑安全性，如易碎品要避免存放在高处，危险品要存放在符合安全规定的区域。

习题与训练

一、单项选择题

1. 重型货架入库作业中，货物通常（　　）以优化存储空间。

A. 随机放置　　　B. 按重量放置　　　C. 按尺寸放置　　　D. 按货物到达顺序放置

2. 多穿库入库作业中，穿梭车的主要功能是（　　）。

A. 仅垂直移动货物　　　　　　　　B. 仅水平移动货物

C. 同时进行垂直和水平方向移动货物　　D. 仅用于货物打包

3. 智慧仓入库作业中，（　　）负责整个仓库的智能调度和路径规划。

A. WMS　　　　　B. WCS　　　　　C. TMS　　　　　D. ERP

4. 在重型货架入库作业中，为确保货物安全，以下（　　）措施不是必需的。

A. 使用堆垛机　　B. 货物重量限制　　C. 防护栏　　　　D. 货物分类存储

5. 多穿库入库作业中，穿梭车（　　）确定货物的存储位置。

A. 随机选择　　　B. 根据货物重量　　C. 根据WMS指令　D. 根据操作员手动指导

6. 智慧仓入库作业中，（　　）不是智慧仓的优势。

A. 提高存取效率　　　　　　　　　B. 降低人工成本

C. 增加货物损耗　　　　　　　　　D. 实现实时库存管理

7. 在重型货架入库作业中，（　　）不是提高作业效率的关键因素。

A. 货物预处理　　　　　　　　　　B. 货物尺寸标准化

C. 高空作业平台　　　　　　　　　D. 货物信息的准确录入

8. 智慧仓入库作业中，（　　　）技术对于提高作业精度和效率最关键。

A. 人工操作　　　　　　　　　　　B. 自动化输送系统

C. 传统仓库管理系统　　　　　　　D. 简单的条形码扫描

二、多项选择题

1. 重型货架入库作业中，（　　　）因素会影响货物的存储位置。

A. 货物尺寸　　　　　　　　　　　B. 货物重量

C. 货物种类　　　　　　　　　　　D. 存储策略

2. 在智慧仓入库作业中，（　　　）可以与 WMS 集成以提高作业效率。

A. 货物自动识别系统　　　　　　　B. 堆垛机控制系统

C. 视频监控系统　　　　　　　　　D. 订单处理系统

3. 以下（　　　）措施可以提高智慧仓入库作业的安全性。

A. 安全培训　　　　　　　　　　　B. 环境监控系统

C. 紧急停止按钮　　　　　　　　　D. 防护栏

三、思考题

1. 重型货架入库作业中，有什么方法可以提高入库效率？

2. 在智慧仓入库作业中，WMS 如何与自动化设备协同工作以实现高效入库？请画关系图解释。

单元四　在库作业

【思维导图】

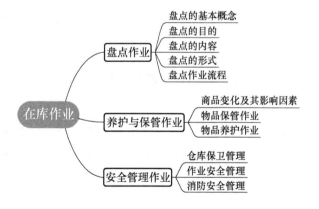

一、盘点作业

（一）盘点的基本概念

扫码看视频

仓库中货物不断出库入库，长期下来会产生库存信息（保管账）与实际在库数量不符合的情况，为了更好地控制货物数量，对存储场所进行数量清点的工作称为盘点作业。盘点结果的盈亏往往差异很大，因此需要科学准确地开展盘点工作，减少或预防企业利益受损。盘点表见表 3-19。

表 3-19　盘点表

编号	品名	规格	单位	账面结存		盘点数		账实差异		备注
				数量	原值	数量	原值	数量	原值	
	小计									

盘点人：　　　　　　监盘人：　　　　　　企业负责人：　　　　　　　　　　　　　　日期：

（二）盘点的目的

1. 确定现有库存

货物长期出入库会造成账实不符的情况。为了更好地为客户提供服务，需要确定现有库存。

知识之窗：

造成账实不符的原因及解决办法

1. 记录错误

记录错误是账实不符的常见原因之一。为了解决这个问题，可以重新盘点并检查所有相关记录。如果发现记录错误，应该及时更正，并对相关人员进行培训，以确保他们能够正确地记录库存。

2. 盗窃或损失

如果账实不符是由于盗窃或损失引起的，需要采取适当的措施来确保仓库的安全。可以通过安装监控设备、加强安保、提高员工意识等措施来防止盗窃或损失的发生。

3. 采购或销售错误

如果账实不符是由于采购或销售错误引起的，需要重新核对相关的订单和收据。如果发现错误，应该及时调整记录，并与供应商或客户协商解决。

4. 记账延迟

如果账实不符是由于记账延迟引起的，需要加快记账速度。可以引入新技术或软件来提高记账的准确性和效率。同时，需要确保所有相关人员都了解记账流程和要求。

5. 损坏或报废

如果账实不符是由于损坏或报废引起的，需要将损坏或报废的物品从账面上移除，并相应调整记录。同时，需要确保所有相关人员都了解损坏或报废的流程和要求。

6. 库存分配错误

如果账实不符是由于库存分配错误引起的，需要重新核对库存分配的记录。如果发现错误，应该及时调整记录，并确保所有相关人员都了解库存分配的流程和要求。

7. 记录遗漏

如果账实不符是由于记录遗漏引起的，需要重新核对所有的记录。如果发现遗漏，应该及时补充记录，并确保所有相关人员都了解记录的流程和要求。

8. 盘点设备故障

如果账实不符是由于盘点设备故障引起的，需要修复设备并重新盘点。同时，需要确保所有相关人员都了解设备的操作和维护方法。

9. 库存移动错误

如果账实不符是由于库存移动错误引起的，需要重新核对库存移动的记录。如果发现错误，应该及时调整记录，并确保所有相关人员都了解库存移动的流程和要求。

10. 未记录的库存变动

如果账实不符是由于未记录的库存变动引起的，需要重新核对所有记录。如果发现未记录的库存变动，应该及时补充记录，并确保所有相关人员都了解记录的流程和要求。

2. 明确企业损益

企业损益与总库存金额有相当密切的关系，库存金额与库存量及其单价成正比。因此，为了能准确计算企业的实际损益，必须针对现有数量加以盘点。一旦发觉库存太多，就表示企业的经营有压力。

3. 核实管理实效

废弃物的处理状况、存货周转率、物料的保养维修，均可通过盘点发现问题，进而寻求改善的策略。

（三）盘点的内容

1. 清点库存货物数量

通过清点库存货物数量，核对账面库存信息与实际库存数量是否相符。

2. 检查库存货物质量

在盘点的同时，检查在库货物的质量是否完好，有无腐败变质、超过保质期或有效期、长期积压的货物。

3. 检查货物的保管条件

在盘点的同时，检查仓库保管条件是否符合货物保管的要求，如温度、湿度是否符合要求。

4. 检查仓库的安全情况

在盘点的同时，检查仓库安全设施是否完好，消防设备和器材是否正常。

（四） 盘点的形式

1. 账面盘点法

账面盘点法是指将每种物品分别设立"存货账卡"，然后将每种物品的出入库数量及有关信息记录在账面上，逐笔汇总账面库存结余数，这样随时可以从计算机或账册上查询物品的出入库信息及库存结余量。

2. 实物盘点法

实物盘点法又称现货盘点法，是指通过对实际库存货物进行数量清点的作业方法，常用的实物盘点法如下。

（1）期末盘点　期末盘点又称为全盘，是指在会计计算期期末全面清点所有货物的方法，按照盘点频率有月盘、季盘、年盘。期末盘点时一般需要三人及以上，以便能够相互核对，减少错误，相互牵制。

（2）循环盘点　循环盘点是指在每天、每周只做少种少量的盘点，到月末或期末，每项货品至少完成一次盘点的方法。循环盘点是指将每天或每周当作一个周期来盘点，其目的除了减少过多的损失，还包括对于不同的货品进行不同的管理，如商品按 ABC 分类管理法管理，价格越高或越重要的货品的盘点次数越多，对价格越低或越不重要的货品应尽量减少盘点次数。由于循环盘点每次只进行少量盘点，因此只需专门人员负责即可，不需动用全体人员。

（3）抽样盘点　抽样盘点法是指企业根据一定的标准和原则，从固定资产总体样本中抽取一定比例的样本进行清点和检查。这种方法可以减少盘点的工作量，提高盘点的效率，同时可以通过对样本的分析推断固定资产的总体情况。抽样盘点法一般适用于资产数量较大但种类较少的企业。

（五） 盘点作业流程

一般来说，盘点作业流程如图 3-21 所示。

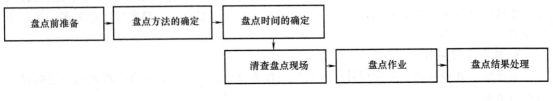

图 3-21　盘点作业流程

1. 盘点前准备

盘点前的准备工作是否充分，直接关系到盘点作业是否能顺利进行。盘点前应做的准备工作如下。

（1）盘点人员的确定　确定初盘人、复盘人、监盘人、稽核人、数据录入人员等，以及盘点需要协调的部门。

（2）盘点工具的准备　主要包括计数所需工具、称重及相关表格，以及相关人员的培训。

2. 盘点方法的确定

根据不同实际情况，选择合适的盘点方法。

3. 盘点时间的确定

理论上来说，盘点次数越多越好，这样可以尽可能保证账物相符。但频繁开展盘点工作需要投入大量的人力、物力和财力，因此必须合理安排盘点时间即盘点周期。一般来说，盘点时间可根据以下情况来考虑。

（1）根据货物的分类管理标准来确定　一般对货物进行分类管理的物流企业，尤其是货物流通较快的物流中心大多使用 ABC 分类法确定盘点时间。例如，A 类货物每日或每周盘点一次；B 类货物每两三周盘点一次；C 类货物每月盘点一次。

（2）根据客户的要求来确定　对于提供第三方仓储服务的物流企业来说，盘点时间有时会根据存货方的要求来确定。例如，存货方企业需要对某种产品的成本进行动态核算时，会临时通知第三方物流企业进行盘点。

（3）根据管理经验来确定　有些未实施分类管理的物流企业，通常会按经验来确定盘点时间。

4. 清查盘点现场

盘点现场是指仓库的作业区域，仓库盘点作业开始之前必须对其进行清理，以提高仓库盘点作业的效率和盘点结果的准确性。

1）在盘点前，对厂商交来的物料必须明确其所有权，如已验收完成则属于物流中心，应即时整理归库；若尚未完成验收则属于厂商，应划分清楚，避免混淆。

2）储存场所在关闭前，应通知各需求部门将需出库配送的商品提前准备好。

3）清理储存场所，以便计数盘点。

4）预先确定呆料、废品、不良品，以便盘点时鉴定。

5）账卡、单据、资料均应整理后加以结清。

6）储存场所的管理人员在盘点前应自行预盘，以便提早发现问题并加以预防。

5. 盘点作业

盘点作业的关键是点数，目前大多使用人工盘点法和 RFID 盘点。

（1）人工盘点　人工盘点是指通过人力查数进行的盘点工作，此种方法适用于传统仓库的盘点。

（2）RFID 盘点　在智慧仓库盘点中通常使用 RFID 盘点，如图 3-22 所示。工作人员可以简单地通过固定的 RFID 阅读器（RFID 盘点机）快速扫描标签，即可读取每个物品的标

图 3-22　RFID 盘点

识信息。这比传统的逐一扫描条形码或手动计数要快得多。同时，RFID 技术具有非接触性，可以在不打开箱子或容器的情况下，快速识别和记录物品信息。RFID 技术具有更高的准确性和可靠性。相比手动操作可能出现的错误和遗漏，RFID 技术可以实现实时、准确的数据采集和更新。

视野之窗：

智慧盘点新方向——无人机盘点

无人机技术作为现代科技领域的热点之一，已经逐渐应用于各个领域中，不断刷新着人们的认知和体验。从最初的军事领域应用，到现在的民用和商业化应用，几乎涉及人类社会的方方面面。

对于物流行业来说，无人机可以用于仓库内部的库存盘点，无人机搭载的摄像头可以用于扫描条形码和识别商品标签，从而实现快速无误的库存盘点。无人机搭载的高阶版本的摄像头可通过 AI 智能图像识别技术自动进行数量清点，不需要扫描条码，极大提高了盘点的效率，如图 3-23 所示。

图 3-23　无人机盘点及无人机盘点系统后台

6. 盘点结果处理

盘点工作结束后可能会出现盘亏或盘盈，出现上述情况后应立即查明原因。可能的原因包括：工作疏漏；漏盘、错盘；账务处理制度；记账员的差错等。

对于盘盈、盘亏的数额不超过国家主管部门或合同约定的保管损耗标准的，可由企业自行核销；对于超出损耗标准的，必须查明原因，做出分析；凡不同规格的同类货品数量此消彼长但总量相符的，可与货主根据合同约定自行处理。

技能之窗：

开展盘点作业

请你根据你所在的实训室的情况开展盘点作业，要求盘点不少于 20 个货品。要求：

1. 自行设计盘点单。
2. 制订盘点计划。
3. 对盘点结果进行处理。

二、养护与保管作业

（一）商品变化及其影响因素

1. 商品的变化表征

（1）质量表征

1）物理变化。商品的物理变化是指只改变物质本身的外部形态，而不改变其本质，在变化的过程中没有新物质的生成，并且可以反复进行改变的变化。如挥发、熔化、溶化、渗漏、串味、干裂、沉淀。

2）机械变化。机械变化是指商品在外力的作用下，发生形态、弹性的改变及商品外观的变化，如破碎、变形、划伤等，其结果是商品质量变低，甚至失去使用价值。如玻璃、陶瓷制品、搪瓷制品、铝制品、橡胶皮革制品、塑料、粉状商品等的破碎、变形、脱落、划伤及形态、弹性、外观的变化。

3）化学变化。化学变化不仅改变物质的外观形态，也改变物质的本质，并生成新物质。商品发生化学变化是商品质变的过程，严重时会使商品失去使用价值和价值。商品常见的化学变化有氧化、化合、分解、聚合、老化、风化、燃烧与爆炸等。

4）生理变化。生理变化是指生命活动的有机体在生长发育的过程中，为了维持生命活动，其自身发生的一系列变化，如呼吸作用、胚胎发育、发芽、后熟作用等。

5）生物变化。生物变化是指商品在外界有害生物作用下受到破坏的现象，如虫蛀、鼠咬、霉腐等。

（2）价值表征

1）商品呆滞。如果商品储存的时间过长，即使原商品的使用价值并未变化，但由于社会需要发生了变化，该商品的效用会降低，无法按原价值继续在社会上流通，就会形成长期聚积在仓库中的呆滞商品。这些商品最终要进行降价或报废处理，所形成的损失为商品呆滞损失。

2）时间价值损失。商品储存实际上是货币储存的一种形式。储存时间越长，利息支付越多，资金的机会投资损失越大，这是储存时不可忽视的损失。

2. 商品损耗的因素

库存商品的损耗是指商品在库期间，保管这种商品所发生的自然损耗，一般以物品保管损耗率来标识。物品在保管过程中，因其本身的性质、自然条件的影响、计量工具的误差、人为的原因，会发生各种损耗，这些损耗有些是可以避免的，有些则难以避免。

（1）自然损耗　自然损耗是指在库期间，商品的性能、自然条件、包装、技术操作等因素所造成的不可避免的损耗与自然减量，如商品发生干燥、风化、黏结、散失、破碎等现象，以及在搬运、装卸、检验、更换包装、倒垛等过程中产生的损耗。

（2）人为损耗　人为损耗是指在库期间，仓库保管人员的失职和保管不善致使物品发生霉烂、包装破损变质、丢失而造成的损失。

（3）不可抗力损耗　不可抗力损耗是指商品在库期间，由于水灾、地震等自然灾害而造成的损失等。

扫码看视频

（4）磅差损耗　商品经装卸、搬运、中转到分库验收、过磅、上垛、入库，都可能发生损耗。磅差是指商品在进出库时，计量工具精度的差别造成的商品数量的差

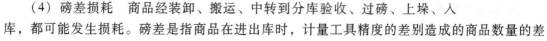

异。允许磅差是指商品流通各环节允许商品称量发生的重量差别。

知识之窗：

商品的标准损耗率

商品损耗标准一般用标准损耗率来标识。为了判定商品的损耗是否合理，一般对不同情况、不同商品规定相应的合理损耗标准。某种商品在库期间所允许发生的自然损耗称为标准损耗率，即自然损耗量与入库商品数量的比，以百分数或千分数表示。在评价某种商品在库保管期间的损耗水平时，常将商品的保管损耗率与标准损耗率相比较，如前者低于后者，则为合理损耗；如前者高于后者，高出的部分则为不合理损耗。因此，商品损耗率不仅是考核仓库保管工作质量的指标，也是划清仓库与存货单位商品损失责任界限的重要指标。

$$以质量考虑的商品损耗率 = \frac{商品的损耗量（kg）}{在库商品总质量（kg）} \times 100\%$$

$$以价值考虑的商品损耗率 = \frac{商品的损耗价值（货币价值）}{在库商品总价值（货币价值）} \times 100\%$$

---

3. 商品损耗的处理

商品损耗率是一个逆指标，指标越小说明商品保管工作做得越好，企业应力争使商品的损耗率降到最低点。针对具体情况，应对商品损耗进行以下处理措施。

1）物品有变质的可能或已经发生变质：按照保管保养的要求查明原因，提出维护保养措施。

2）物品超过保质期或未超过保质期但质量不能保证：通知存货人或物品所有人及时采取措施或进行处理。

3）物品数量有出入：查明数量不一致的原因，分清责任并通知有关人员。

4）已经破损或渗漏的物品：查明原因，与存货人或物品所有人协调处理。

5）已经霉烂、变质、残损物品：采取积极挽救措施，减少损失。

（二）物品保管作业

物品保管不仅是个技术问题，还是个管理问题。普通物品的保管主要是指维持其质量、数量、包装的完好。物品保管重要的不是技术实施的保证，而是管理水平的高低。"以防为主，以治为辅，防治结合"是物品保管工作的方针。

做好物品保管工作，具体要从以下几方面入手。

1. 严格验收物品入库

为了防止物品在存储期间发生各种问题，提高物品保管的质量和水平，必须严把物品入库关，严格验收物品及其包装的数量和质量状况。

扫码看视频

2. 适当安排存储场所

由于不同物品的性能不同，对保管条件的要求也不同，因此，分区分类、合理安排存储场所是物品保管的一个重要环节。

3. 物品分类保管

（1）危险品的保管

ⅰ　　1）危险品应存放于专用储存区并标有明显标示，同时配备相应的安全设施和应急器材。

2）仓库管理人员应经过专门训练，了解和掌握各类危险品的保管知识，并经考试合格后方可上岗。

3）危险品进入仓库时，仓库管理人员应严格把关，对性质不明或包装不符合规定的危险品，仓库管理人员有权拒收。

4）危险品应堆放牢固，标记朝外或朝上，一目了然。

5）照明用灯应选择专用防爆灯，避免生成电火花。

6）应建立健全防火责任制，确保各项安全措施的落实。

（2）金属物品的保管

1）存储场所均应清洁干燥，避免与酸、碱、盐等化学品接触。

2）堆码时要防止金属物品受潮；应注意金属材料的防护层和包装，防止因防护层受损而生锈。

（3）其他物品的保管　其他物品的保管应根据商品的特性和形状，按有效的保管方法进行保管。例如，毛皮应存放在干净、干燥的库房内，既要注意通风、隔热、防潮，又要防虫蛀、鼠咬、灰尘污染；食品必须离墙离地，按入库的先后次序、生产日期、分类分架、生熟分开、摆放整齐、挂牌存放；粮库和干杂食品要通风良好，温度、湿度低，门窗、地面、货架清洁整齐，无蝇、无鼠、无蟑螂和其他昆虫；存放酱油、糖、碱等副食调料的容器要做到无变色、无油垢、无虫蝇。

扫码看视频

（三）物品养护作业

储存在仓库里的货物种类繁多，并且具有不同的商品特性，表面看来是静止不变的，但实际上每时每刻都在发生质量变化。在一段时间里，对于货物发生的轻微质量变化，单凭人的感官是觉察不出来的，只有在其发展到一定时期，到一定程度后才会被发现。商品养护的任务是指在认识和掌握各种在库货物的质量变化规律后，采取相应的组织管理和技术管理措施，有效地降低外界因素的影响，创造适宜的环境，提供良好的条件，最大限度地减缓和控制货物的质量变化，以保持货物的使用价值。

货物在养护过程中应该遵循的原则是"以防为主，防治结合"。要做到及早发现、及早治理，缩短对变质货物处理的响应时间。

除因事故造成的损失，仓库中储存的物品由于受自然环境的日晒雨淋、潮湿、高温、冻害、虫害灰尘等的影响，会发生物品锈蚀、腐烂、老化、潮解、自燃等变质现象，从而使物品部分或完全失去使用价值。物品的保管工作是指根据物品的物理化学性质及所处的自然条件，为延缓物品变质采取的各种措施。

常见的几种物品养护方法有仓库温湿度控制法、储存物资的霉腐防治法、金属物资的防锈除锈法、虫害的防治法等。

1. 仓库温湿度控制法

温湿度是影响物品质量变化的主要因素。物品在储存保管期间应当有适宜的温湿度。如果仓库的温湿度超出了一定的限度，物品的性质就会发生变化。做好仓库的温湿度管理与调节工作是物品养护中的一项重要内容。控制与调节库房温湿度的方法有通风、密封、除湿等。

扫码看视频

（1）通风　通风是指根据大气自然流动的规律，有目的地组织库内外空气的对流与交换，以调节库内温湿度，净化库内空气，达到库内温湿度所要求的范围。

（2）密封　密封是指使用密封材料，尽可能地将物资封闭起来，使之与周围的大气隔绝，防止或减弱外界自然因素对物资的不良影响。密封除了具有防潮作用，还能起到防霉、防锈蚀、防干化和防虫害等多种作用。根据密封体内充满物料间隙的不同介质，密封可分为大气密封、干燥密封、充氮密封、去氧密封等。

（3）除湿　空气除湿是指利用物理或化学方法，将空气中的水分除去，以降低空气湿度。除湿主要采用以下两种方法。

1）机械除湿。机械除湿是指采用除湿机除湿。除湿机是一种冷却除湿装置，利用制冷原理将潮湿空气冷却到零点以下，使水汽凝结成水滴分离排出，从而使空气变干燥。机械除湿是一种适合大中型仓库在湿度较大的情况下采用的除湿方法。

2）固体吸湿剂吸潮除湿。这是指将固体吸湿剂静止放置在要求吸湿的空间内，使其与空气自然接触，吸收空气中的水分，从而达到降低空气湿度的目的。常用的吸湿剂有氧化钙、氯化钙、氯化锂、硅胶木炭、木灰、炉灰、草灰等。

2. 储存物资的霉腐防治法

霉腐防治法的基本原理是使微生物菌体蛋白凝固、沉淀、变性，或破坏酶系统使酶失去活性，从而影响细胞呼吸和代谢，或改变细胞膜的通透性，使细胞破裂。霉腐防治法主要包括化学药剂防霉腐、气相防霉腐、气调防霉腐、低温冷藏防霉腐、干燥防霉腐及其他方法等，见表 3-20。

表 3-20　储存物资的霉腐防治法

名称	防治法
化学药剂防霉腐	最主要的方法是使用防霉腐剂。其基本原理是使微生物菌体蛋白凝固、沉淀、变性，或破坏酶系统，使酶失去活性，从而影响细胞呼吸和代谢，或改变细胞膜的通透性，使细胞破裂
气相防霉腐	使用具有挥发性的防霉防腐剂，利用其挥发生成的气体，直接与霉腐微生物接触，杀死霉腐微生物或抑制霉腐微生物的生长，以达到防霉腐的目的。有的在生产中将防霉腐剂直接加到商品上，对其外观与质量没有不良影响。为了提高防霉腐的效果，一般在密封条件下进行。常用的气相防霉腐剂有多聚甲醛和环氧乙烷等
气调防霉腐	在密封条件下，通过改变空气组成成分，降低氧的浓度，形成低氧环境，抑制霉腐微生物的生命活动和生物性商品的呼吸强度，从而达到防霉腐的效果
低温冷藏防霉腐	通过降低温度的方式达到防霉腐的目的。一般温度越低，持续时间越长，霉腐微生物的死亡率越高
干燥防霉腐	通过减少仓库环境中的水分和商品本身的水分，使霉腐微生物得不到生长繁殖所需的水分，从而达到防霉腐的目的
其他方法	利用紫外线、微波、红外线、辐射等方法防霉腐

3. 金属物资的防锈除锈法

防止金属锈蚀是金属材料和金属制品养护的一项重要任务。金属锈蚀的种类有很多，如大气锈蚀、土壤锈蚀、海水锈蚀、接触锈蚀等。而产生这些锈蚀的根本原因是化学锈蚀和电化学锈蚀，其中电化学锈蚀最为普遍，最为严重。金属材料和金属制品的保养技术分为两大类。

（1）金属除锈　金属除锈可分为人工除锈、机械除锈和化学除锈三种形式。

1）人工除锈。它是指用简单的工具，如布、刷、砂纸、刻刀等，用手工进行除锈。

2）机械除锈。它是指利用机械摩擦的方法清除金属表面的锈蚀。常用的有抛光机械和钢（铜）丝轮除锈。

3）化学除锈。它是指把化学除锈剂作用于被锈蚀的金属材料或其制品，以达到除锈的目的。

（2）金属防锈　金属材料和金属制品的养护以防锈为主。金属材料和金属制品的防锈方法主要有以下几种。

1）防止金属表面形成水膜，特别是防止形成有电解液性质的水膜。

2）按不同物品的物理化学性质选择适合其保管条件的储存场所，加强通风降温。

3）采取行之有效的防锈措施，如垛位的上遮下垫、封垛、除湿、降温等。

4）采取涂油保护措施。根据不同金属制品的不同要求，选择适合金属材料和金属制品使用条件的防锈油，如硬膜防锈油、软膜防锈油等。

4. 虫害的防治法

针对仓库中出现的虫害、鼠害、蚁害等，应采取有效的预防方法，如使用驱虫剂、灭鼠药、灭蚁药等，或采用诱杀的方法，在虫害易出没的地方放置诱饵或采用物理化学方法引诱虫害出动，集中消灭。

三、安全管理作业

（一）仓库保卫管理

1. 出入口管理

出入口管理是指限制无关人员和车辆进入，接待入库办事人员并实施身份核实和登记，入库人员禁止携带货源、易燃易爆物品入库，检查入库车辆的防火条件，指挥车辆安全行驶、停放，登记入库车辆，检查出库车辆，核对出库货物、物品放行条和实物并收留放行条，查询和登记出库人员携带的物品，在特殊情况下查扣物品、封闭大门。对于危险品仓、贵重物品仓、特殊品存储仓等特殊仓库，需要安排专职守卫看守，限制人员接近，防止危害、破坏和失窃。

2. 巡逻检查

巡逻检查是指由专职保安不定时、不定线、经常地巡视整个仓库区的安全保卫工作。保安员应查问可疑人员，检查各部门的防卫工作，关闭无人办公的办公室，关闭仓库门窗，关闭电源，禁止挪用消防器材，检查仓库内有无异常现象，检查停留在仓库内过夜的车辆是否符合规定等。巡逻检查中如发现不符合治安保卫制度要求的情况，应采取相应的措施或通知相应部门处理。

3. 防盗设施设备的使用

仓库的防盗设施设备大到围墙、大门，小到防盗门、窗，仓库应根据法规规定和治安保管的需要设置和安装。仓库使用的防盗设施设备主要有视频监控设备、自动警报设备、报警设备。仓库应按照规定合理利用配置的设备，由专人负责操作和管理，确保设备的有效运作。

4. 治安检查

治安责任人应经常检查治安保卫工作，督促照章办事；建立定期检查与不定期检查相结合的制度，班组每日检查、部门每周检查、仓库每月检查，及时发现治安保卫漏洞、安全隐患并采取有效措施及时消除。

5. 治安应急

治安应急是指仓库发生治安事件时，应采取紧急措施，防止和减少事件造成损失的制度。治安应急需要通过制订应急方案，明确应急人员的职责，规定发生事件时的信息发布和传递方法。

（二）作业安全管理

1. 人力作业安全规范

1）人力作业应仅承担轻负荷的作业。男工搬举货物时每件不超过 80kg，距离不大于 60m；集体搬运时每个人负荷不超过 40kg；女工搬举货物不超过 25kg。

2）尽可能采用人力机械作业。人力机械承重应在限定的范围内，如人力绞车、滑车、拖车、手推车等承重不应超过 500kg。

3）只在适合作业的安全环境下进行作业。

4）作业人员应按要求穿戴相应的安全防护用具，采用安全的作业方法，使用合适的作业工具进行作业。

5）合理安排工间休息。每作业 2h 要有 10min 的休息时间，每作业 4h 要有 1h 的休息时间。

6）必须有专人在现场指挥和进行安全指导，严格按照安全规范进行作业指挥。

2. 机械作业安全规范

1）使用合适的机械和设备进行作业。尽可能采用专用设备或采用专用工具作业。

2）使用的设备应具有良好的质量。设备不得带"病"作业，特别是设备的承重器件应无损坏，符合使用的要求。应在设备的允许负荷范围内进行作业，绝不超负荷运行。

3）设备作业要有专人进行指挥。采用规定的指挥信号，按作业规范进行作业指挥。

4）汽车装卸时应注意保持安全间距。汽车与堆物距离不小于 2m，与滚动货物距离不得小于 3m。

5）移动吊车必须停放稳定方可作业。叉车不得直接叉运压力容器和未包装货物。

6）在载货移动设备上不得载人运行。

3. 安全技术保障

1）保障装卸搬运机械的作业安全：定期对职工进行安全技术教育；组织职工不断学习，普及仓储作业技术知识；制订各项安全操作规程。

2）保障仓库储备物资保管保养作业的安全：检查所用工具是否完好；作业人员应穿戴相应的防护服装；作业时要轻吊稳放，防止撞击和震动；工作结束后，及时洗手、洗脸、漱口或沐浴。

3）保障仓库电器设备的安全：有熔断器和断路器；有良好的绝缘装置；高压线经过之处有安全措施和警告标志；电工操作应严格遵守安全操作规程；高大建筑物和危险品库房要有避雷装置。

4）保障仓库建筑物和其他设施的安全：对于装有起重机（行车）的大型库房、储备化工材料和危险物品的库房，都要经常检查维护，各种建筑物都要有防火安全设施。

4. 完备劳动保护制度

1）防止"事故难免论"的错误思想。

2）建立和健全劳动保护机构和规章制度。

3）结合仓库业务和中心工作，开展劳动保护。

4）经常组织仓库职工开展文体活动，丰富职工精神生活，增强体质，改善居住条件等。

5. 库区安全管理

1）库房的安全管理。检查库房结构情况，对于地面裂缝、地基沉降、结构损坏，以及周围山体滑坡、塌方等情况应及时维修和排除。

2）货物装卸与搬运中的安全管理。保证专人专机，建立岗位责任制，防止丢失和损坏；操作手应做到会操作、会保养、会检查、会排除一般故障。

（三）消防安全管理

为确保仓库安全，防止火灾和爆炸事故的发生，可以采取以下措施。

扫码看视频

1. 管理易燃物品

减少易燃物品的存储量和运输频率，使用耐火或阻燃材料替换传统的易燃材料，有效降低火灾风险。同时，通过改善通风系统和采取降尘措施，可以减少空气中可燃气体或粉尘的浓度。对易燃材料进行阻燃处理也是提高安全性的重要手段。

2. 隔绝空气

隔绝空气的具体手段包括：将可燃物品装进密闭的容器和设备中存放和运输；在储存和运输危险物品时，将易燃易爆物品置于充满惰性气体的容器中；采用隔绝空气等特殊方法储存和运输有燃烧爆炸危险的物品；隔离酸性物质、氧化剂等接触空气能够燃烧或爆炸的危险物品。

3. 消除火源

通过严格控制仓库内的明火源，防止撞击产生火星和摩擦发热，以及确保电气设备符合防爆标准，可以有效避免引发火灾。同时，采取措施防止阳光直射或高温引发火灾，也是确保仓库安全的重要环节。

4. 防止火势扩散

仓库要消除和控制明火源；防止撞击产生火星和控制摩擦生热；防止电气火花的产生，危险品库要安装防爆灯；防止日光照射和聚光作用，仓库要安装防止阳光照射的装置（如百叶窗），不要安装凸透镜；防止产生高温，要关注仓库温度，对高温物体要做好监控等。

对于特定类型的仓库，如面积超过 1000m^2 的棉、毛、丝、麻、化纤、毛皮及其制品仓库，面积超过 600m^2 的火柴仓库，邮政建筑中面积超过 500m^2 的空邮袋库，以及面积超过 500m^2 的可燃物品地下仓库和二类可燃物品库房，建议安装自动喷水灭火系统，以提高火灾应对能力。

习题与训练

一、单项选择题

1. 在盘点作业中，（　　）方法可以减少盘点时间。

A. 周期性盘点　　　　B. 连续盘点　　　　C. 随机盘点　　　　D. 年度盘点

2. 保管养护作业中，（　　）不是常规的仓库环境控制措施。

A. 温湿度控制　　　　B. 防虫防鼠　　　　C. 定期油漆仓库　　　　D. 防火防潮

3. 安全管理作业中，（　　）是最重要的安全预防措施。

A. 仓库消防系统　　　B. 安全帽　　　　C. 仓库监控系统　　　　D. 仓库门禁系统

4. 在盘点作业中，使用条形码或 RFID 技术的主要优势是（　　）。

A. 提高盘点速度　　　B. 减少盘点成本　　　C. 提高盘点准确性　　　D. 以上都有

5. 保管养护作业中，对于易燃易爆物品，（　　）措施是不必要的。

A. 隔离存放　　　　　B. 定期检查　　　　C. 使用普通照明　　　D. 明确标识

6. 在盘点作业中，发现盘亏情况，（　　）的措施是不正确的。

A. 立即报告上级　　　B. 尝试现场解决　　　C. 记录差异　　　　D. 调查原因

7. 保管养护作业中，（　　）是仓库内货物堆放的原则。

A. 重不压轻   B. 大不压小   C. 高不压低   D. 以上都是

8. 在盘点作业中,(　　)不是盘点后的常规工作。

A. 核对库存记录   B. 更新库存数据

C. 销毁所有盘点标签   D. 分析盘点差异原因

二、多项选择题

1. 在盘点作业中,(　　)可以提高盘点的准确性。

A. 使用自动化盘点工具   B. 盘点前进行培训

C. 盘点后立即更新数据   D. 盘点期间暂停所有出入库操作

2. 保管养护作业中,需要监控(　　)以确保货物安全。

A. 仓库温湿度   B. 仓库照明

C. 仓库通风情况   D. 仓库清洁状况

3. 安全管理作业中,(　　)属于仓库安全管理的基本要求。

A. 定期安全检查   B. 紧急疏散计划

C. 安全操作规程   D. 仓库内禁止吸烟

4. 保管养护作业中,(　　)有助于延长货物的储存寿命。

A. 定期周转库存   B. 使用防虫剂

C. 避免货物直接接触地面   D. 定期维护仓库设备

三、问答题

1. 描述在盘点作业中,如何通过使用条形码或 RFID 技术来提高盘点效率和准确性。

2. 讨论在安全管理作业中,如何通过培训和提升安全意识来减少仓库的安全事故。

单元五　出库作业

📖 【思维导图】

扫码看视频

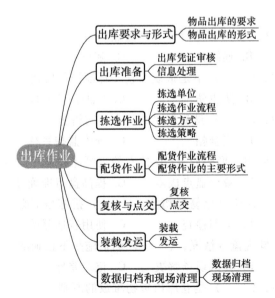

物品出库是仓储作业管理的最后一个环节，它使仓储作业与运输部门、物品使用单位直接发生联系。因此，做好出库作业对改善仓储经营管理，降低作业成本，提高服务质量有着重要的作用。物品出库是指仓储经营人根据存货人或仓单持有人所持有的仓单，按其所列物品的编号、名称、规格、型号、数量等项目，组织物品出库的一系列活动。对于物品出库，要求准确、及时、保质保量地交给仓单持有人；出库的物品必须包装完整、标记清楚、数量准确；要杜绝凭信誉或无正式手续的发货。不论在何种情况下，仓库都不得擅自动用或变相动用、外借货主的库存物品。

一、出库要求与形式

（一）物品出库的要求

物品出库要做到"三不、三核、五检查"。"三不"，即未接单据不翻账，未经审单不备货，未经复核不出库；"三核"，即在发货时，要核对凭证、核对账卡、核对实物；"五检查"，即对单据和实物要进行品名检查、规格检查、包装检查、数量检查、重量检查。物品出库要严格执行各项规章制度，杜绝差错事故，以提高服务质量，让用户满意。

1. 按程序作业，手续必须完备

物品出库必须按规定程序进行，领料单、仓单等提货凭证必须符合要求。物品出库时，必须有正式凭证，保管人员应根据凭证所列品种和数量发货。

2. 遵循"先进先出"原则

在保证库存物品的价值和使用价值不变的前提下，坚持"先进先出"的原则。要做到有保管期限的先出；保管条件差的先出；容易变质的先出；接近失效期的先出；包装简易的先出；回收复用的先出。这样做的目的在于避免物品因库存时间过长而发生变质，或影响其价值和使用价值。

3. 做好发放准备

为使物品及时流通、合理使用，必须快速、及时、准确地发放。为此必须做好发放的各项准备工作，如化整为零、集装单元化、备好包装、复印资料、组织搬运人力、准备好出库的各种设施设备及工具。

4. 发货和记账要及时

保管员接到发货凭证后应及时发货，不压票。物品发出后，应立即在物品保管账上核销，并保存好发料凭证，同时调整垛牌或料卡。

5. 保证安全

物品出库作业要注意安全操作，防止损坏包装和震坏、压坏、摔坏物品；同时，还要保证运输安全，做到物品包装完整、捆扎牢固、标志清楚正确、性能不相互抵触和影响，保障物品质量安全。仓库作业人员必须经常注意物品的安全保管期限，已变质、已过期失效或已失去原使用价值的物品不允许出库。

6. 发货无差错

保管人员发货时，应按照发货凭证上列明的物品品名、产地、规格、型号、价格、数量、质量准确发货，当面点清数量和检验质量。确保出库物品数量准确、质量完好、包装牢固、标志正确、发运及时安全，避免发生运输差错和损坏物品的事故。

（二）物品出库的形式

1. 送货

仓库应根据货主预先送来的出库通知或出库请求，凭仓单通过发货作业把应发物品交由运输部门送达收货人，这种发货形式通常称为送货制。仓库实行送货制，要划清交接责任，仓储部门与运输部门的交接手续是在仓库现场办理完毕的；运输部门与收货人的交接手续根据货主与收货人签订的协议，一般在收货人指定的到货地点办理。

送货具有"预先付货、按车排货、发货等车"的特点。仓库实行送货具有多方面的优点：仓库可预先安排作业，缩短发货时间；收货人可避免因人力、车辆等不便而发生取货困难；在运输上，可合理使用运输工具，减少运输费用。仓储部门实行送货业务应考虑货主不同的经营方式和供应地区的远近，既可向外地送货，也可向本地送货。

2. 收货人自提

收货人自提是指由收货人或其代理人持仓单直接到仓库提取物品，仓库凭单发货，这种发货形式通常称为提货制。它具有"提单到库，随到随发，自提自运"的特点。为划清交接责任，仓库发货人与提货人在仓库现场应对出库物品当面交接并办理签收手续。

3. 过户

过户是一种就地划拨的出库形式，物品虽未出库，但是所有权已从原存货户头转移到新存货户头。仓库只有根据原存货人开出的正式过户凭证，才予以办理过户手续。日常操作时，往往由仓单持有人进行转让，这种转让要经过合法手续。

4. 取样

取样是指货主出于对物品质量检验、样品陈列等的需要，到仓库提取货样而形成部分物品的出库。货主取样时必须持有仓单，仓库只有根据正式取样凭证才能发出样品，并做好账务登记和仓单记载工作。

5. 转仓

货主为了方便业务开展或改变储存条件，需要将某批库存物品自某仓储企业的甲仓库转移到该企业的乙仓库，这就是转仓的发货形式。转仓时货主必须出示仓单，仓库根据货主递交的正式转仓申请单办理转仓手续，同时在仓单上注明有关信息。转仓只在同一个仓储企业的不同仓库之间进行。若需要从 A 企业的某仓库将物品转移到 B 企业的某仓库，应该办理正常的出库和入库手续。

二、出库准备

（一）出库凭证审核

仓库接到出库凭证仓单，即出库单（见表 3-21），必须对出库凭证进行审核。

表 3-21　出库单样表

提货人名称：　　　储存凭证号码：　　　出货仓储：　　　出库日期：

品名	规格	单位	计划数	实发数	单价	包装押金	小计金额
总计金额(人民币大写)							

主管审批：　　　审核：　　　仓管员：　　　提货人：

1）审核提货单的合法性和真实性。审核提货单的合法性和真实性，或审核领料单上是否有部门主管或指定的专人签章，手续不全的不予出库。如遇特殊情况（如救灾抢险），则需经有关部门负责人同意后方可出库，出库后需补办手续。

2）核对物品的品名、型号、规格、单价和数量。

3）核对收货单位、到货站、开户银行和账号是否齐全和准确。如属收货人自提出库，则要核查提货单上有无财务部门准许发货的签章。提货单必须是符合财务制度要求的具有法律效力的凭证。

4）出库凭证审核中的问题处理。

① 凡出库凭证超过提货期限的，客户前来提货，必须先办理手续，按规定缴足逾期仓储保管费后方可发货；任何白条都不能作为发货凭证。提货时，如客户发现规格开错，保管员不得自行调换规格发货，必须通过制票员核查无误，重新开票方可发货。

② 凡发现出库凭证有疑点，或者情况不清楚，应及时与出具出库单的单位或部门联系，妥善处理；发现出库凭证有假冒、复制、涂改等情况时，应及时与仓库保卫部门联系，严肃处理，触犯法律的应依法移交公安机关处理。

③ 物品进库未验收，或者货品未进库的出库凭证，一般暂缓发货，并通知货主，待货到并验收后再发货；提货期顺延，保管员不得代发代验。

④ 如客户因各种原因将出库凭证遗失，客户应及时与仓库管理人员和财务人员联系挂失；如果挂失时货已被提走，仓管员不承担责任，但有义务协助货主找回物品；如果物品没有被提走，经仓库管理人员和财务人员查实后，做好挂失登记，将原凭证作废，缓期发货。

⑤ 出库凭证审核无误后，要按出库凭证所列项目的要求和数量做好出库准备，包括拣选、补货、配货、加工、包装及出库物品应附有的质量证明书或抄件、磅码单、装箱单等附件；机电设备、仪器仪表等产品的说明书及合格证应随货同行；进口商品还要附海关证明、商品检验报告等。

（二）信息处理

出库凭证审核无误后，应将出库凭证信息进行处理。仓管员将出库凭证信息录入计算机后，由出库业务系统自动进行信息处理，并打印生成相应的拣货信息（拣货单等凭证），作为拣货作业的依据。

三、拣选作业

拣选作业是指按订单将一种或多种存储货物取出，按顾客要求整理组合，包括拆包或再包装，并放置在指定地点的整套作业。通常拣选作业可以理解为"在正确的时间内，将正确的商品及数量以最好的产品状态与服务品质在最低的运送成本下送到正确的场地，给正确的客户"，上述作业的完成依赖整个仓库或配送中心对各项作业的相互配合。可以说，拣选作业的快慢及正确与否将直接影响对客户的服务品质。拣选是物料搬运和信息处理的综合作业。

一般来说，大宗货物或整批货物出库是在原货位上备货，不需要进行分拣。而对于不是整批量货物的出库，尤其是发放各种不同品名、不同类型、不同规格的货物，需要进行分拣，将货物从库存的货位上分拣出来，再搬运到指定的理货区域待装车。

（一）拣选单位

拣选单位分成托盘、箱及单品三种。拣选单位是根据订单分析结果而定的，如果订货的最小单位是箱，则拣选单位最小也是以箱为单位；对于体积大、形状特殊、无法按托盘和箱来归类的特殊品，则用特殊的拣选方法。

为了做出明确的判断，应进一步做以下划分：单品是拣选的最小单位，单品可由箱中取出，由人工进行单手拣选；箱是由单品所组成的，可由托盘上取出，通常需要双手拣选；托盘是由箱叠放而成的，无法由人手直接搬运，需借助堆垛机、叉车或搬运车等机械设备拣选；特殊品是指体积大、形状特殊，无法按托盘、箱归类，或必须在特殊条件下作业的物品，如大型家具、冷冻物品等，拣选系统的设计严格受其限制。

（二）拣选作业流程

1. 生成拣选信息

拣选信息是拣选作业的原动力，主要用于指示拣选的进行，而信息的源头是客户的需求。为了使拣选人员在既定的拣选方式下正确而快速地进行拣选，拣选信息的生成尤为重要。

2. 选择拣选方法

在选择拣选方法时，需要考虑多方面的因素、环境和条件，要采用相对适宜的拣选方法。

3. 实施拣选作业

拣选方法确定以后，就可以进行具体的拣选作业了。在实施拣选作业时，首先要准确找到拣选货位，确认待拣物品，然后将物品拣取、搬运到指定地点。

（三）拣选方式

常用的拣选方式主要有订单拣选、批量拣选、复合拣选三种。

1. 订单拣选（摘果法）

订单拣选是指针对每一份订单，作业员巡回于仓库内，按照订单所列商品及数量，将客户所订购的商品逐一由仓库储位或其他作业区中取出，然后集中在一起的拣选方式，这种方式又叫"摘果法"。订单拣选的主要特点是每次拣选只针对一张订单，不进行订单分批处理。结合分区策略，具体可以分为单人拣选、分区接力拣选和分区汇总拣选。一般来说，订单拣选的准确度较高，很少发生差错，而且机动灵活。这种拣选方式可以根据客户要求调整拣选的先后次序，对于紧急需求，可以集中力量快速拣选。一张货单拣选完毕后，物品便配置齐备，配货作业与拣选作业同时完成，简化了作业程序，有利于提高服务质量。

订单拣选适合客户不稳定、波动较大、需求种类不多、需求差异较大、配送时间要求不一等情况。

2. 批量拣选（播种法）

批量拣选是指将数张订单汇总成批，再将各订单中相同的物品订购数量汇总起来，一起拣选处理。批量拣选方式包括按拣选单位分批，按配送区域、路径分批，按流通加工需求分批，按车辆需求分批等方式。与订单拣选相比，由于批量拣选将各客户的需求集中起来进行拣选，因此有利于进行拣选路线规划，减少不必要的重复行走，降低物流成本。但其计划性较强，规划难度较大，容易发生错误。

批量拣选比较适合客户稳定而且客户数量较多的专业性配送中心，需求数量可以有差异，配送时间要求也不太严格，但对品种需求的共性要求较高。

3. 复合拣选

为克服订单拣选和批量拣选方式的不足，可采取将订单拣选和批量拣选组合起来的复合拣选方式。根据订单的品种、数量及出库频率，确定哪些适合订单拣选，哪些适合批量拣选，然后分别采取不同的拣选方式。

知识之窗：

GTP 拣货系统的作业流程

"货到人"（Goods to Person，GTP）拣货系统是一种先进的物流拣选技术，它通过自动化设备将货物自动输送到拣选工作站，由工作人员进行拣选作业。这种系统的核心优势在于提高了拣选效率、减少了作业人员的行走距离和劳动强度，同时提升了作业的准确性和安全性。GTP 拣货系统的作业流程一般如下。

1. 订单处理与任务分配

当一个新的订单生成后，仓库管理系统（WMS）会根据订单内容生成拣选任务。系统将订单分解为一系列的拣选任务，并将这些任务分配给自动化设备和拣选工作站。

2. 货物存储与自动化输送

货物在仓库中按照特定的存储方式进行存放，如自动化立体库、密集存储系统等。拣选任务生成后，自动化设备（如 AGV、输送带、穿梭车等）会根据系统的指令，将需要拣选的货物从存储位置移动到拣选工作站。

3. 拣选工作站的操作

拣选工作站通常配备有先进的辅助设备，如电子标签系统、RFID 扫描器、称重设备等，以指导和辅助工作人员进行拣选作业。工作人员根据显示屏上的指示，从输送到工作站的货物中拣选出指定的商品，并将其放置到指定的集货容器中。

4. 拣选效率与准确性的提升

GTP 系统通过优化拣选路径和减少作业人员移动，显著提高了拣选效率。辅助拣选系统的应用（如电子标签和 RFID 扫描）确保了拣选的准确性，减少了错误和复核的需要。

5. 拣选完成后的货物处理

完成拣选的货物会被自动输送到下一个处理环节，如包装、分拣或直接装载到运输车辆上。系统会实时更新库存信息和订单状态，确保订单准确无误地完成。

6. 数据分析与优化

仓库管理系统会收集拣选过程中的数据，进行分析和优化。通过数据分析，可以发现作业中的瓶颈和改进点，进一步提升拣选效率和降低成本。

（四）拣选策略

拣货策略是影响拣货作业效率的关键，对于不同的订单需求应采取不同的分拣策略，这里主要包括四大类：分区策略、订单分割策略、订单分批策略及分类策略。这几类策略可以单独使用，也可以联合使用形成最优拣选策略。

1. 分区策略

分区策略是物流和仓储管理中常用的一种拣货策略，其核心思想是将仓库空间划分为若干个区域，每个区域由特定的拣选员负责。这种策略旨在减少拣选员在仓库中移动的距离，提高拣选效率和准确性。一般来说有以下三类分区方法，见表 3-22。

表 3-22 拣货分区方法特征及优点

分区方法	特征及优点
按拣货单位分区	可分为箱装拣货区、单件拣货区、冷冻品拣货区；便于拣取与搬运单元化和拣取作业单纯化
按拣货方式分区	可将作业区单纯化、一致化，以减少不必要的重复行走时间
按工作分区	在相同的拣货方式下，将拣货作业场地细分为不同的分区，由一个或一组固定的拣货人员负责拣取区域内的货物；能减少拣货人员所需记忆的存货位置及移动距离，缩短拣货时间

2. 订单分割策略

当订单商品种类较多时，将订单分割成多个较小的部分，然后分别处理这些部分，称为订单分割。这样做的目的是提高拣选效率，减少拣选错误，并加快订单处理速度。

在进行订单分割时，可按照拣货单位分区进行订单分割、按照拣选方式分区进行订单分割，或按照工作分区进行订单分割。

（1）按照拣货单位分区进行订单分割 例如，CK001 订单按照拣货单位分区进行订单分割（箱装、件装），将 CK001 订单拆解为 CK001-01 和 CK001-02，按照箱装和单件分别进行拣货，最后合并打包，如图 3-24 所示。

（2）按照拣选方式分区进行订单分割 例如，要实施 CK002 和 CK003 订单，可先将其合并，然后按照总订单分为批量拣选的订单 CK00B-1 与 CK00B-2 及单品拣选的订单 CK00A-1 与 CK00A-2，然后各个订单分别操作后即可拣选完成，如图 3-25 所示。

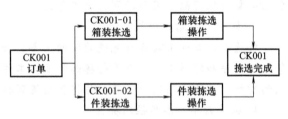

图 3-24 按拣货单位分区进行订单分割拣选流程

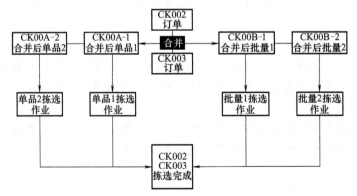

图 3-25 按拣选方式分区进行订单分割拣选流程

（3）按照工作分区进行订单分割 例如，要实施 CK004 和 CK005 订单，可先将其合并，然后按总订单中货物所在区域分区 1、分区 2、分区 3 将订单拆解为订单 CK00C-1、

CK00C-2、CK00C-3，然后按各分区的订单操作后汇总，拣选即完成，如图 3-26 所示。

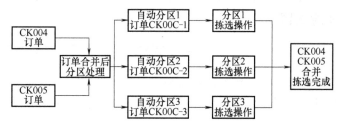

图 3-26　按工作分区进行订单分割拣选流程

3. 订单分批策略

订单分批是指为了提高拣货作业效率而把多张订单集合成一批，从而进行批次拣取的作业。若再将每批次订单中的同一种商品汇总拣取，然后把货品分类至每一个客户的订单，则形成批量拣取。这样不仅缩短了拣取时的平均行走搬运距离，也减少了重复寻找储位的时间，进而提高了拣货效率。订单分批策略主要有总合计量分批、时窗分批、固定订单量分批和智慧型分批四种。

（1）总合计量分批　计算拣货作业前所有累积的订单中每一个商品项目的总量，然后再按这一总量进行拣取，这样可以将拣取路径缩至最短，同时使储存区域单纯化，但这需要功能强大的分类系统来支持。此种方式适合于周期性配送，例如，可在中午前搜集所有的订单，在下午做合计处理，隔日一早再进行拣取、分类工作。

（2）时窗分批　当订单要求紧急发货时，可利用此策略，开启短暂而固定的时窗，如 5 或 10min，再将这一时窗中所有的订单做成一批，进行批量拣取。这个方式常与分区策略及订单分割策略联合运用，特别适合到达间隔时间短且平均的订单形态，同时，订购量及种类不宜太多。这种分批方式较适合密集频繁的订单，且能应付紧急插单的需求。

（3）固定订单量分批　按先到先处理的基本原则，当订单累积达到设定的数量时，开始进行拣货作业。这种方式有利于维持较稳定的作业效率，但在处理速度上慢于时窗分批方式。

（4）智慧型分批　将订单输入计算机，经处理后，将拣取路径相近的订单分成一组。采用这种分批方式，配送中心通常将前一天的订单汇总后，经过计算机处理，在当日产生拣货单据，速度较快。

4. 分类策略

若采用订单分批策略拣货，随后必须有分类策略与之配合。通常包括在拣货的同时将货物分类到各订单中、在拣取后再集中分类两种形式。以上 4 类拣货策略可以单独使用，也可以联合运用，还可以不采取任何策略，直接按订单拣取。

5. 组合策略

分区策略、订单分割策略、订单分批策略、分类策略这四种策略可以组合起来形成多种组合拣货策略，如图 3-27 所示。图中箭头连接标识互相配合的策略，整个链条作为一种拣选策略。

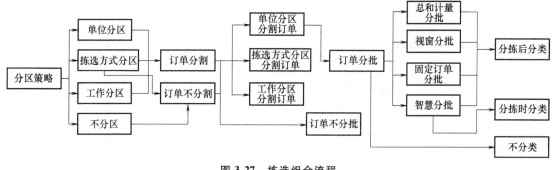

图 3-27　拣选组合流程

技能之窗：

使用 WMS 系统进行拣选订单策略制定

龙海物流接到客户疆北公司、疆南公司、疆来公司三家客户订单。表 3-23 ~ 表 3-25 及图 3-28 为仓库存储基本情况，表 3-26 ~ 表 3-28 为三家客户订单。

表 3-23　电子标签区存储信息

序号	商品名称	单位	数量
1	必博中性笔	个	200
2	得力固体胶	个	200
3	鼎力书夹	盒	200
4	美工刀	个	200
5	作业本	本	200
6	卫龙大面筋 106g	包	200
7	然利手工原味蛋糕 120g	包	200
8	懒人大厨火锅冒菜(香菇牛肉)485g	盒	200
9	奥利奥巧轻脆饼干	盒	200
10	双汇 Q 趣火腿肠 80g	个	200
11	喜之郎什锦果肉果冻 200g	个	200
12	枣家庄酸角 150g	包	200
13	761 压缩干粮 180g	个	200
14	乐事薯片(黄瓜味)	包	200
15	乐事薯片(烧烤味)	包	200

表 3-24　阁楼货架区存储信息

序号	商品名称	规格	单位	数量
1	旺仔牛奶	245mL	瓶	200
2	百事可乐	500mL	瓶	200
3	百事可乐	330mL	罐	200
4	娃哈哈 AD 钙奶饮料	450mL	瓶	200
5	神内胡萝卜汁	238mL	瓶	200
6	维他命水	500mL	瓶	200
7	水溶 C100(青皮桔)	445mL	瓶	200
8	香蕉牛奶	200g	瓶	200
9	奶啤	300mL	瓶	200
10	统一阿萨姆原味奶茶	500mL	瓶	200
11	农夫果园 30%混合果蔬(胡萝卜)	500mL	瓶	200
12	农夫果园 50%混合果蔬(桃子)	500mL	瓶	200
13	康师傅乌龙茶	500mL	瓶	200
14	茶 π	500mL	瓶	200
15	东方树叶乌龙茶	500mL	瓶	200

表 3-25　重型货架散货区存储信息

序号	商品名称	规格	单位	数量
1	蓝月亮洗衣液	1kg	桶	200
2	潘婷洗发露	200mL	瓶	200
3	舒肤佳沐浴露	400mL	瓶	200
4	小苏打洗手液	300mL	瓶	200

（续）

序号	商品名称	规格	单位	数量
5	雕牌洗衣粉	300g	袋	200
6	冷酸灵牙刷	50g	支	200
7	金典牙医牙膏	148g	盒	200
8	心相印抽纸 110 抽	128g	包	200
9	超能洗洁精	500g	瓶	200
10	舒肤佳香皂	108g	盒	200
11	隆力奇蛇油护手霜	50g	支	200

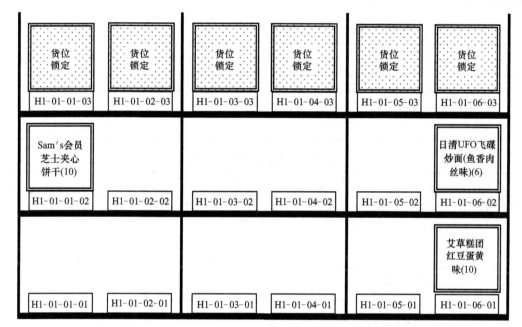

图 3-28 重型货架存储信息

表 3-26 疆南公司采购订单

	订单编号：CK00001	订货时间：4.10				
序号	商品名称	单位	单价/元	订购数量	金额/元	备注
1	元气森林气泡水	箱	100	5	500	
2	康师傅冰糖柠檬	箱	100	2	200	
3	联想拯救者 R7000 笔记本计算机	箱	200	1	200	
4	皇冠丹麦曲奇	箱	100	2	200	
5	统一绿茶	箱	100	2	200	
6	心相印抽纸 110 抽	包	50	2	100	
7	必博中性笔	个	50	3	150	
8	超能洗洁精 500g	瓶	50	1	50	
9	枣家庄酸角 150g	包	50	1	50	
10	乐事薯片（黄瓜味）	包	50	2	100	
11	娃哈哈 AD 钙奶饮料	瓶	50	1	50	
12	统一阿萨姆原味奶茶	瓶	50	2	100	
13	农夫果园 50%混合果蔬（桃子）	瓶	50	2	100	
	合计				2000	

表 3-27　疆北公司采购订单

订单编号：CK00002	订货时间：4.10					
序号	商品名称	单位	单价/元	订购数量	金额/元	备注
1	汤达人日式豚骨面	箱	100	5	500	
2	脆香米牛奶巧克力	箱	100	4	400	
3	沃隆坚果	箱	100	2	200	
4	联想拯救者 R7000 笔记本计算机	箱	200	2	400	
5	皇冠丹麦曲奇	箱	100	2	200	
6	统一绿茶	箱	100	3	300	
7	舒肤佳香皂 108g	盒	50	1	50	
8	雕牌洗衣粉 300g	袋	50	2	100	
9	舒肤佳沐浴露 400mL	瓶	50	1	50	
10	心相印抽纸 110 抽	包	50	1	50	
11	得力固体胶	个	50	4	200	
12	双汇 Q 趣火腿肠 80g	个	50	2	100	
13	乐事薯片（黄瓜味）	包	50	1	50	
14	农夫果园 30%混合果蔬（胡萝卜）	瓶	50	2	100	
	合计				2700	

表 3-28　疆来公司采购订单

订单编号：CK00003	订货时间：4.10					
序号	商品名称	单位	单价/元	订购数量	金额/元	备注
1	元气森林气泡水	箱	100	8	800	
2	脆香米牛奶巧克力	箱	100	6	600	
3	高恩瓷砖	箱	100	3	300	
4	沃隆坚果	箱	100	6	600	
5	皇冠丹麦曲奇	箱	100	4	400	
6	冷酸灵牙刷	支	50	2	100	
7	心相印抽纸 110 抽	包	50	1	50	
8	超能洗洁精 500g	瓶	50	3	150	
9	金典牙医牙膏	盒	50	5	250	
10	舒肤佳香皂 108g	盒	50	5	250	
11	奶啤	瓶	50	2	100	
12	农夫果园 30%混合果蔬（胡萝卜）	瓶	50	1	50	
13	东方树叶乌龙茶	瓶	50	2	100	
14	得力固体胶	个	50	1	50	
15	作业本	本	50	1	50	
16	枣家庄酸角 150g	包	50	1	50	
	合计				3900	

1）请 4 人分为 1 组，根据商品库存信息、库存分区情况制定合理的拣选策略。

2）请 4 人分为 1 组，将制定的拣选策略输入 WMS 中进行智慧拣选，验证何种拣选策略作业速度最快。

四、配货作业

配货也称分货，配货作业是指在拣货作业完成后，根据订单或配送路线等不同的组合方式对货品进行分类，需要流通加工的货物先按流通加工方式分类，再按进货要求分类。

（一）配货作业流程

1. 贴标签、分类

分拣作业完成以后，配货作业首先要将分拣出来的物品根据客户或配送路线进行分类，集中放置在缓冲区。分类方法主要有人工分类、旋转货架分类及自动分类机分类等。

2. 配货检查

分类后需要进行配货检查，以保证发运前的物品品种、数量、质量无误。配货检查中比较原始的方法是人工检查，也就是人工点数、察看物品外观质量等。为了提高人工检查的效率，可以将物品有规律地放置，如进行"五五堆码"等，以便于点数；或者采用称重的办法，先称出物品的总重量，再对照物品的单位重量，计算并核对配货数量；还可以采用抽查的技术。但总体来说人工检查效率较低。

随着信息技术的发展，现在还可以通过应用信息技术来进行配货检查，如通过扫描物品上的条码、应用语音输入技术等进行配货检查。

3. 包装、打捆

为了提高作业效率，一般还要对配送物品进行重新包装、打捆，以保护物品，提高运输效率，便于配送到户时，客户能够快速、准确地识别各自的物品等。配货作业中的包装主要是指物流包装，其主要作用是为了保护物品，并将多个零散物品放入大小合适的箱子中，以实现整箱集中装卸、成组化搬运等，同时减少搬运次数，降低货损、货差，提高配送效率。同时，包装是产品信息的载体，通过在外包装上书写产品名称、原料成分、重量、生产日期、生产厂家、产品条码、储运说明等，便于客户和配送人员识别产品，进行物品的装运。通过扫描包装上的条码，还可以进行物品跟踪，根据包装上的装卸搬运说明来指导作业人员对物品进行正确操作。

（二）配货作业的主要形式

1. 单一配货作业

单一配货作业是指每次只为一个客户进行配货服务，因此配货作业的主要内容是对物品进行组配和包装。

一般来说，如果整托盘拣选的物品允许整托盘发运，那么需要进行固定作业，也就是用包装膜或绳索将物品固定在托盘上；如果整托盘拣选的物品不采取托盘运输，那么需要将物品先从托盘上卸下，然后将其进行捆装。对于整箱拣选的物品一般需要进行打包作业；单件拣选的物品应进行装箱作业，以避免物品丢失或损坏。

2. 集中配货作业

集中配货作业是指同时为多个客户进行配货服务，所以其作业通常比单一配货作业多出了拆箱、分类环节，其余作业大致相同。

五、复核与点交

（一）复核

为防止差错，备货后应立即进行复核。出库的复核形式主要有专职复核、交叉复核和环环复核三种。此外，在发货作业的各个环节中都贯穿着复核工作，例如，理货员核对单货、门卫凭票放行、财务员核对账单等，这些分散的复核形式起到了分头把关的作用，都有助于提高仓库发货业务的工作质量。复核的主要内容包括品种数量是否准确、商品质量是否完好、配套是否齐全、技术证件是否齐备、外观质量和包装是否完好等。经复核不符合要求的物品应停止发货，对不符的情况应及时查明原因。

（二）点交

出库物品经复核后，要向提货人员点交。同时应将出库物品及随行证件逐笔向提货人员当面核对。在点交过程中，对于有些重要物品的技术要求、使用方法、注意事项，保管员应主动向提货人员交代清楚，做好技术咨询服务工作。物品移交清楚后，提货人员应在出库凭证上签名。物品点交后，保管员应在出库凭证上填写"实发数""发货日期""提货单位"等内容并签名，然后将出库凭证的有关联次同有关证件即时送交货主，以便办理有关款项结算。

六、装载发运

（一）装载

装载上车是指车辆的配载，即根据不同的配送要求，在选择合适车辆的基础上，对车辆进行配载，以达到提高车辆利用率的目的。

由于物品品种、特性各异，为提高送货效率、确保物品质量，首先必须对特性差异大的物品进行分类，并分别确定不同的运送方式和运输工具。特别要注意，散发臭味的物品不能与具有吸臭性的物品混装，散发粉尘的物品不能与清洁物品混装，渗水物品不能与易受潮物品混装。另外为了减少或避免差错，还应尽量把外观相近、容易混淆的物品分开装载。

由于运送物品有轻重缓急之分，因此必须预先确定哪些物品可配于同一辆车，哪些物品不能配于同一辆车，以做好车辆的初步配载工作。送货部门既要按订单要求在送货计划中明确运送顺序，又要安排理货人员将各种所需的、不能混装的物品进行分类，同时还应按订单标明到达地点、客户名称、运送时间、物品明细等，最后按流向、流量、距离将各类物品进行车辆配载。

在具体装车时，装车顺序或运送批次的先后一般应按客户要求的时间进行，但同一个车辆运送的物品装车则要依"后送先装"的顺序。在考虑有效利用车辆空间的同时，还要根据物品的一些特性（如怕震、怕压、怕撞、怕湿）、形状、体积及重量等做出弹性调整，如轻货应放在重货上面，包装强度差的物品应放在包装强度大的物品上面，易滚动的卷状、桶状物品要垂直摆放等。另外，应按照物品的性质、形状、重量、体积等来具体决定物品的装载方法。

（二）发运

发运是指根据送货计划所确定的最优路线，在规定的时间内及时准确地将物品运送到客户手中，在运送过程中要注意加强运输车辆的考核与管理。

七、数据归档和现场清理

（一）数据归档

当物品出库完毕后，仓管员应及时将物品从仓库保管账上核销，取下垛牌，以保证仓库账账相符、账卡相符、账实相符，并将留存的仓单（提货凭证）、其他单证、文件等存档。

（二）现场清理

物品出库后，有的货垛拆开、有的货位被打乱、有的现场还留有垃圾、杂物，保管员应根据储存规划要求，该并垛的并垛、该挪位的挪位，并及时清扫发货现场，保持清洁整齐，空出的货位应在仓库货位图上标注，以备新的入库物品使用；同时，清查发货的设备和工具有无丢失、损坏等。现场杂物清理完毕后，还要收集整理该批物品的出入库情况、保管保养及盈亏等数据情况，并将这些数据存入物品档案，妥善保管，以备查用。

习题与训练

一、单项选择题

1. 拣货作业中，（　　）方法适合大量货物的快速拣选。

A. 单一订单拣选 　　　　　　　　B. 批量拣选

C. 区块拣选 　　　　　　　　　　D. 单品拣选

2. 拣货策略中，（　　）不是减少拣货错误的常见措施。

A. 使用扫描枪确认 　　　　　　　B. 多次重复拣选

C. 明确货物标识 　　　　　　　　D. 拣选路径优化

3. 拣货策略中，（　　）方法可以减少拣货人员的步行距离。

A. 随机拣选 　　　　　　　　　　B. S 型拣选

C. 区域轮转拣选 　　　　　　　　D. 分散拣选

4. 出库作业中，（　　）不是货物装车时的注意事项。

A. 货物堆放整齐 　　　　　　　　B. 重货在下，轻货在上

C. 忽略货物的易碎性 　　　　　　D. 防止货物滚动

二、多项选择题

1. 出库作业中，（　　）是出库单据审核的内容。

A. 核对订单号码 　　　　　　　　B. 确认客户信息

C. 检查货物数量 　　　　　　　　D. 核对货物颜色

2. 拣货作业中，（　　）会影响拣货效率。

A. 仓库布局 　　　　　　　　　　B. 拣选设备的效率

C. 拣货人员的熟练度 　　　　　　D. 货物的存储位置

三、问答题

1. 使用 VISIO 等绘图工具绘制出库作业流程图。

2. 设计拣选作业单。

3. 设计出库作业单。

模块四

配 送 作 业

【知识目标】

1. 掌握配送路线优化及车辆配载设计的基本方法。
2. 熟悉送货作业与退换货作业的流程。
3. 了解退货管理的政策。

【能力目标】

1. 能够组织完成车辆的配装和卸货。
2. 能够根据实际情况规划最优配送路线。

【素质目标】

1. 树立低碳环保的责任意识。
2. 培养分析问题、处理问题的能力。
3. 培养吃苦耐劳的精神。

【项目引例】

120s 完成单店配货，"八点半"这速度给力不

1月31日，在八点半贸易有限公司（以下简称八点半）仓储中心，记者看到成件的方便面、各类饮料、食品被贴上条形码后上架，经流水线传送至扫描处识别，再进行人工分配至指定的车辆配送点。

作为八点半的仓储物流合作企业，龙海达物流有限公司设置了常规货物仓、冷冻仓、低温仓三类仓储中心，总面积为 1.5 万 m²，现有 110 万件货品。工作人员只需 120s 就可以配出一家门店的所需物资，用全自动分拣智能物流设备替代了大量人工分拣，作业率和准确率大幅提升。

龙海达物流有限公司仓储事业部总监说："春节过后出货量趋于平稳，每日在 14000 件左右，物资主要发往公司驻地周围的门店。"为了让物流配送更加高效，龙海达物流有限公司下半年将使用无人搬运机器人 AGV 替代人工叉车转运，加快商品配货速度。

据了解，近年来八点半加强了供应链体系建设，完善了 700 多家门店的信息化和数字化建设平台，包括手持终端系统和自助收银系统。顾客购物时，可以通过手持终端扫描单品，查看店内单品所剩数量，根据需求进行购买，并在自助收银系统进行结算。

八点半总经理助理表示："在上一年度的基础上，八点半今年力争拓展门店，增加公司驻地以外其他城市的店面数，争取市场零售总额提高 20%。在商品结构上会采购更多网红商品，丰富市场供应。"

> 思考：
> 1. 八点半为什么能够实现 120s 完成单店配货？
> 2. 你还知道哪些特色配送企业？

单元一　配 送 概 述

📖 【思维导图】

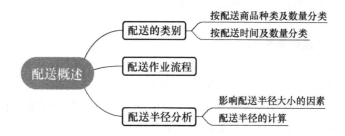

一、配送的类别

配送在长期的实践中以不同运作特点和形式满足不同的客户需求，形成不同的配送形式。例如，按配送机构的不同，可以将配送分为配送中心配送、仓库配送、商业门店配送、生产企业配送等类别。配送中心配送是通过"配送中心"这个专门的配送组织机构来完成配送业务的，配送中心是专门从事商品配送的流通机构，通常具有较大规模的储存、分拣及运输配送系统和设施，风险和投资都较大，其专业化、现代化程度较高。在物流服务社会化程度较低、配送业务发展的初期，大多数配送活动是以传统仓库为依托的，在此基础上形成了仓库配送。而生产企业配送通常以生产企业成品库为依托开展配送活动，其客户对产品需求量较大，对品种、规格和质量的要求相对稳定。按商品种类及数量、配送时间及数量的不同，配送还可以分为其他不同的类型，见表 4-1，每种类型都有各自的特点。

表 4-1 配送类型

分类标志	配送机构	配送商品种类及数量	配送时间及数量
配送类型	配送中心配送 仓库配送 生产企业配送	少品种、大批量配送 多品种、少批量配送 配套(成套)配送	定时配送 定量配送 定时定量配送 即时配送 定时定路线配送

（一）按配送商品种类及数量分类

1. 少品种、大批量配送

这种配送方式适用于数量需求较大的商品，因为配送的商品品种少，所以配送机构内部组织、计划等管理工作较为简单，而且因为输送量大，易于配装和合理使用车辆，多数可以采取直送方式，实行整车运输，这种方式常用于为生产企业配送和批发商配送。

2. 多品种、少批量配送

这种配送方式是指按客户的要求，将其所需要的多种商品通过集货、分拣配货、流通加工等环节，少量而多次地配送给客户。这种配送方式相对来说配送作业难度较大、技术要求高、使用设备特别是分拣设备复杂，为实现预期的服务目标，必须制订严格的作业标准和管理制度。目前在我国经济较发达地区，这种方式较常用于生产制造企业零配件的配送和商业连锁体系商品的配送，日用商品的配送也大多采用这种方式。

3. 配套（成套）配送

配套（成套）配送是指按客户的要求，将其所需要的多种商品（配套产品）配备齐全后直接运送到生产线、建设工地或其他客户手中。例如，对生产制造企业生产的某台产品或某个部件，将其所需的全部零件配齐，再按生产计划的要求在一定时间送达指定地点，以使生产企业即时装配。这种配送方式强化了物流的服务功能，有利于生产企业实行"准时制"生产。

（二）按配送时间及数量分类

1. 定时配送

定时配送是指按事先约定的时间间隔进行配送，每次配送的品种及数量可预先估计，也可以临时根据客户的需求调整。这种方式由于时间固定，双方均易于安排作业计划，但也可能由于配送品种和数量的临时变动而增加管理和作业的难度。

2. 定量配送

定量配送是指按规定的批量在指定的时间范围内进行配送。定量配送由于配货种类和数量相对固定，备货工作相对简单，不严格确定时间，所以可将不同客户所需的商品拼凑整车，同时对配送路线进行优化，以降低配送成本。

3. 定时定量配送

定时定量配送是指按规定的时间、规定的商品品种和数量进行的配送。这种方式兼有定时配送和定量配送两种方式的特点，对配送企业服务的要求比较严格，管理和作业的难度较大。由于其配送计划性强、准确度要求较高，因此相对来说比较适合生产和销售稳定、产品批量较大的生产制造企业或大型连锁商场的部分商品的配送。

4. 即时配送

即时配送是指根据客户提出的时间要求和商品品种、数量要求，及时地将商品送达指定的地点。即时配送可以满足客户的临时性急需，对配送速度、时间要求严格。因此，只有配送设施完备、具有较高管理和服务水平及作业组织能力和应变能力的专业化配送机构才能较广泛地开展即时配送业务。完善而稳定的即时配送服务可以使客户保持较低的库存水准，真正实现"准时制"生产和经营。

5. 定时定路线配送

定时定路线配送是指通过对客户分布状况的分析，设计合理的配送运输路线，根据运输路线安排到达站点的时刻表，按照时刻表，沿着规定的运行路线进行配送。这种配送方式一般由客户事先提出商品需求计划，然后按规定的时间和确定的站点接收商品。这种配送方式易于有计划地安排运送和接货工作，比较适合于消费者集中的地区。

二、配送作业流程

配送作业的基本流程如图 4-1 所示。

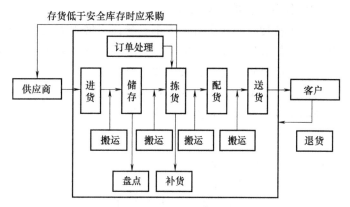

图 4-1　配送作业的基本流程

三、配送半径分析

配送处于供应链的末端，是供应链最终价值的实现者之一。随着市场需求个性化、多样化、即时化的加剧，供应链与供应链之间的竞争主要聚焦于配送环节，其服务水平直接影响客户的最终感受。在项目二中学习了配送中心选址规划的基础上，学习科学精确地计算配送半径，是实现配送中心合理规划和高配送质量的重要保证。

（一）影响配送半径大小的因素

配送半径是指配送车辆在客户要求的时间内以可能的速度行驶的最远距离。配送半径一般会受承诺服务时间、备货时间、出行速度等客观因素的影响，因此配送半径的大小很难在短时间内改变，详细分析见表 4-2。

表 4-2　配送半径影响因素

序号	影响因素	详细说明	与配送半径的关系
1	承诺服务时间	从配送中心收到客户订单到将所订货物送达客户指定地点的时间间隔。配送承诺服务时间越短，其服务水平越高，配送中心在行业内越具备竞争优势。承诺服务时间由市场节奏、市场竞争激烈程度、所配送商品类型、配送模式等共同决定	承诺服务时间越短，配送半径越小
2	备货时间	收到客户订单后为筹备所订货物花费的时间，包括处理订单、货物分拣、流通加工、包装、装车等环节所需的时间 备货时间的长短受客户所订货物状况、订单处理速度、配送中心工作效率等因素的影响；客户所订货物越简单，订单处理速度越快，配送中心工作效率越高，备货时间越短	备货时间越长，配送半径越小
3	出行速度	配送车辆从配送中心至目的地的行程中的行驶速度，出行速度主要受出行时间段、交通状况、车辆性能的影响	出行速度越慢，配送半径越小

（二）配送半径的计算
1. 配送半径的计算公式

如果配送半径为 R，承诺服务时间为 T，备货时间为 t，出行速度为 V，则可得

$$R = (T - t)V$$

由上式可知，配送半径与承诺服务时间、出行速度正相关，而与备货时间负相关。因此要想延长配送半径，可延长承诺服务时间，但因为延长承诺服务时间会降低客户服务水平，降低配送中心的竞争优势，所以扩大配送中心的辐射范围只能从缩短备货时间或提高出行速

度两方面入手，例如，提高订单处理效率；缩短货物分拣、流通加工等环节的处理时间；优化配送路线；针对不同路段选择最适合的配送车辆。

2. 保留半径的计算公式

由于备货时间和出行速度都会受诸多客观因素的影响，均为变量，因此配送半径常常是个不确定的数值。在 JIT 配送等配送模式中，这种不确定性往往会大幅度降低配送服务水平，因此需要对配送半径按照要求进行修正。参照库存管理中的安全库存概念，引入保留半径的概念。保留半径是指为了达到一定的客户服务水平，消减由于备货时间和出行速度变化带来的不确定性而特意设定的安全距离，可表示为

$$r = z\sqrt{\delta V^2 \bar{t} + \delta t^2 \overline{V^2}}$$

式中　　V——出行速度；

　　　　r——保留半径；

　　　　z——服务水平系数，查表可得；

　　　　δV^2——出行速度的方差；

　　　　$\bar{t}$——平均出行时间，即承诺服务时间与备货时间之差；

　　　　$\overline{V^2}$——平均出行速度的二次方；

　　　　δt^2——出行时间的方差。

参考公式 $R=(T-t)V$，可得 R 的计算公式为

$$R = \overline{V}t - z\sqrt{\delta V^2 \bar{t} + \delta t^2 \overline{V^2}}$$

习题与训练

一、单项选择题

1. （　　）是两个或两个以上有配送业务的企业相互合作，对多个客户共同开展配送活动的一种物流形式，也是现代社会中采用较广泛、影响面较大的一种配送模式。

A. 第三方物流配送　　B. 共同配送　　C. 自营配送　　D. 企业供应配送

2. 商流、物流一体化的配送模式又称为（　　）。

A. 独立配送　　　　B. 共同配送　　C. 自营配送　　D. 配销模式

3. 一般送货可以是一种偶然行为的送货，而（　　）是一种有确定组织、确定渠道，有一套装备和管理力量、技术力量，有一套制度的体制形式。

A. 装卸　　　　　B. 搬运　　　　C. 配送　　　　D. 共同配送

4. 以下（　　）不属于配送的基本形式。

A. 定时配送　　　B. 准时配送　　C. 定点配送　　D. 共同配送

5. 汽车装配线的零部件配送一般属于（　　）类型的配送。

A. 定时配送　　　　B. 准时配送　　C. 定路线配送　　D. 共同配送

6. 采用（　　）方式，生产线上只需维持 2~3h 的用量，基本是"零库存"。

A. 定时配送　　　　B. 准时配送　　C. 定路线配送　　D. 共同配送

7. 定时配送的典型形式是（　　）。

A. 准时配送　　　B. 即时配送　　C. 日配　　　D. 定时定路线配送

8. 下列（　　）不是配送的基本功能。

A. 修理功能　　　　　　　　　　B. 运输、集散、信息处理功能

C. 储存、流通加工功能　　　　　D. 装卸搬运、分拣、衔接功能

二、判断题

1. 传统的配送中心处理需求单一、反应太慢，同时库存量过大。（　　）

2. 日配送计划是相对稳定的配送业务的长期计划。（　　）

单元二　配送路线决策

【思维导图】

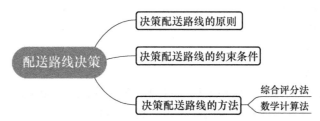

配送路线是否合理，直接影响配送效率和配送效益。配送是"配"和"送"的有机结合，它与一般送货的重要区别在于，配送通过集合、分拣、配货等环节，使送货达到一定的规模，以利用规模优势取得较低的送货成本，因此，在单个客户配送数量不能达到车辆的有效载运负荷时，应集中不同客户的配送物进行搭配装载，以充分利用运能运力，进行有效配装以提高配送效率，降低配送成本。但是由于配送货物种类繁多，特性各异，在运送过程中其操作工艺和作业要求不可能完全一样，为确保配送服务质量，应选择适宜的配送车辆类型，必要时还将进行分别配送。

本单元主要介绍综合评分法和数学计算法两种路线优化方法和技巧。

一、决策配送路线的原则

根据配送的具体要求、配送中心的实力及客观条件，确定配送路线的原则有以下几个。

1）效益最高，计算时以利润最大为目标。由于效益是企业各项经济活动的综合反映，单纯与配送路线建立联系并不能客观真实地反映对效益的影响，因此一般很少采用这个原则。

2）成本最低原则，实际上也是以效益为目标，操作性强。

3）路程最短原则。

4）吨公里最小原则。

5）准时性最高原则。

二、决策配送路线的约束条件

无论选择哪种路线优化的原则，都应该满足一定的约束条件，一般配送的约束条件有以下几个。

1）满足所有收货人对货物品种、数量和规格的要求。

2）满足收货人对货物送达时间的要求。

3）在配送中心现有运力允许的范围内进行配送。

4）各配送路线的货物量不超过车辆容积和载重量的限制。

5）在允许通行的时间内进行配送。

三、决策配送路线的方法

（一）综合评分法

综合评分法是指拟订多种配送路线方案，并且评价指标明确，只是部分指标难以量化，或对某项指标有突出的强调与要求，从而采用加权评分的方式来确定配送路线。

综合评分法的步骤如下：

1）拟订配送路线方案。

2）确定评价指标。

3）对方案进行综合评分。

（二）数学计算法

如果配送路线的影响因素可以用某种确定的数学关系表达，则采用数学计算法对配送路线方案进行优化。解决这类问题的方法有很多，见表4-3。

表4-3　配送路线问题及解决算法

问题	解决算法
配送货物由一个配送点直送某个客户	破圈法、标号法、位势法等
配送货物由一个配送点配送多个客户	节约里程法
由多个配送点向多个客户送货	线性规划中的表上作业法

1. 破圈法

货物从始点出发至终点，有两条以上路线并交织成网状从而形成回路圈。破圈法是指在运输网络中任取一个圈，从圈中去掉距离（或时间、费用）最大的边（路线），在余下的圈中，重复这个步骤直至无圈为止，即可求出最短路线。破圈法一般在运输网络图的基础上运用，因此也称为图上作业法。

2. 节约里程法

配送路线优化算法中常使用节约里程法。当一个配送中心向多个客户共同送货，在一条线路上的所有客户的需求量总和不大于一辆车的额定载重量时，由这辆车配装所有客户需求的货物，按照一条预先设计好的最佳路线依次将货物送到每个客户手中，这样既可保证按需将货物及时送交，又能节约行驶里程，缩短整个送货时间，节约费用。节约里程法目的是根据配送中心的运输能力和到客户之间的距离及各客户之间的相对距离来制订使配送车辆吨公里达到或接近最小的配送方案。

节约里程法的基本思路是：假设 P 为配送中心所在地，A 和 B 为客户所在地，配送中心到两个客户的最短距离分别是 L_1 和 L_2，A 和 B 间的最短距离为 L_3，A、B 的货物需求量分别是 Q_1 和 Q_2，且（Q_1+Q_2）小于车辆装载量 Q。如果配送中心向两个客户分别送货，车辆运行距离为 2（L_1+L_2）。然而，如果改用一辆车巡回配送，运行距离为（$L_1+L_2+L_3$）。配送路线选择见图4-2。

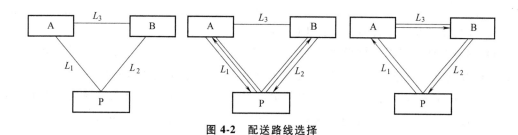

图 4-2　配送路线选择

技能之窗：

运用 Excel 表格基于节约里程法求解最优路线

龙海物流医药配送分中心向辖区内各连锁药店 P_i（$i=1$，2，…，5）配送药品，配送中心现有 2t 车（2 辆）和 4t 车（3 辆）可供使用，并且每辆车运输距离不得超过 35km。简化后的送货交通图如图 4-3 所示，请利用节约里程法制订最优配送方案。

节约里程法计算步骤如下。

1）创建运输里程表（配送中心及各客户之间的最短距离），如图 4-4 所示。

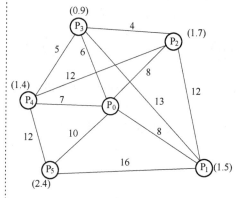

图 4-3　送货交通图

运输里程表

需求量	P_0					
1.5	8	P_1				
1.7	8	12	P_2			
0.9	6	13	4	P_3		
1.4	7	15	12	5	P_4	
2.4	10	16	18	16	12	P_5

图 4-4　运输里程表

2）根据节约里程公式，结合运输里程表得到节约里程表，如图 4-5 所示。

序号	路线	节约里程
1	P_1P_2	=IF(B3+B4−C4<0, 0, B3+B4−C4)
2	P_2P_3	=IF(B4+B5−D5<0, 0, B4+B5−D5)
3	P_3P_4	=IF(B5+B6−E6<0, 0, B5+B6−E6)
4	P_4P_5	=IF(B6+B7−F7<0, 0, B6+B7−F7)
5	P_1P_3	=IF(B3+B5−C5<0, 0, B3+B5−C5)
6	P_1P_4	=IF(B3+B6−C6<0, 0, B3+B6−C6)
7	P_1P_5	=IF(B3+B7−C7<0, 0, B3+B7−C7)
8	P_2P_4	=IF(B4+B6−D6<0, 0, B4+B6−D6)
9	P_2P_5	=IF(B4+B7−D7<0, 0, B4+B7−D7)
10	P_3P_5	=IF(B5+B7−E7<0, 0, B5+B7−E7)

a)

序号	路线	节约里程
1	P_1P_2	4
2	P_2P_3	10
3	P_3P_4	8
4	P_4P_5	5
5	P_1P_3	1
6	P_1P_4	0
7	P_1P_5	2
8	P_2P_4	3
9	P_2P_5	0
10	P_3P_5	0

b)

图 4-5　节约里程表（计算步骤）

3）节约里程按降序排列，如图4-6所示。

4）制订配送路线图。根据步骤3）中的数据，应由 P_2、P_3 客户开始配装，依次找到合适的线路（注意一条线路上配送总里程不超过35km，且车辆不能超载）。

按照节约里程从大到小排序，可以将 P_2、P_3、P_4 连接起来，货物总量为 1.7t+0.9t+1.4t=4.0t；即可选择一辆4t的货车装运，行驶路线为 $P_0 \rightarrow P_2 \rightarrow P_3 \rightarrow P_4 \rightarrow P_0$。

另一条线路可以将 P_5、P_1 连接起来，货物总量为 2.4t+1.5t=3.9t；可选择一辆4t的货车装运，行驶路线为 $P_0 \rightarrow P_5 \rightarrow P_1 \rightarrow P_0$。

由此形成了两条配送路线，如图4-7所示。

序号	路线	节约里程
2	P_2P_3	10
3	P_3P_4	8
4	P_4P_5	5
1	P_1P_2	4
8	P_2P_4	3
7	P_1P_5	2
5	P_1P_3	1
6	P_1P_4	0
9	P_2P_5	0
10	P_3P_5	0

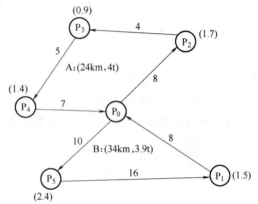

图 4-6　节约里程表排序（计算步骤）　　　图 4-7　基于节约里程法的配送路线图

思考： 为什么每条配送路线总里程都有一定的限制？主要受哪些因素的制约？

知识之窗：

思考：比较以上两种方案，是否有可以节约的里程？

解析：

1）节约的里程 = $2(L_1+L_2)-(L_1+L_2+L_3) = L_1+L_2-L_3$，因为三角形两边之和大于第三边，所以节约的里程一定大于零，因此采用一辆车巡回送货一定有可以节约的里程。

2）各客户之间的距离越近，且它们距离配送中心的距离越远，节约的里程就越多。

习题与训练

一、单项选择题

1. 在节约里程法计算中，客户之间的距离越近，而且它们距离配送中心越远，则可节约的里程（　　　）。

A. 越多　　　　　B. 越少　　　　　C. 视客户需求而定　　　D. 不确定

2. 配送路线优化的主要目标是（　　　）。

A. 增加运输成本　　　　B. 减少运输时间　　　C. 提高车辆利用率　　　D. 所有以上选项

3. 在配送路线优化中，不考虑（　　　）因素。

A. 车辆的载重限制　　　　　　　　　B. 配送点的地理位置

C. 司机的驾驶技能　　　　　　　　　D. 配送时间窗口

二、判断题

1. 在节约里程法计算中，客户之间的距离越近，而且它们距离配送中心越远，则节约的里程越少。（　　　）

2. 配送企业应依靠自有车辆完成送货作业计划，车辆不足时可以适当延迟送货。（　　　）

单元三　货物配装

📖 【思维导图】

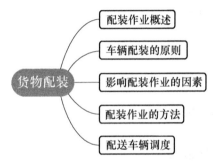

配装决策是合理进行配装作业的前提，决策好坏直接影响配送中心车辆利用率和配送成本的高低，本单元将重点研究配装决策的方法和注意事项，帮助企业确定更合理的方案。

一、配装作业概述

在单个客户配送数量不能达到车辆的有效运载负荷时，可以集中不同客户的配送货物进行搭配装载，以充分利用运能、运力，这就是配装。和一般送货的不同之处在于，配装送货可以大大提高送货水平及降低送货成本，所以，配装既是配送系统中具有现代特点的功能要素，也是现代配送不同于以往送货的重要区别之处。

由于配送货物的品种、特性各异，为提高配送效率，确保货物质量，应对特性差异大的货物进行分类。在接到订单后，首先，应将货物按特性进行分类，分别采取不同的配送方式和运输工具，如按冷冻食品、速食品、散装货物、箱装货物等分类配载。其次，配送货物有轻重缓急之分，必须初步确定哪些货物可配于同一辆车，哪些货物不能配于同一辆车，以做好车辆的初步配装工作。同时，在装车时既要考虑车辆的额定载重量，又要考虑车辆的容积，使车辆的载重量和容积都能充分利用，以提高车辆的利用率，降低配送成本。

二、车辆配装的原则

1）轻重搭配的原则，重不压轻，包装强度差的货物应该放在包装强度好的货物上面。

2）大小搭配的原则，大不压小。

3）货物性质搭配原则，密度大的货物应和密度小的货物搭配。

4）到达同一地点的货物如果适合配装，应尽可能一次积载。

5）合理堆码的原则。

6）不超过车辆额定载重量和最大容积。

7）装载易滚动的卷状、桶状货物应垂直摆放。

8）货与货之间、货与车辆之间应留有空隙并适当加衬垫，防止出现货损。

9）装货完毕，应在门端处采取适当的稳固措施，以防开门卸货时货物倾倒造成货损。

10）先送后装、后送先装的原则。

11）外观相近、容易混淆的货物应分开装载，以避免出现差错。

12）易串味的货物不得混装。

13）易散发粉尘的货物与清洁的货物不得混装。

14）切勿将渗水货物与易受潮货物混装。

15）具有尖角或其他突出物的货物应与普通货物分装或用木板隔离，以免破损。

三、影响配装作业的因素

1）货物本身的物理、化学特性。

2）货物的包装情况。

3）车辆的特点。

4）配送中心的装载技术和堆码技术。

5）配送人员的作业水平。

6）客户的要求及卸货实际情况。

四、配装作业的方法

在车辆配装中，一般容重大的货物（如钢板）往往可以达到车辆载重量，但对车辆的容积利用率较小；容重小的货物（如棉花）往往可以达到车辆的容积利用率，但重量远远没有达到车辆的载重量，因此单独运输一种货物会造成车辆利用率的严重浪费，可以对轻重不同的两种商品进行轻重配装，混合运输。

货物轻重配装是指运用轻质货物体积比大、重质货物体积比小的特点，将到同一站或同一路径的轻质与重质货物进行合理配装，达到充分利用车辆容积和载重量的目的。合理地、有计划地组织轻重配装具有十分重要的意义。通过轻重配装，可以很好地节约运力和积累资金，能够以较少的车辆装运较多的货物。

假设配送两种货物：A 类货物重量为 W_A t，单件体积为 V_A m³；B 类货物重量为 W_B t，单件体积为 V_B m³。车辆额定载重量为 G t，车辆最大容积为 V m³，试计算最佳装配方案。设车辆容积利用率为 95%。

在既满载又满容的前提下，设货物 A 装入 x 件，货物 B 装入 y 件，则：

$$xV_A + yV_B = 95\%V$$
$$xW_A + yW_B = G$$

解联立方程，求得 x，y 即为配装数值。

在实际工作中，由于求最优解会浪费大量的时间和精力，因此一般更倾向于寻求最优解的近似值，以节约计算时间，提高装车速度。

视野之窗：

如何利用 Excel 表格进行规划求解？以传统的"鸡兔同笼"的问题为例。

1）首先打开表格，单击"选项"。

2）然后打开"加载项"。

3）选择"Excel 加载项"后单击"转到"按钮。

4）勾选"规划求解加载项"，单击"确定"按钮，即启用了规划求解功能，如图 4-8 所示。

图 4-8　启用规划求解功能

5）开始解题。根据题目，已知鸡兔同笼，共 35 头、94 足，问鸡兔各有多少只？

众所周知，足的数量＝鸡的数量×2＋兔的数量×4，头的数量＝鸡的数量＋兔的数量，首先把这两个已知条件作为公式写在表格中，如图 4-8 所示。

6）之后单击"数据"选项卡中的"规划求解"，如图 4-9 所示。

图 4-9　单击"规划求解"

7）通过更改可变单元格设置目标值，即改变 B2 和 B3，得到 B4 为 94 的一个结果，如图 4-10 所示。

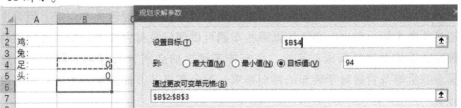

图 4-10　设置目标值

8）单击"添加"按钮，加入约束条件，即头的数量＝35，且鸡兔数量均应为 int（整数）。

9）添加好所有条件后，单击最后的"求解"按钮。

10）最后可以看到结果，即鸡 23 只，兔 12 只，符合题目要求，完成了求解，如图 4-11 所示。

图 4-11　查看结果

技能之窗：

龙海物流接到订单需要配送包含 A、B 两个类别产品的货物。其中，A 货物容重为 $50kg/m^3$，单件体积为 $0.45m^3$；B 货物容重为 $1000kg/m^3$，单件体积为 $0.5m^3$。箱式配送车辆的额定载重为 4t，车辆最大容积为 $15m^3$。考虑将 A、B 组合，假设有效容积为 80%。

1. 车辆的最大承载体积为（　　　）。

A. $15m^3$　　　　B. $12m^3$　　　　C. $10m^3$　　　　D. $8m^3$

2. 根据题目条件，配载完成后理论上可以装载 A 货物的数量为（　　　）。

A. 10 件　　　　B. 11 件　　　　C. 12 件　　　　D. 13 件

3. 根据题目条件，配载完成后理论上可以装载 B 货物的数量为（　　　）。

A. 5 件　　　　B. 6 件　　　　C. 7 件　　　　D. 8 件

4. 为了有效利用车辆的容积和载重量，还需要考虑货物的（　　　）。

A. 性质　　　　B. 形状　　　　C. 重量　　　　D. 体积

五、配送车辆调度

车辆安排要解决的问题是安排什么类型、什么吨位的配送车辆进行送货。一般企业拥有的车型有限，车辆数量也有限，当本公司车辆无法满足要求时可使用外雇车辆。在保证配送运输质量的前提下，是组建自营车队还是以外雇车为主，须视经营成本而定。但无论使用自有车辆还是外雇车辆，首先，必须掌握哪些车辆可供调派且符合要求，即弄清楚这些车辆的容量和额定载重是否满足要求；其次，在安排车辆之前必须分析订单上货物的信息，如体积、重量、数量等及货物对于装卸的特别要求，综合考虑各方面因素的影响，做出最合适的车辆安排。

此外，车辆是在点多、面广、纵横交错、干支相连的运输网络中分散流动的，涉及多个部门、多个环节，工作条件较复杂。这就需要建立具有权威性的组织指挥系统，进行统一领导、统一指挥，而且能灵活地、及时地处理问题，这个系统就是车辆调度系统。

1. 车辆调度的作用

1）保证运输任务按期完成。

2）能及时了解运输任务的执行情况。

3）促进运输及相关工作的有序进行。

4）实现最小的运力投入。

2. 车辆调度的特点

1）计划性。坚持将合同运输与临时运输相结合，以完成运输任务为出发点，认真编制、执行及检查车辆运行作业计划。

2）预防性。在车辆运行组织中，经常进行系统预防性检查，发现薄弱环节及时采取措施，避免运输生产中断。

3）机动性。加强信息沟通，机动、灵活地处理有关部门的问题，准确、及时地发布调度命令，保证生产的连续性。

3. 车辆调度的方法

车辆调度的方法有很多种，可以根据客户所需货物、配送中心站点及交通线路的不同而采用不同的方法。

运用合理的车辆调度方法可以实现运行路线最短、运费最低或行程利用率最高的优化目标。常用的车辆调度方法主要有经验调度法和运输定额比法。

1）经验调度法是指依据长期的配送车辆调度经验对配送运输车辆的调配做出决定的方法。在有多种配送车辆时，采用经验调度法进行调度可以最大限度地使车辆达到满载运输。例如，配送 5t 的货物应安排一辆载重量为 5t 的车辆进行运输。在能够保证满载的情况下，经验调度法优先使用大型车辆且优先载运大批量的货物，理由是采用大型车辆能够保证较高的运输效率及较低的运输成本。

> **知识之窗：**
>
> 某建材配送中心某日需运输水泥 580t、盘条 400t、玻璃 100t。该中心有大型车 20 辆、中型车 20 辆、小型车 30 辆，各种车每日只能运输一种货物，运输定额见表 4-4。请问车辆应如何调度？
>
> 表 4-4 运输定额
>
> | 车型 | 运输定额 | | |
> |---|---|---|---|
> | | 水泥/t | 盘条/t | 玻璃/t |
> | 大型车 | 20 | 17 | 14 |
> | 中型车 | 18 | 15 | 12 |
> | 小型车 | 16 | 13 | 10 |
>
> 解析：根据经验调度法，车辆安排的顺序为大型车、中型车、小型车，货载安排的顺序为水泥、盘条、玻璃。得出的派车方案见表 4-5，共完成货运量 1080t。
>
> 表 4-5 派车方案
>
> | 车型 | 载水泥车/辆 | 载盘条车/辆 | 载玻璃车/辆 |
> |---|---|---|---|
> | 大型车 | 20 | | |
> | 中型车 | 10 | 10 | |
> | 小型车 | | 20 | 10 |

2）运输定额比法是指运用理论方法做出配送车辆调度决定的方法。对各种大宗货物，运输定额比法分别根据各生产单位的材料消耗定额及其计划产量推算它们的计划运量。

习题与训练

一、单项选择题

1. 为有效开展配送、适应市场需要，配送中心必须采取适当的方式、技术和设备对配送中心接收来的货物进行（   ）作业，以同时向不同的用户配送多种货物。

A. 物流信息处理　　　B. 运输　　　　　　C. 分拣　　　　　　D. 装卸搬运

2. 按照客户的要求与合理配送的原则，将组织进来的货物加工成一定规格、尺寸和形状，既大大方便了客户，省却了不少繁重的劳动，又有利于提高资源利用率和配送效率，这描述的是配送中心的（   ）。

A. 集散功能　　　　　B. 衔接功能　　　　C. 流通加工功能　　D. 装卸搬运功能

二、判断题

1. 配送工作只要做好"配"和"送"即可，不需要开发任何新技术。（   ）

2. 配送是"配"和"送"的有机结合，为追求整体配送的优势，分拣、配货等项工作是必不可少的。（   ）

三、案例分析题

一种额定吨位 20t、容积 20m³ 的厢式货车需要配装两种货物，重量分别是 3t 和 4t，体积分别是 4m³、3m³。请问应如何配装才能充分利用车辆的载运能力，使车辆的最大载运能力达到车辆体积的 90%？

单元四　送 达 作 业

【思维导图】

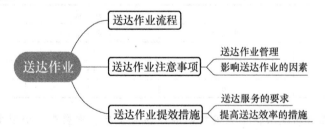

送货作为配送的最后一个环节，对于物流企业来说是非常关键的，因为它是物流的"最后一公里"，直接与客户打交道。因此，有效管理送达作业是物流企业不可忽视的问题。

一、送达作业流程

送达作业是指按照客户订单的要求把货物从配送中心按时送达客户指定地点的物流活动。送达作业的流程一般有划分基本区域、配送路线决策、车辆配载、车辆安排、完成车辆积载、运送、送达服务等。

二、送达作业注意事项

（一）送达作业管理

送达作业是指根据运送计划在规定时间内把货物送达指定客户的手中，在运送过程中，要注意加强配送车辆的管理。当货物送达客户指定接收地点后，配送中心送达人员应协助客户卸货下车并放至指定位置，与收货人员一同清点货物，做好送达确认工作，并要求客户在送达单上签字。如客户有退货、调换货物的需求，则应将退货、调换货物随车带回，并填写相应的退货单。对于"货到付款"的货物，送达人员应先向客户核收运费后再交付货物。如果客户要求开箱验货，应向其解释运输条款中"以外包装完好为交付条件"的规定，请客户先在运单上标注："包装完好，票货相符"，再开箱检查。若货物破损，客户拒收货物，可带回公司处理。

（二）影响送达作业的因素

1）送达人员的工作熟练程度和责任心。

2）运送过程中对货品的保护程度。

3）送达人员对于配送客户及送达地点的熟悉程度。

三、送达作业提效措施

（一）送达服务的要求

1）时效性。时效性是客户最重视的因素，因此对配送中心来说，一定要保证在指定的时间内把货物送达客户手中。影响时效性的因素有很多，配送车辆出现故障，所选择的配送路径、路况不佳，中途客户卸货不及时等均会造成时间的延误。由于配送是从客户下达订单到送达客户过程的最后一环，一旦延误很难弥补，因此制订良好的配送计划是保证时效性的关键。

2）可靠性。影响可靠性的因素有货物的装卸作业、运送过程中的机械振动和冲击及其他意外事故、客户地点及作业环境等。要想将物品完好无损地送达客户手中，还需要配送人员高度的责任心和职业素养。

3）沟通性。配送人员是直接把货物送达客户手中的人员，配送人员表现出来的态度会给客户留下深刻的印象。因而配送人员要做到与客户及时沟通，并以良好的服务态度来维护公司的形象，提高客户对公司的忠诚度。作为公司形象的代表，送货人员需要充分利用与客户沟通的机会，为客户提供更优质的服务。

4）便利性。配送最重要的是要让客户感觉方便，提供让客户满意的各种服务是提高客户忠诚度的关键，因此可以开展紧急配送、顺道退货、资源回收等便民活动。

5）经济性。经济性是配送中心和客户都关注的关键要素，因此要采取合理的措施，在保证客户满意的同时尽量使成本最低，提高客户的满意程度。

（二）提高送达效率的措施

为提高送达效率，可采取的措施包括以下四种：

1）利用配送中心提高配送效率。如配送由原来工厂到客户的模式变为工厂到配送中心再到客户的模式，减少配送次数，提高配送效率。

2）开展直配模式。客户可以通过网络下订单，配送中心直接将货物送达客户，减少了对中间环节的依靠，缩短了配送路线，降低了存货量，提高了配送效率。

3）采用标准的包装器具。采用标准的包装器具如标准托盘等，可以提高搬运效率，降低配送成本，提高送达效率。

4）建立完善的信息系统。利用完善的信息系统，根据货物的送达时间、商品特性、配送中心的车辆情况、客户要求等制订合理的配送计划，提高送达效率。

习题与训练

联华生鲜食品加工配送中心目前是我国设备最先进、规模最大的生鲜食品加工配送中心之一，建筑面积为 35000m²，年生产能力为 20000t，其中肉制品 15000t，生鲜盆菜、调理半成品 3000t，西式熟食制品 2000t，共包括 15 大类约 1200 种生鲜食品；在生产加工的同时，配送中心还从事水果、冷冻品及南北货的配送任务。

生鲜商品大部分需要冷藏，所以其物流流转周期必须很短，以节约成本；生鲜商品保质期很短，客户对其色泽等要求很高，所以在物流过程中需要快速流转。这两个评判标准在生鲜配送中心通俗地归结起来就是"快"和"准确"。门店的要货订单通过数据通信平台实时传输到生鲜配送中心，生鲜配送中心接到门店的要货数据后，立即到系统中生成门店要货订单，按不同的商品物流类型进行不同的处理，各种不同的订单在生成完毕或手工创建后，通过系统中的供应商服务系统自动发送给各供应商，时间间隔在 10min 内。在得到门店的订单并汇总后，物流计划部根据第二天的收货、配送和生产任务制订线路计划、批次计划、生产计划和配送计划。商品分拣完成后都堆放在待发库区，按正常的配送计划，这些商品在晚上送到各门店，门店第二天早上将新鲜的商品上架。装车时按计划依路线门店顺序进行，同时抽样检查准确性。商品到门店后，由于数量的高度准确性，在门店验货时只要清点总的包装数量，退回上次配送带来的包装物，完成交接手续即可，一般一个门店配送商品的交接只需要 5min。

1. 为什么生鲜商品配送要"快"和"准确"？
2. 到附近超市观察，有哪些货物属于生鲜商品？

单元五　退货作业

【引例】

关于网购平台、电视购物频道、电话销售渠道和邮购渠道销售的商品的无理由退货问题，《中华人民共和国消费者权益保护法》（以下简称《消费者权益保护法》）中明确规定，消费者在收到商品后 7 日内有权退货，且无须说明理由。但无理由退货的商品有一定范围，消费者定制的商品、鲜活易腐商品、在线下载或者消费者拆封的音像制品、计算机软件、交付的报纸、期刊等商品不在无条件退货之列。

为防止无条件退货权利的滥用，《消费者权益保护法》规定，除非消费者和经营者另有约定，无理由退回商品的运费由消费者承担，同时在线数字商品不适用无条件退货。

由此可见，无条件退货将成为大部分网上经营者的法定义务，网上经营者诸如"除非质量问题，一经售出概不退货"的退货条件将成为无效声明。

《消费者权益保护法》第二十五条规定：经营者采用网络、电视、电话、邮购等方式销售商品，消费者有权自收到商品之日起七日内退货，且无须说明理由，但下列商品除外：

（一）消费者定做的；

（二）鲜活易腐的；

（三）在线下载或者消费者拆封的音像制品、计算机软件等数字化商品；

（四）交付的报纸、期刊。

除前款所列商品外，其他根据商品性质并经消费者在购买时确认不宜退货的商品，不适用无理由退货。

【思维导图】

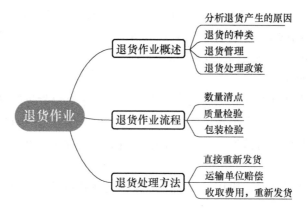

退货作业是配送中心工作的最后一环，是配送中心最主要的逆向物流，直接影响配送中心和供应商的物流成本和经营效益，也是管理中的薄弱环节，相当耗费人力。能否正确处理退货作业影响客户的忠诚度和配送中心的成本控制，本单元将介绍这类问题。

一、退货作业概述

（一）分析退货产生的原因

要想完成退货作业，就必须了解退货作业产生的原因。配送过程中，发生货物包装破损、质量问题、保质期问题、配送商品与订购商品数量、质量不符等情况时，会产生退货。退货会对配送中心造成不良影响，增加配送中心的运营成本，降低顾客的忠诚度，因此配送中心应针对客户的退货要求及时分析原因，妥善处理退货问题。退货原因分为以下几种。

1）协议退货。与供应商订有特别协议的季节性商品、代销品等，如烟花、爆竹等，事后退回剩余货品。

2）因质量问题产生的退货。如商品新鲜度不够、过期、包装严重破损等，接收单位一般会要求退货。

3）搬运过程中造成的退货。由于包装不良，货物在搬运中受到剧烈振动、挤压，造成产品损坏或包装污损的商品，配送中心将予以退回。

4）商品送错退回。配送商品与订单商品不符，产生包括包装、数量、质量等方面的问题，会造成退货。

5）商品滞销退货。滞销商品一般会被送回配送中心。一种情况是商品已过保质期无法正常销售，另一种情况是商品包装后还能重新进入流通市场。

（二）退货的种类

1）配送中心向供应商退货。

2）门店向配送中心退货。

3）门店直接向供应商退货。

（三）退货管理

1）退货对配送中心的影响。退货对配送中心最直接的影响是会造成货品积压，增加配送中心的退货成本，影响配送中心的正常运转，降低客户的忠诚度和信誉度。

2）退货管理的意义。应对退货进行合理的管理，通过制订良好的退货政策，降低退货成本，提高客户的服务水平；同时对退货进行严格的检验，避免不必要的退货产生；通过对退货产品的管理，发现产品生产和配送管理过程中的问题，不断改进产品质量和服务水平。此外，对于无质量问题的退货，如果是包装问题导致的，应重新包装后投入流通市场，减少退货积压。最重要的是应分析退货原因，以便企业复盘。

（四）退货处理政策

1）配送中心应该制订退货处理政策，建立一定的程序对退货进行处理、检查等。

2）配送中心应该选派专人负责退货事件的处理，以便更好地应对退货事项。

3）配送中心应制订预防措施。一旦发生退货造成的法律诉讼事件，应积极应对，降低损失。

4）如果有保险公司理赔，应该保留现场证据，立刻通知保险公司，尽量减少损失。

二、退货作业流程

配送中心退货作业流程如图 4-12 所示。

此外，针对所退货物，应进行数量、质量和包装的检验，详细如下。

（一）数量清点

退货数量的清点一般采取"先卸后验"的办法进行。注意清点商品的细数，观察货品有无损伤等。

（二）质量检验

对于退回的商品首先应进行初检，如在验收流质商品时，检查包装外表有无污渍，若有污渍则应开箱检查；在验收香水、花露水等商品时，可以闻一闻，判断商品气味是否正常；在验收针织品等怕湿物品时，可检查外包装是否有水渍；注意商品的出厂日期和有效期；在验收易碎商品时，摇动一下，若听到破碎声音，应开箱检查以明确责任。商品初检后，可以通过物理、化学、微生物检验等办法进一步明确商品的质量。

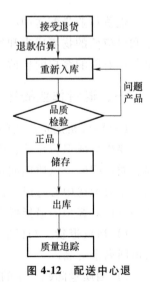

图 4-12 配送中心退货作业流程

（三）包装检验

包装检验主要是指检验商品的内外包装是否完好、标识是否清晰、条码是否清楚等。

三、退货处理方法

（一）直接重新发货

对于因配送中心发货错误造成的退货，应该由配送中心重新调整后发货，造成的费用应该由配送中心承担。

（二）运输单位赔偿

对于因运输单位造成的退货，如果运输单位是配送中心的内部部门，由内部部门按照相应政策处理；如果运输单位是外包人员，则由运输单位承担所有损失。

（三）收取费用，重新发货

对于客户原因造成的退货，如客户申请退货，配送中心可以重新发货，但产生的费用由客户承担。

习题与训练

一、不定项选择题

1. 退货产生的原因包括（　　）。

A. 协议退货　　　B. 滞销退货　　　C. 商品送错退回　　　D. 商品质量

2. 商品退货清点的内容包括（　　）。

A. 商品数量　　　B. 商品质量　　　C. 商品包装　　　D. 商品细数

二、思考题

假设你是一家电子商务公司的物流经理，公司当前的退货流程效率低下，导致客户满意度下降。请设计一个新的退货流程，该流程需要包括以下内容。

1）客户发起退货请求的渠道和方法。

2）退货请求的审核和批准机制。

3）商品的接收和检验流程。

4）退货原因的分类和记录系统。

5）退货商品的处理方式（退款、换货、折扣等）。

6）制订预防措施以减少未来的退货。

智慧仓配运营管理

【知识目标】

1. 熟悉仓储与配送合同的主要内容。
2. 掌握库存控制的主要方法。
3. 了解仓配人员配备和岗位职责。
4. 了解现场管理的含义与内容。
5. 熟悉仓配一体系统的软硬件系统。
6. 熟悉主要智能设备保养的要求。

【能力目标】

1. 能够订立仓储合同并审核。
2. 掌握两种库存控制方法。
3. 能够设计并应用"7S"推行步骤。
4. 能够针对现有仓配一体系统提出优化思路。
5. 能够利用基本信息进行初步的成本核算。

【素质目标】

1. 培养诚实守信的品德。
2. 培养法律意识。
3. 培养团队合作和吃苦耐劳的精神。

【项目引例】

盛达公司是否应承担违约金

2023 年 6 月 3 日，山东盛达粮油进出口有限责任公司（以下简称盛达公司）与该市东方储运公司签订了一份仓储保管合同。合同主要约定：由东方储运公司为盛达公司储存并保管小麦 80 万 kg，保管期限自 2023 年 7 月 10 日至同年 11 月 10 日，储存费用为 60000 元，任何一方违约均按储存费用的 20% 支付违约金。合同签订后，东方储运公司开始清理仓库，并拒绝其他客户在此仓库存货的要求。

2023 年 7 月 8 日，盛达公司书面通知东方储运公司：因收购的小麦尚不足 10 万 kg，故不需存放贵公司仓库，双方于 6 月 3 日所签订的仓储合同终止履行，请谅解。东方储运公司接到盛达公司书面通知后，遂电告盛达公司：同意仓储合同终止履行，但贵公司应当按合同约定支付违约金 12000 元。盛达公司拒绝支付违约金，双方因此形成纠纷，东方储运公司于 2023 年 11 月 21 日向人民法院提起诉讼，请求判决盛达公司支付违约金 12000 元。

思考：

1. 在盛达公司尚未向东方储运公司交付仓储物的情况下，盛达公司是否应承担违约金？
2. 结合案例，谈谈仓储保管合同中存货方有哪些义务。

单元一　合　同　管　理

 【思维导图】

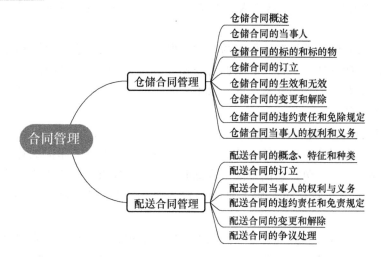

一、仓储合同管理

合同是市场经济主体之间期望发生民事关系的手段。通过订立合同，两个独立的经济主体发生了债权债务关系。需要仓储服务的存货人与经营仓储的保管人通过订立仓储合同发生货物保管和被保管的经济关系，并通过仓储合同调整双方关于仓储的权利和义务。

（一）仓储合同概述

1. 仓储合同的定义

仓储合同，又称仓储保管合同，根据《中华人民共和国民法典》（以下简称《民法典》）第九百零四条的规定，仓储合同是保管人储存存货人交付的仓储物，存货人支付仓储费的合同。

扫码看视频

2. 仓储合同的法律特征

1）仓储合同为诺成合同。为了约束仓储合同双方的行为，更好地维护双方利益，法律规定仓储合同自双方达成合意时成立，而无须存储物品的实际交付。因此，根据《民法典》第九百零五条的规定，仓储合同自保管人和存货人意思表示一致时成立。并且通常情况下，仓储合同自成立时起生效。

2）根据《仓储保管合同实施细则》第三条的规定，保管人必须是拥有仓储设备并从事仓储保管业务的人。《仓储保管合同实施细则》适用于经工商行政管理机关核准，依法从事仓信进保管业务的法人同委托储存货物的法人之间签订的仓储保管合同。这意味着保管人不仅需要具备相应的仓储设备，还必须是经过合法核准的法人实体，才能与存货方签订仓储保管合同。

3）仓储合同为双务、有偿合同。由于仓储是一种商业营业活动，因此，仓储合同的双方当事人互负给付义务，保管人提供仓储服务，存货人给付报酬和其他费用。这与一般的保管合同不同，因为保管合同既可有偿也可无偿。

（二）仓储合同的当事人

仓储合同的双方当事人分别是存货人和保管人。存货人是指将仓储物交付仓储的一方，存货人必须是具有将仓储物交付仓储的处分权的人，可以是仓储物的所有人、只有仓储权利的占有人（如承运人）、受让仓储物，但未实际占有仓储物的准所有人，或者是有权处分人（如法院、行政机关）等；可以是法人、非法人单位、事业单位、个体经营户、国家机关、公民等。

保管人是指对仓储物进行仓储保管的一方。保管人必须具有仓储设备和专门从事仓储保管业务的资格。也就是说，保管人必须拥有仓储保管设备和设施，具有仓库、场地、货架、装卸搬运设施、安全、消防等基本条件，取得公安、消防部门的许可。从事特殊保管的，还要有特殊保管的条件。

（三）仓储合同的标的和标的物

合同标的是指合同关系指向的对象，也就是当事人权利和义务指向的对象。仓储合同的标的是指仓储保管行为，包括仓储空间、仓储时间和保管要求。存货人为保管人的仓储行为支付仓储费用。所以仓储合同实质上是一种行为合同，是一种当事人双方都需要的双务合同。

标的物是标的的载体和表现，仓储合同的标的物是指存货人交存的仓储物。仓储物必须是动产，能够移动到仓储地进行仓储保管，且有具体的物理形状。不动产不能成为仓储物，货币、知识产权、数据信息、文化等无形资产和精神产品也不能作为仓储物。例如，唱片可以作为仓储物，但唱片的著作权不能作为仓储物。

（四）仓储合同的订立

1. 仓储合同订立的原则

仓储合同的订立是指存货人与保管人之间依意思表示而实施的，能够引起权利与义务关系发生的民事法律行为。

（1）平等原则　平等原则是指作为仓储合同的当事人双方的法律地位一律平等。无论谁作为存货人，也不论保管人是谁，双方均享有独立的法律人格，独立表达自己的意思，双方在平等基础上进行利益互换。

（2）公平及等价有偿原则　该原则要求仓储合同的双方当事人依照价值规律来进行利益选择，禁止无偿划拨、调拨仓储物，也禁止强迫保管人或存货人接受不平等的利益交换。

（3）自愿与协商一致的原则　自愿意味着让存货人与保管人完全依照自己的知识、判断去追求自己最大的利益。协商一致是指在自愿基础上寻求意思表示一致，寻求利益的结合点。

2. 仓储合同中的要约与承诺

根据《民法典》的规定，要约和承诺是合同订立过程中的两个关键步骤，具体到仓储合同中，它们的定义和要求如下。

（1）要约　要约是希望与他人订立合同的意思表示，该意思表示内容具体确定，并且表明经受要约人承诺，要约人即受该意思表示约束。在仓储合同中，要约可以是保管人提出的储存条件、费用等，也可以是存货人提出的储存需求。

（2）承诺　承诺是受要约人同意要约的意思表示。在仓储合同中，承诺是指存货人对保管人的要约表示接受，愿意按照要约的条件订立合同。

（3）要约邀请　在某些情况下，当事人可能会发出要约邀请，希望对方向自己发出要约。要约邀请本身不具有要约的法律效力，但可以作为订立合同的预备行为。

（4）要约的生效　要约自到达受要约人时生效。

（5）承诺的生效　承诺自通知到达要约人时生效。如果承诺不需要通知，根据交易习惯或要约的要求以行为做出承诺的，承诺自行为完成时生效。

（6）合同成立的时间　仓储合同自保管人和存货人意思表示一致时成立，即当承诺生效时，合同即告成立。

（7）合同成立的地点　承诺生效的地点为合同成立的地点。如果采用数据电文形式订立合同，收件人的主营业地为合同成立的地点；没有主营业地的，其住所地为合同成立的地点。

3. 仓储合同的主要条款

（1）仓储物的品名或品类　仓储物的品名或品类是指仓储物的标准名称或类别的标准名称。在订立仓储合同时，必须明确规定仓储物的全名或品类，必须清晰、明确，有代号的应标明代号的全名，不符合法律规定的物资不能保管。

（2）仓储物的数量、质量和包装　在合同中应明确规定仓储物的总量、计量单位等，数字要清晰无误。仓储物的质量是指所存仓储物的优劣、好坏。在确定仓储物的质量时要标准化，如果是国际仓储业务，则应尽量使用国际标准。在确定质量时，要写明质量标准的全名。在使用协商标准时，当事人对质量的要求应清楚、明确、详细、具体地写入合同中。

仓储物的包装是指对仓储物表面的包装，包装的目的是保护仓储物不受损害。仓储物的包装有国家标准或专业标准的，应按国家标准或专业标准确定，没有国家标准或专业标准的，当事人在保证储存安全的前提下，可以协商议定。

（3）仓储物验收的内容、标准、方法、时间和资料　存货人交付仓储物给保管人储存时，保管人负责验收。存货人交付的仓储物包括验收资料。保管人验收时对仓储物的品名、规格、数量、质量和包装状况等按包装上的标记或外观直接进行验收，无标记的以存货人提供的验收资料为准。散装仓储物按国家有关规定或合同约定验收。验收方法应在合同中明确具体采用全验还是按比例抽验。验收期限是从仓储物和验收资料全部送达保管人之日起，至验收报告送出之日止。

（4）储存条件和保管要求　仓储物在仓库储存期间，由于自然性质不同，对仓库的外界条件如温度、湿度等都有特定的要求。例如，肉类食品要求在冷藏条件下储存，纸张、木材、水泥要求在干燥条件下储存，精密仪器要求在恒温、防潮、防尘条件下储存。因此，合同双方当事人应根据仓储物的性质选择不同的储存条件，并在合同中明确约定。

（5）仓储物进出库手续、时间、地点和运输方式　由存货人或运输部门、供货单位送货到库的仓储物，或由保管人负责到供货单位、车站、港口等处提运的仓储物，必须按照正常验收项目进行验收，或者按国家规定当面交接清楚，分清责任。

（6）仓储物的损耗标准和损耗处理　仓储物在运输和储存过程中会发生数量、质量的减少，对这些损耗，合同应明确规定一个标准以作为正常与非正常损耗的界限。正常损耗不认为是损耗，视为符合合同要求；非正常损耗由运输或保管中的责任人负责。

（7）计费项目、标准和结算方式、银行账号和时间　计费项目、标准是指保管人收取费用的项目和标准，有国家规定的计费项目和标准的，按国家规定的标准和项目执行；没有国家规定的，当事人可以协商议定。结算方式是指存货人和保管人以何种方式结算。银行账号是指各自的银行、账号的名称。时间是指双方结算的时间界限，即何时结算、何时结算完毕。以上条款均须在合同中明确、详细规定，以免产生争议。

（8）责任划分和违约处理　责任划分是指划分存货人和保管人在仓储物入库、仓储物验收、仓储物保管、仓储物包装、仓储物出库等方面的责任，这应在合同中明确规定，划清各自的责任。违约处理是指对保管人和存货人的违约行为如何处理。违约处理的方式有协商、调解、仲裁、诉讼等，违约责任的形式有违约金、赔偿金等，这些在合同中也应明确规定。

（9）合同的有效期限　合同一般应规定储存期限，即合同的有效期限，但有的合同可不规定储存期限，只要存货人按时支付仓储费，合同就继续有效。

（10）变更和解除合同的期限　在确定变更或解除合同期限时，有国家规定的，应按国家规定执行；没有国家规定的，当事人应在仓储合同中明确规定变更或解除的期限。变更或解除期限应该合理，要考虑国家利益及当事人利益。

（11）其他事项　与仓储合同有关的仓储物检验、包装、保险、运输等事项必须在合同中明确规定或另订合同。仓储合同不仅涉及仓储关系，有时还涉及其他关系，如与其有关的运输、保险等。这些关系同样必须在合同中明确规定或另订合同。

4. 仓储物品的验收

保管人和存货人应当在合同中对入库物品的验收问题做出约定。验收问题的主要内容有三项：一是验收项目；二是验收方法；三是验收期限。

（1）验收项目　一般保管人的正常验收项目包括：物品的品名、数量、外包装状况，以及无须开箱拆捆，外观可见可辨的质量情况。包装内的物品品名、规格、数量以外包装或物品上的标记为准；外包装或物品上无标记的，以供货方提供的验收资料为准。散装物品按国家有关规定或合同规定验收。

（2）验收方法　验收方法包括全部验收和按比例验收。

（3）验收期限　验收期限自物品和验收资料全部送达保管人之日起，至验收报告送出之日止。

5. 储存危险物品和易变质物品的要求

储存易燃、易爆、有毒、有腐蚀性、有放射性等危险物品或易变质物品，存货人应当说明该物品的性质，提供有关资料。保管人储存易燃、易爆、有毒、有腐蚀性、有放射性等危险物品的，应当具备相应的保管条件。

存货人储存易燃、易爆、有毒、有腐蚀性、有放射性等危险物品或易变质物品，应当向保管人说明该物品的性质。所谓"说明"，应当是在合同订立时予以说明，并在合同中注明，这是诚实信用原则的必然要求。如果存货人在订立合同后或在交付仓储物时才予以说明，那么保管人自身的保管条件和技术能力达不到保管要求的，则可以拒收仓储物或解除合同。

视野之窗：

仓储合同（示范文本）

合同编号：＿＿＿＿＿＿＿＿＿＿

存货方：＿＿＿＿＿＿＿＿＿＿　　　　签订地点：＿＿＿＿＿＿＿＿＿＿

保管方：＿＿＿＿＿＿＿＿＿＿　　　　签订时间：＿＿＿＿年＿＿＿＿月＿＿＿＿日

根据《中华人民共和国民法典》的有关规定，存货方和保管方根据委托储存计划和仓储容量，经双方协商一致，签订本合同。

第一条　储存货物的品名、品种规格、数量、质量、包装。

1. 品名：

2. 品种规格：

3. 数量：

4. 质量：

5. 包装：

第二条　货物验收的内容、标准、方法、时间、资料。

第三条　货物保管条件和保管要求。

第四条　货物入库、出库手续，时间，地点，运输方式。

第五条　货物的损耗标准和损耗处理。

第六条　计费项目、标准和结算方式。

第七条　违约责任。

1. 保管方的责任

（1）在货物保管期间，未按合同规定的储存条件和保管要求保管货物，造成货物灭失、短少、变质、污染、损坏的，应承担赔偿责任。

（2）对于危险物品和易腐物品等未按国家和合同规定的要求操作、储存，造成毁损的，应承担赔偿责任。

（3）由于保管方的责任，造成退仓不能入库时，应按合同规定赔偿存货方运费和支付违约金＿＿＿＿＿＿元。

（4）由保管方负责发运的货物，不能按期发货，应赔偿存货方逾期交货的损失；错发到货地点，除按合同规定无偿运到规定的到货地点，还应赔偿存货方因此造成的实际损失。

（5）其他约定责任。

2. 存货方的责任

（1）由于存货方的责任造成退仓不能入库时，存货方应偿付相当于相应保管费用_____%（或_____%）的违约金。超过协议规定的储存期的，存货方除交纳保管费，还应向保管方偿付违约金_____元，或按双方协议办理。

（2）易燃、易爆、易渗漏、有毒等危险货物，以及易腐、超限等特殊货物，必须在合同中注明，并向保管方提供必要的保管运输技术资料，否则造成的货物毁损、仓库毁损或人身伤亡，由存货方承担赔偿责任，甚至刑事责任。

（3）货物临近失效期或有异状的，在保管方通知后不及时处理，造成的损失由存货方承担。

（4）未按国家或合同规定的标准和要求对储存货物进行必要的包装，造成货物损坏、变质的，由存货方负责。

（5）存货方已通知出库或合同期已到，存货方（含用户）的原因致使货物不能如期出库，存货方除按合同规定交付保管费，还应偿付违约金_____元。由于出库凭证或调拨凭证的差错所造成的损失，由存货方负责。

（6）按合同规定由保管方代运的货物，存货方未按合同规定及时提供包装材料或未按规定期限变更货物的运输方式、到站、接货人，应承担延期的责任和增加的有关费用。

（7）其他约定责任。

第八条　保管期限从_____年_____月_____日至_____年_____月_____日。

第九条　变更和解除合同的期限

由于不可抗力事故，直接影响合同的履行或不能按约定的条件履行时，遇有不可抗力事故的一方应立即将事故情况通知对方，并应在_____天内，提供事故详情及合同不能履行、部分不能履行，或者需要延期履行的理由的有效证明文件，此项证明文件应由事故发生地区的_____机构出具。按照事故对履行合同影响的程度，由双方协商解决是否解除合同，或者部分免除履行合同的责任，或者延期履行合同。

第十条　解决合同纠纷的方式：执行本合同发生争议，由当事人双方协商解决。协商不成，双方同意由_____仲裁委员会仲裁（当事人双方不在本合同中约定仲裁机构，事后又没有达成书面仲裁协议的，可向人民法院起诉）。

第十一条　货物商检、验收、包装、保险、运输等其他约定事项。

第十二条　本合同未尽事宜，一律按《中华人民共和国民法典》执行。

存货方（签章）：　　　　　　　　　　保管方（签章）：

地　　址：　　　　　　　　　　　　　地　　址：

法定代表人：　　　　　　　　　　　　法定代表人：

委托代理人：　　　　　　　　　　　　委托代理人：

电　　话：　　　　　　　　　　　　　电　　话：

（五）仓储合同的生效和无效

1. 仓储合同的生效

仓储合同自成立时生效。仓储合同是诺成合同，即双方当事人意思表示一致就可成立、生效的合同。而保管合同是实践合同，保管合同除双方当事人达成合意，还必须有存货人交付保管物，合同从保管物交付时起成立。这是仓储合同与保管合同的重要区别之一。

仓储合同为不要式合同，既可以采用书面形式，也可以采用口头形式。无论采用何种形式，只要符合《民法典》中关于合同成立的要求，合同即告成立，而无须以交付仓储物为合同成立的要件。这就意味着，双方当事人意思表示一致即受合同约束，任何一方不按合同约定履行义务，都要承担违约责任。无论是存货人还是保管人都有商业营利的需要，保管人以替他人储存、保管物品为业。保管人接收仓储物予以储存，存货人支付仓储费，这就是一种交易行为。如果规定仓储合同为实践合同，则不利于这种交易的安全和稳定。因此，"仓储合同自成立时生效"。

2. 仓储合同的无效

无效合同是指已订立，但由于违反了法律规定，从而被认定为无效的合同。无效合同可以是部分无效，也可以是整体无效，部分无效的合同不影响其有效合同的效力。合同无效由人民法院、仲裁机构、工商行政机关认定，可以认定为合同整体无效或部分无效，可以采取变更或撤销的方式处理；合同无效可以在合同订立之后、合同履行之前、合同履行之中或合同履行之后认定。

产生无效仓储合同的情形主要有以下几种：一方以欺诈、胁迫手段订立合同，损害国家利益的仓储合同；恶意串通，损害国家、集体或第三人利益的仓储合同；以合法形式掩盖非法目的的仓储合同；损害社会公共利益的仓储合同；违反法律、行政法规强制性规定的仓储合同；无效代理的合同。对于由于因重大误解订立的合同、在订立合同中显失公平的合同，当事人一方有权请求人民法院或仲裁机构给予变更或撤销。

（六）仓储合同的变更和解除

1. 仓储合同的变更

仓储合同的变更是指对已经合法成立的仓储合同在原来合同的基础上修改或补充其内容。仓储合同的变更并不改变原合同关系和本质事项。仓储合同的变更应具备下列条件。

1）原仓储合同关系客观存在，仓储合同的变更并不产生新的合同关系，变更的基础在于原仓储合同的存在及其实质内容的保留。

2）存货人与保管人必须就合同变更的内容达成一致协议。

3）仓储合同的变更协议必须符合民事法律行为的生效条件。

仓储合同变更后，被变更的内容即失去效力，存货人与保管人应按变更后的合同履行义务，变更对于已按原合同所做的履行无溯及力，效力只及于未履行的部分。任何一方当事人不得因仓储合同的变更而要求另一方返还在此之前所做的履行。仓储合同变更后，因变更而造成对方损失的，责任方应当承担损害赔偿责任。

2. 仓储合同的解除

仓储合同的解除是指仓储合同订立后，在合同尚未履行或尚未全部履行时，一方当事人提前终止合同，从而使原合同设定的双方当事人的权利和义务归于消灭。它是仓储合同终止的一种情形。

1）仓储合同解除的方式。存货人与保管人协议解除合同，是指双方通过协商或通过行使约定的解除权而导致仓储合同的解除。因此，仓储合同的协议解除可以分为事后协议解除和约定解除两种。

2）仓储合同依照法律的规定而解除。仓储合同的法定解除是指仓储合同有效成立后，在尚未履行或尚未完全履行之前，当事人一方行使法律规定的解除权而使合同权利义务关系终止、合同效力消灭。仓储合同一方当事人所享有的这种解除权是由法律明确规定的，只要法律规定的解除条件成熟，依法享有解除权的一方就可以单方面行使解除权，从而使仓储合同关系归于消灭。

3）仓储合同解除的程序。仓储合同中享有解除权的一方当事人在主张解除合同时，必须以通知的形式告知对方当事人。只要解除权人将解除合同的意思表示通知对方当事人，就可以发生仓储合同即时解除的效力，无须对方当事人答复，更无须其同意。对方有异议的，可以请求法院或仲裁机构确认解除合同的效力，即确认行使解除权的当事人是否享有合同解除权。

在仓储合同中，除非有特别约定，仓储物所有权并不发生转移，所以仓储合同的解除是没有溯及力的。

4）仓储合同解除的法律后果。合同解除后，因为仓储合同所产生的存货人和保管人的权利义务关系消亡，对于未履行的合同当然终止履行。合同解除并不影响合同的清算条款的效力，双方仍须按照清算条款的约定承担责任和赔偿损失，需要承担违约责任的一方仍要依据合同约定承担违约责任、采取补救措施和赔偿损失的责任。例如，违约的存货人仍需要对仓库空置给予补偿，造成合同解除的保管人要承担运输费、转仓费、仓储费差额等损失赔偿。

（七）仓储合同的违约责任和免除规定

1. 违约责任

仓储合同的违约责任是指仓储合同的当事人在存在仓储违约行为时，应依照法律或双方的约定而必须承担的民事责任。通过法定的和合同约定的违约责任的承担，增加违约成本，弥补被违约方的损失，减少违约的发生，有利于维护市场的稳定和秩序。违约责任往往以弥补对方的损失为原则，违约方需对对方的损失，包括直接造成的损失和合理预见的利益损失给予弥补。违约责任的承担方式有支付违约金、损害赔偿、继续履行、采取补救措施等。

1）支付违约金。从性质上而言，违约金是"损失赔偿额的预定"，具有赔偿性，同时又是对违约行为的惩罚，具有惩罚性。

2）损害赔偿。损害赔偿是指合同的一方当事人在不履行合同义务，或履行的合同义务不符合约定的情形下，在违约方履行义务或采取其他补救措施后，对方还有其他损失时，违约方承担赔偿损失的责任。

3）继续履行。继续履行是指一方当事人在不履行合同时，对方有权要求违约方按照合同规定的标的履行义务，或者向法院请求强制违约方按照合同规定的标的履行义务，而不得以支付违约金和赔偿金的办法代替履行。

4）采取补救措施。在违约方给对方造成损失后，为了防止损失的进一步扩大，由违约方依照法律规定承担违约责任，如仓储物的更换、补足数量等。

2. 违约责任的免除

违约责任的免除是指不履行合同或法律规定的义务，致使他人财产受到损害时，由于有不可归责于违约方的事由，法律规定违约方可以不承担民事责任的情况。仓储合同订立后，如果客观上发生了某些情况，阻碍了当事人履行仓储合同义务，这些情况如果符合法律规定的条件，违约方的违约责任就可以依法免除。

1）不可抗力。不可抗力是指当事人不能预见、不能避免，并且不能克服的客观情况。它包括自然灾害和某些社会现象。前者如火山爆发、地震、台风、冰雹和洪水侵袭等，后者如战争、罢工等。因不可抗力造成仓储保管合同不能履行或不能完全履行的，违约方不承担民事责任。

不可抗力的免责是有条件的，在不可抗力发生以后，作为义务方必须采取以下积极措施才可以免除其违约责任。

① 发生不可抗力事件后，应当积极采取有效措施，尽最大努力避免和减少损失。

② 发生不可抗力事件后，应当及时向对方通报不能履行或延期履行合同的理由。

③ 发生不可抗力事件后，应当取得有关证明。

2）仓储物自然特性。由于储存物资本身的自然性质和合理损耗，造成物资损失的，当事人不承担责任。

3）存货人的过失。由于存货人的原因造成仓储物产生损害，如包装不符合约定、未提供准确的验收资料、隐瞒和夹带存货、存货人的错误指示和说明等，保管人不承担赔偿责任。

4）合同约定的免责。基于当事人的利益，双方在合同中约定免责事项，对负责事项造成损失的，不承担互相赔偿责任。如约定货物入库时不验收重量，则保管人不承担重量短少的赔偿责任；约定不检验货物内容质量，保管人不承担非作业保管不当的内容变质损坏责任。

（八）仓储合同当事人的权利和义务

仓储合同一经成立，即发生法律效力。存货人和保管人都应严格按照合同的约定履行自己的法律义务，行使自己的权利。

1. 存货方的义务与保管方的权利

1）存货方应保证入库货物的数量、质量、规格、包装与合同规定内容相符，并配合保管方做好货物入库的交接工作。

2）存货方按合同规定的时间提取委托保管的货物。

3）存货方按合同规定的条件支付仓储保管费。

4）存货方应向保管方提供必要的货物验收资料。

5）对危险品货物，存货方必须提供有关此类货物的性质、注意事项、预防措施、采取的方法等。

6）存货方造成退仓、不能入库的，存货方应按合同规定赔偿保管方。

7）存货方造成不能按期发货的，由存货方赔偿逾期损失。

2. 保管方的义务与存货方的权利

1）保管方应保证货物完好无损。

2）对于库场因货物保管而配备的设备，保管方有义务加以维修，保证货物不受损害。

3）在由保管方负责对货物搬运、看护、技术检验时，保管方应及时委派有关人员。

4）保管方对自己的保管义务不得转让。

5）保管方不得使用保管的货物，其对保管货物不享有所有权和使用权。

6）保管方应做好入库的验收和接收工作，并办妥各种入库凭证手续，配合存货方做好货物的入库和交接工作。

7）对危险品和易腐货物，如因不按规定操作和妥善保管造成毁损的，则由保管方承担赔偿责任。

8）一旦接受存货方的储存要求，保管方应按时接收货物入场。

二、配送合同管理

（一）配送合同的概念、特征和种类

1. 配送合同的概念

配送合同是指配送人根据用户需要为用户配送商品，用户支付配送费的合同。用户是配送活动的需求者，配送人是配送活动的提供者。作为配送活动需求者的用户，既可能是销售合同中的卖方，也可能是买方，甚至可能是与卖方和买房签订了综合物流服务合同的物流企业。这类综合物流企业与卖方签订综合物流服务合同后，由于自身不拥有配送中心，需要将配送业务外包给其他具有配送中心的物流企业，因而成为配送的需求者，即用户。

2. 配送合同的特征

（1）配送合同为诺成合同　诺成合同表示合同成立即可生效。配送合同的当事人对配送关系达成合意时合同就成立。合同成立后，配送经营人需要为履行合同进行人力、物力的准备。

（2）配送合同为有偿合同　配送合同的双方在合同法律关系中均享有权利、承担义务。配送经营人需要投入相应的成本才能实现配送服务，并在配送经营中获得利益回报。配送委托人需要为接受配送服务支付等价的报酬。

（3）配送合同为非要式合同　法律对配送合同的签订形式和程序没有做出特别规定，故配送合同为非要式合同。配送合同可以采用口头形式、书面形式或其他形式。但由于配送活动具有相对长期性，配送过程一般需要持续一段时期，以便开展有计划、小批量、不间断的配送，因此为了便于双方履行合同、利用合同解决争议，采用完整的书面合同更为合适。

3. 配送合同的种类

（1）配送服务合同　配送服务合同是指配送人接收用户的货物，予以保管，并按用户的要求对货物进行拣选、加工、包装、分割、组配作业，最后在指定时间送至用户指定地点，由用户支付配送服务费的合同。

（2）销售配送合同　销售配送合同是指配送人在将货物所有权转移给用户的同时，为用户提供配送服务，由用户支付配送费（包括标的物价款和配送服务费）的合同。

1）销售企业与买受人签订的销售配送合同。在销售配送及销售供应一体化配送中，销售企业与买受人签订的合同是销售配送合同。销售企业出于促销目的，在向用户出售商品的同时，向买受人承诺提供配送服务。

2）物流企业与用户签订的销售配送合同。在物流企业与用户签订的配送合同中，除约定了物流企业的配货、送货等流通服务义务，还约定了物流企业应负责订货、购货。具体地说，就是由用户将自己需要的产品型号、种类、各部件的要求、规格、颜色、数量等信息提供给物流企业，由物流企业负责按此订货、购货（包括原材料、零部件等）、配货及送货。

（二）配送合同的订立

1. 订立配送合同的原则

（1）平等原则　《民法典》规定，当事人双方在合同订立过程中的法律地位平等，这是合同订立的基础。任何一方都不能采取恃强凌弱、以大欺小或行政命令的方式订立合同，这

样的合同是无效的。

（2）自愿原则　自愿原则是指合同当事人通过协商自愿决定和调整相互的权利义务关系，任何单位和个人不得非法干涉；合同当事人的法律地位平等，一方不得将自己的意志强加给另一方。自愿与协商一致是合同生效的基本条件，任何采取胁迫、欺诈的手段订立的合同都是无效的合同。

（3）等价有偿原则　配送服务合同是双务合同，合同双方都要承担相应的合同义务，享受相应的合同利益，而合同义务和合同利益应该体现对等原则。

（4）诚实守信原则　当事人行使权利、履行义务时要诚实，讲信用，相互协作。在订立、履行合同及合同终止后的全过程中，不得欺诈，相互之间要根据交易习惯履行及时通知、协助保密、防止损失扩大等义务。

（5）守法和不损害社会公共利益原则　当事人在订立合同时要严格遵守法律法规的规定，不得进行任何法规强制规定的经济主体、公民不能从事的行为，包括不能发生超越经营权、侵害所有权、侵犯国家主权、危害环境等违法行为。

2. 要约与承诺

配送服务合同是双方经协商对委托配送达成一致意见的结果。一方向另一方提出要约，另一方予以承诺，配送服务合同成立。作为一项有效的要约，必须具有明确的订立合同的愿望和完整的交易条件。要约人在要约生效后，承担遵守要约的责任。承诺是指对要约无条件地接受，任何对要约实质性的变动都不是承诺，而是反要约。承诺到达要约人时生效，承诺人即受承诺的约束。

一方向另一方发出不明确的交易愿望的行为为要约邀请，要约邀请不具有约束力，如广告、推销宣传等。但是，广告等具有明显交易条件和交易愿望且明示有约束力的要约邀请，则成为要约。

3. 配送合同的主要条款

（1）合同当事人　当事人是合同法律关系的主体，是每个合同都必须具备的条款。配送服务合同的当事人双方分别为配送经营人和配送委托人。

（2）合同的标的和标的物　标的是合同当事人双方权利和义务所共同指向的对象，是一切合同的必备条款。配送服务合同的标的是配送行为，即将配送物品按照约定在确定的时间和地点交付收货人。

标的物是标的的载体和表现。配送服务合同的标的物是指被配送的物品既可以是生产资料，也可以是生活资料。但是配送的标的物必须是有形的实物动产，不动产不能成为被配送物，知识产权、数据等无形资产也不能成为被配送物。

（3）配送服务方式　配送服务有定时配送、准时配送、定量配送、定时定量配送、定时定路线配送、即时配送、成套配送等多种方式。配送服务合同的双方应该协商确定配送服务方式，同时在合同中明确配送时间及其间隔，发货地点或送达地点、数量，配送区域等相关细节。

（4）配送服务费用　配送合同中应该明确约定配送服务费用的计费标准及费用的结算办法。对于较长期的配送合同，由于配送成本的变化难以预料，从合同双方的利益出发，可以在合同中约定价格调整条件和调整幅度。

（5）合同期限　对于按时间履行的配送合同，必须在合同中明确合同的起止时间。配送服务的特点决定大多数情况下配送服务合同履行完毕后，还会出现不断延续的情况。为了简化延续合同的合同订立程序，可以在合同中约定延续合同的订立方法和基本条件要求，如提出续约的时间限定、自然续约的前提条件、续约后的合同期限等。

（三）配送合同当事人的权利与义务

配送服务合同一旦成立，任何一方都要严格依照合同执行，不得擅自改变合同的约定。有时为了进一步明确双方在合同行为中需要承担的义务及可以主张的权利，减少纷争，可以将双方的权利和义务以条款的形式列出来。

1. 配送委托人的权利和义务

配送委托人的权利主要体现在配送委托人可以对配送经营人的配送服务质量进行监督、指导，可以要求经营人定期提供存货信息和各种配送报表等。

2. 配送经营人的权利和义务

配送经营人的权利主要表现为可以向配送委托人收取配送服务费用，要求委托人提交适宜配送的物品。若配送中查不到收货人或收货人拒绝领取货物，配送经营人在规定期限内负责保管并有权向委托人收取保管费用。

配送经营人的义务主要有以下几项。

1) 配送经营人要采取合适的方法履行配送义务，如选取合适的配送运输路线、采用合适的搬运工具、使用公认的理货计量方法等。

2) 配送经营人应向收货人提供配送单证及配送货物清单，并列明配送物品的名称、等级、数量等信息。

3) 配送经营人应定期向委托人提交配送报表、收货报表、残损报表等汇总材料，并随时接受委托人的存货查询。

4) 配送经营人对委托人提交的配送物品承担及时查验、清点，以及仓储和管理的义务。

5) 配送期满或配送服务合同履行完毕，配送经营人应将剩余的物品返还给委托人，不得无偿占有或擅自处理。

（四）配送合同的违约责任和免责规定

1. 违约责任

任何一方违反合同约定都需要向对方承担违约责任。违约责任的承担方式主要有继续履行、采取补救措施、赔偿损失、支付违约金、给付或双倍返还定金等。

在违约责任条款中应该明确约定构成违约的行为、违约金的数量或计算方法、违约后的赔偿责任及赔偿方法、违约方继续履行合同的条件等。

2. 免责规定

免责的原因有法律规定的免责事项和合同约定的免责事项。但是造成对方人身伤害，因故意或重大过失造成对方财产损失的，不能免责。

配送合同的免责事由主要有以下几项。

1) 不可抗力。

2) 委托人的过失。由委托人造成的配送物品的损害，如包装不符合约定、未提供合适的标识、委托人的错误指示和说明等。

3) 合同约定的免责。在法定免责事由之外，当事人认为必要的免责事项可以在合同中进一步明确。

（五）配送合同的变更和解除

依法订立的合同成立后，即具有法律约束力，任何一方不得擅自变更或解除合同。但是，配送服务合同一般需要持续较长的时间，在这段时间内因为主客观情况的变化，当事人双方的利益会受到较大损害，所以在合同中约定可以变更或解除已生效的不利合同，会对当事人更加有利。具体而言，可以在合同中约定变更或解除合同的条件、变更或解除合同的程序等。

（六）配送合同的争议处理

双方应在合同中约定发生争议时的处理方法。主要是指约定仲裁机构或管辖的法院。

习题与训练

一、单项选择题

1. 仓储合同是（   ）。

A. 买卖合同　　　　B. 实践合同　　　　C. 单务合同　　　　D. 诺成合同

2. 存货人在存放储存物时，同时将储存物的所有权也转移到了保管人处的是（   ）。

A. 一般仓储保管合同　　　　　　　　B. 混藏式仓储合同

C. 消费式仓储合同　　　　　　　　　D. 其他合同

3. 仓储合同的当事人是（   ）。

A. 保管人和存货人　　B. 代理人　　　　C. 承运人　　　　D. 经纪人

4. 承担违约责任的方式有（   ）等。

A. 继续履行合同、采取补救措施、提起诉讼

B. 继续履行合同、采取补救措施、请求仲裁

C. 继续履行合同、采取补救措施、赔偿损失

D. 继续履行合同、追究对方侵权责任、赔偿损失

5. 承担违约责任的原则是（   ）。

A. 过错责任原则　　　B. 严格责任原则　　C. 瑕疵担保责任　　D. 以上都不是

6. 当事人一方以欺诈、胁迫或乘人之危订立的合同是（   ）。

A. 效力待定的合同　　　　　　　　　B. 可变更可撤销的合同

C. 无效合同　　　　　　　　　　　　D. 以上都不是

7. 仓储合同的成立必须经过的两个必不可少的环节是（   ）。

A. 要约邀请和承诺　　B. 要约和承诺　　C. 承诺　　　　D. 要约

8. 配送人在将物品所有权转移给用户的同时，为用户提供配送服务，由用户支付配送费用（包括标的物价款和配送服务费）的合同是指（   ）。

A. 配送服务合同　　　　　　　　　　B. 销售配送合同

C. 普通配送合同　　　　　　　　　　D. 以上都不是

9. 保管合同的索赔时效一般为（   ）。

A. 1 年　　　　　　　B. 2 年　　　　　C. 3 年　　　　D. 4 年

10. （   ）是一种单纯的提供配送服务的合同，双方当事人仅就货物的交接、配货、运送等事项规定各自的权利和义务，不涉及货物所有权。

A. 配送服务合同　　B. 销售配送合同　　C. 配送合同　　　D. 配送仓储合同

二、案例分析题

1. 个体户赵某在前景仓库寄存了 100 台彩电，价值共计 60 万元，双方约定：仓库自 2024 年 1 月 15 日至 2 月 15 日期间保管彩电，赵某分三批取走，2 月 15 日赵某取走最后一批彩电时，将支付保管费 3000 元。

2 月 15 日，赵某前来取走最后一批彩电时，双方为保管费的多少发生了争议。赵某认为自己的彩电实际上是在 1 月 25 日晚上才存入前景仓库，应当少付 1000 元保管费。前景仓库拒绝减少保管费，理由是仓库已提前为赵某的彩电准备了货位，至于赵某是不是准时将彩电搬入仓库与仓库无关。

赵某认为前景仓库位于核心地带，自己提前通知了仓库彩电到站的准确时间，前景仓库不可能空着货位，只同意支付 2000 元保管费。前景仓库于是拒绝赵某提取剩下的彩电。

1) 赵某要求减少保管费是否合理？为什么？

2) 前景仓库在赵某拒绝足额支付保管费的情况下是否可以拒绝其提取货物？请说明理由。

3) 前景仓库留置剩下彩电的做法是否正确？请说明理由。

2. 2023 年 2 月 20 日，天津大发公司（以下简称大发公司）与李明签署"天津大发公司国内国际快递合作协议书"，该协议约定大发公司为李明提供快递配送业务。

该协议在履行期间共配送货物 520 件，因李明始终未履行付款义务，大发公司诉至法院，要求李明支付配送费用。案件审理期间，李明诉至天津市津南区人民法院，称大发公司将其货物丢失。经法院判决书确定，大发公司丢失货物 301 件，成功送达货物 219 件。依照双方协议约定，每件货物配送费为 8 元，李明应支付大发公司快递配送费 1752 元，但李明未予支付。

大发公司的诉讼请求为：李明支付大发公司快递配送费 1752 元及违约金（自本案立案之日起至实际支付之日止，以 1752 元为本金，按照每日 1% 的标准计算）；诉讼费用由被告李明承担。

大发公司的诉讼请求能否得到支持？请说明理由。

单元二　库存控制

【思维导图】

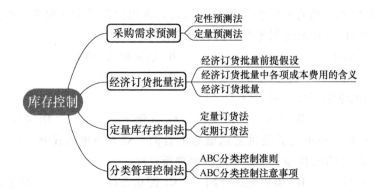

库存控制是物流管理和供应链管理中的一个重要环节，它涉及对存货水平的监测、分析和调整，以确保企业能够有效地满足客户需求，同时最小化持有成本。库存控制的目标是平衡库存的可用性和库存成本，避免产生过度库存和缺货情况。

一、采购需求预测

预测是指对尚未发生的事件或已经发生的事件的未来前景所做的推测或判断。需求预测是指以市场调查所获取的信息资料为基础，运用科学的方法，对未来一定时期内市场需求的变化趋势和影响因素所做的估计和推断。

对于库存控制来说，准确的采购需求预测对仓库整体运营起着至关重要的作用，它是企业编制生产计划、实施库存管理的重要手段。一般来说，采购的需求预测可分为定性预测法和定量预测法。

（一）定性预测法

1. 德尔菲法

德尔菲法又称为专家调查法，1948年由美国兰德公司首先提出并使用。德尔菲法核心逻辑是通过多轮匿名调查来收集和整合专家们的意见，以达成对某一主题的共识或预测。以下是德尔菲法的基本预测步骤。

1）确定调查主题和目标。首先，需要明确预测的主题和目标并拟定调查提纲，准备向专家提供的资料，包括预测目的、期限、调查表及填写方法等。

2）组建专家小组。根据预测课题的需要，选定一组具有相关知识和经验的专家。专家人数根据课题的大小和涉及面的宽窄而定，一般不超过20人。

3）第一轮调查。第一轮调查应向所有专家提出预测问题及有关要求，并附上所有相关背景材料。专家根据所提供的信息，独立提出自己的预测意见，并说明自己是如何利用这些材料提出预测值的。

4）汇总第一轮意见。将各位专家的意见汇总后列成图表，进行对比分析，并再次分发给各位专家，让他们参考他人意见后修改自己的预测。

5）多轮反馈和修改。收集专家的修改意见，汇总后再次分发，以便专家进行第二轮或更多轮次的修改。这个过程一般要经过三四轮，直到专家们的意见趋于一致或不再有大的变化。

6）综合处理专家意见。在专家不再改变自己的意见后，对所有专家的意见进行最终的综合处理，形成预测结果。

7）形成预测报告。最后，根据汇总和分析的专家意见，形成预测报告或决策建议，报告中通常包括预测结果、预测依据和可能的不确定性等。

德尔菲法的优点在于能够充分发挥专家的作用，集思广益，准确性高，同时能避免权威人士影响他人的意见，专家碍于情面不愿意发表不同意见，或出于自尊心不愿意修改自己原来不全面的意见等问题。德尔菲法的主要缺点是过程比较复杂，花费时间较长。

2. 头脑风暴法

头脑风暴法是一种集体创意发散和问题解决的技术，旨在通过团队成员自由提出想法来激发创新和创造性的解决方案。头脑风暴法在进行时需要注意以下几个问题。

1）确定头脑风暴的目标和问题。

2）选择一个主持人来引导整个过程。

3）邀请具有不同背景和专业知识的参与者，以增加观点的多样性。

4）确保所有参与者都了解头脑风暴的规则和目标。

5）鼓励参与者相互启发，建立在他人想法的基础上进一步发挥。

3. 经理评判意见法

经理评判意见法是专家打分法的一种形式，是指由企业的负责人召集销售、生产、采购、财务、研究与开发等各部门的主管开会讨论，与会人员充分发表意见，对某一问题进行预测，然后，将各种意见汇总起来，进行分析研究和综合处理，最后得出市场预测结果。这种方法常用于制订长期规划及开发新产品。

经理评判意见法的主要优点是简单易行，不需要准备和统计历史资料，只要汇集各主管的经验与判断即可。如果缺乏足够的历史资料，此法较为适用。此法的缺点是预测结果缺乏科学性，个别权威的观点可能影响其他人发表意见，责任不明会导致与会人员草率地发表意见。

4. 用户调查法

当对新产品或缺乏销售记录的产品的需求进行预测时，常常使用用户调查法。销售人员通过信函、电话或访问的方式对现有的或潜在的用户进行调查，了解他们对与本企业相关的产品及其特性的期望，再考虑本企业可能的市场占有率，然后对各种信息进行综合处理，即可得到所需的预测结果。用户调查法具体包括全面调查法、抽样调查法和典型调查法等形式。

用户调查法的主要优点是能较好地反映市场需求的真实情况，直接了解用户对产品的期望，有利于企业改善老产品、开发新产品和有针对性地开展促销活动。缺点是很难获得用户真诚有效的合作，预测结果准确程度不高，需耗费较多的人力和时间。

技能之窗：

德尔菲法在企业生产物流中的运用流程

作为一家中型电子产品制造企业的物流部门负责人，你面临的主要任务是准确预测未来一年的电子元器件需求，以便及时采购并维持生产线的顺畅运作。考虑到电子元器件市场的波动性及供应链中潜在的不确定性因素，你需要采用一种科学的方法来提高预测的准确性。为此，你决定运用德尔菲法来收集和整合专家意见，以便更好地制订采购计划。

任务要求：运用德尔菲法对以下问题进行分析，并给出预测结果。

1）基于历史数据和市场趋势，预测未来一年内企业对关键电子元器件需求量的变化。

2）识别可能影响电子元器件需求预测的关键因素。

3）提出有效的策略来应对预测中的不确定性和潜在风险。

分析步骤如下。

1）组建专家小组：选择一组具有电子元器件市场和企业生产流程知识的专家，包括内部的采购专员、生产主管、市场分析师，以及外部的供应链顾问和行业分析师。

2）准备初始问卷：设计问卷，包含对未来电子元器件需求的预测问题、潜在影响因素的探讨，以及风险应对策略的建议。同时，提供过去三年的采购数据、市场研究报告和行业趋势分析等资料。

3）进行第一轮调查：匿名发送问卷给专家小组，收集他们对预测问题的初步看法。收集并整理专家意见，形成第一轮汇总结果。

4）反馈和修改：将第一轮汇总结果反馈给专家小组，要求他们考虑其他专家的意见，并重新评估自己的预测。进行第二轮调查，收集专家的修改意见。

5）统计和分析：对第二轮调查结果进行统计分析，找出共识和分歧点。如果意见基本一致，则可以进入结果表述阶段；如果仍有较大分歧，可能需要进行更多轮次的调查。

6）表述预测结果：综合所有专家的意见，形成最终的预测结果，包括电子元器件需求量的预测、关键影响因素的分析，以及风险应对策略的建议。

7）制订应对策略：根据预测结果，制订相应的采购策略和风险管理措施，例如，建立备选供应商名单、采用灵活的采购合同、设置合理的安全库存水平等，以减轻预测不确定性带来的风险。

（二）定量预测法

定量预测法也称数学预测法或统计预测法，是一种基于历史数据和统计模型来预测未来趋势的方法。这种预测方法依赖于可量化的数据，如销售额、成本、库存水平等，通过数学公式或统计模型来预测未来的数值。以下是一些常见的定量预测方法。

1. 时间序列预测法

时间序列预测法将历史数据按照时间顺序排列，分析其趋势、季节性、周期性和随机波动，以预测未来的变化。常用的时间序列模型包括简单平均法、移动平均法、指数平滑法等。

（1）简单平均法

$$F_t = \sum_{i=1}^{n} \frac{D_i}{n}$$

式中　F_t——预测值；

D_i——第 i 时段（周期）的预测值；

n——观测时段（周期）数。

技能之窗：

表 5-1 为定量预测法下彩虹工贸集团电子组件的历史需求数据及预测值，请用简单平均法对第 5 个采购期数据进行预测。

表 5-1　定量预测法下彩虹工贸集团电子组件的历史需求数据及预测值

采购期	1	2	3	4
实际采购需求/万件	130	160	160	150

$$F_5 = \sum_{i=1}^{4} \frac{D_i}{n} = \frac{130 + 160 + 160 + 150}{4} = 150$$

（2）移动平均法　这种方法通过计算连续时间段内数据点的平均值来消除随机波动，逐项推移，具体公式如下：

$$F_t = \frac{D_{t-1} + D_{t-2} + D_{t-3} + D_{t-n}}{n}$$

式中　F_t——预测值；

　　　D_i——第 i 时段（周期）的实际需求数，$i = t-1$，$t-2$，$t-3$，…，$t-n$；

　　　n——移动周期的平均数。

技能之窗：

表 5-2 为移动平均法下彩虹工贸集团发光二极管的历史实际采购量及预测值，请用移动平均法对第 10 个采购期数据进行预测。

表 5-2　移动平均法下彩虹工贸集团发光二极管的历史实际采购量及预测值

采购期	实际采购量/万件	$n=4$ 时的预测值	$n=5$ 时的预测值
1	130	—	—
2	130	—	—
3	140	—	—
4	144	—	—
5	156	136	—
6	143	142.5	140
7	160	145.75	142.6
8	144	150.75	148.6
9	149	150.75	149.4
10		**149**	**150.4**

当 $n=4$ 时，第 10 期的采购预测值为 149 万件；当 $n=5$ 时，第 10 期的采购预测值为 150.4 万件。

（3）指数平滑法　指数平滑法是一种时间序列预测技术，它通过给予最近观测值更高的权重来平滑过去观测值的影响。该方法只需要很小的数据量就可以连续使用，当预测数据发生根本性变化时还可以进行自我调整。对于指数平滑法，只需用三个数据，即最近期的预测值、最近期的实际需求量及平滑系数，就可求出预测值。

常用的平滑指数法有一次平滑指数法、二次平滑指数法和三次平滑指数法。

一次平滑指数法计算公式为：

$$F_t = F_{t-1} + \alpha(D_{t-1} - F_{t-1})$$

式中　F_t——预测值；

　　　F_{t-1}——上期的预测值；

　　　D_{t-1}——上期的实际值；

　　　α——平滑系数。

平滑系数 α 的取值范围为 0~1，在实际应用中，可能需要结合多种方法来确定最佳的平滑系数。初始选择的 α 值可能需要根据模型在实际预测中的表现进行调整和优化。此外，对于不同类型的数据（如稳定、趋势、季节性等），可能需要使用不同的指数平滑方法，并相应地调整平滑系数。

技能之窗：

表 5-3 为指数平滑法下彩虹工贸集团发光二极管的历史实际采购量及预测值，请用一次平滑指数法对第 10 个采购期数据进行预测。

表 5-3　指数平滑法下彩虹工贸集团发光二极管的历史实际采购量及预测值

采购期	实际采购量/万件	$\alpha = 0.1$ 时的预测值	$\alpha = 0.5$ 时的预测值	$\alpha = 0.8$ 时的预测值
1	130	—	—	—
2	130	130.0	130.0	130.0
3	140	130.0	130.0	130.0
4	144	131.0	135.0	140.0
5	156	132.3	139.5	144.0
6	143	134.7	147.8	156.0
7	160	135.5	145.4	143.0
8	144	138.0	152.7	160.0
9	149	138.6	148.3	144.0
10	—	139.6	148.7	149.0

表中当 $\alpha = 0.1$ 时，F_2 即为 F_1；$F_3 = F_2 + \alpha(D_2 - F_2) = 130 + 0.1 \times (130 - 130) = 130$；$F_4 = F_3 + \alpha(D_3 - F_3) = 130 + 0.1 \times (140 - 130) = 131$，以此类推计算即可。

2. 季节性预测方法

在实际工作中，许多物料的需求是呈季节性变化的，例如：对饮用水的需求在夏季最多，冬季最少；对羽绒服的需求在冬季最多，夏季最少。因此需要使用符合季节性变化的需求来进行预测。常用的预测方法为季节性指数法和基础序列法。

本单元主要讲解季节性指数法，此方法以历史数据为背景，按照季节或时段算出季节比例，并利用比例进行预测。

技能之窗：

彩虹工贸集团的便携式保温元件的历史需求数据呈现季节性变化，见表 5-4，通过预测得出下一年度总需求量为 1750 万件，请预测下一年度第一和第二季度的需求量。

表 5-4　彩虹工贸集团便携式保温元件的历史需求数据及季节指数　　（单位：万件）

采购期	2019 年	2020 年	2021 年	2022 年	2023 年	历史年季度总和	季节指数
第一季度	450	423	466	410	460	2209	27.11%
第二季度	657	599	678	625	701	3260	40.00%
第三季度	346	301	299	321	310	1577	19.35%
第四季度	223	240	231	190	219	1103	13.54%
历史全年总和	1676	1563	1674	1546	1690	8149	—

因此下一年度 2024 年第一季度采购需求量 $= 1750 \times 27.11\% = 474$ 万件；第二季度采购需求量 $= 1750 \times 40.00\% = 700$ 万件。

3. 回归分析法

世界上各种事物之间或每个事物的各个方面之间要么有联系，要么无联系。如果把各种事物或每个事物的各个方面用最能反映其本质特征的变量来表示，那么这些变量之间只能存在两种状态：有关联或无关联。例如，物品的需求与价格、物品的采购量与需求量、物品的采购成本与销售利润等。回归预测法是指将自变量与因变量之间的相关关系用回归方程的形式表示，并根据自变量的数值变化去预测因变量的数值变化的方法。选用一个影响因素（一个自变量）的回归预测称为一元回归预测；选用两个影响因素的回归预测称为二元回归预测；选用多个影响因素的回归预测称为多元回归预测。回归预测法又可根据自变量与因变量之间是否呈线性关系，分为线性回归预测法和非线性回归预测法。本单元主要介绍一元线性回归预测法。

一元线性回归方程：

$$y = a + bx$$

这里 a 和 b 的取值如下：

$$a = \bar{y} - b$$

$$b = \frac{\sum xy - n\bar{x} \cdot \bar{y}}{\sum x^2 - n \cdot \bar{x}^2}$$

式中　y——预测值，因变量；

　　　x——自变量；

　　　a——纵轴截距；

　　　b——直线斜率；

　　　$\bar{x}$——自变量平均值；

　　　$\bar{y}$——因变量预测值。

技能之窗：

彩虹工贸集团生产的智能系列电视 pro+ 近五年的历史销售数据呈现季节性变化（见表 5-5）。目前，彩虹工贸集团拟采购下一年度一季度的原材料，现在需要准确预测下一年度一季度的拟销售数据。经部门讨论发现，产品的需求与宣传费用呈明显的相关性（见表 5-6），预计下一年度全年宣传费用为 3200 万元。

表 5-5　近五年季度销售表　　　　　　　　（单位：万件）

季度	2019 年	2020 年	2021 年	2022 年	2023 年
第一季度	186	140	122	156	144
第二季度	170	65	100	104	100
第三季度	125	98	78	65	89
第四季度	84	98	42	45	50

分析：

1）产品的需求与宣传费用有一定关系，以此构造线性回归方程。

2）下一年度一季度采购量应考虑第一季度季节指数。

讨论：计算下一年度一季度的需求量。

表 5-6 产品需求与宣传费用关系表

年份	全年总需求/万件	全年投入宣传费用/万元
2019 年	2583	3000
2020 年	2420	2900
2021 年	2362	2600
2022 年	2391	2650
2023 年	2405	2700

二、经济订货批量法

经济订货批量（Economic Order Quantity，EOQ）是一种经典的库存管理模型，用于确定最优的订货量，以使总库存成本（包括订货成本和持有成本）达到最小。EOQ 模型假设需求和使用率是均匀且已知的。

（一）经济订货批量前提假设

1）单位时间内的需求量是连续且均匀的，即需求速率均匀且为常量。

2）订货提前期不变。

3）全部订货一次到货，不能连续入库，不允许缺货。

4）各批次订货费用相同，与订货批量的大小无关。

5）无在途库存。

6）采购价格恒定不变。

7）采购费用不变。

（二）经济订货批量中各项成本费用的含义

1. 保管成本（C_1）

保管成本是指保管存储物资而发生的费用，包括存储设施的成本、搬运费、保险费、折旧费及税金等必要性支出。这些费用与成本正相关，计算时通常由保管费率与单位价格的乘积来确定。

$$C_1 = \frac{Q_0}{2}H = \frac{Q_0}{2}FP$$

式中 Q_0——每次单位订货批量；

H——单位物料单位时间保管费用（通常为年）；

F——单位保管费率；

P——单位价格。

2. 订货成本（C_0）

对于给定的年需求来说每次订货批量越大，年中所需订货次数越少。通常，每次的订货费用包括采购所需要的各类费用，包括差旅费、通话费、文印费、咨询费等。订货费用一般按次计算且保持不变，因此订货次数越多，订货成本就越高。

$$N = \frac{D}{Q_0}$$

$$C_0 = NS = \frac{D}{Q_0}S$$

式中 D——商品年总需求；

$\qquad$ N——年单位订货次数；

$\qquad$ S——订货费（采购费）。

3. 购买成本（C_3）

购买成本是指采购商品所需的直接购买价格。

$$C_3 = DP$$

一般来说，物料的年总需求不变，因此，年购买成本为固定成本，且与订货批量无关。

4. 年总成本（C）

年总成本是指采购商品所需花费的各类费用。

$$C = C_0 + C_1 + C_3$$

（三）经济订货批量

当不考虑缺货，也不考虑存在价格波动或价格折扣的情况时，各个费用之间的关系如图 5-1 所示。

要求最合适的经济订货批量 Q^*，使得成本 C 最小，则对 Q_0 的年总成本 $C = C_0 + C_1 + C_3 = DP + \dfrac{Q_0}{2}FP + \dfrac{D}{Q_0}S$ 求得偏导数 $\dfrac{\partial C}{\partial Q_0}$，并令其等于 0，得到

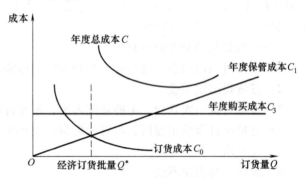

图 5-1 经济订货批量曲线

$$Q^* = \sqrt{\dfrac{2DS}{H}} = \sqrt{\dfrac{2DS}{FP}}$$

技能之窗：

经济订货批量计算练习

1. 彩虹工贸集团每年需要订购 8000 套电子笔，每套的价格是 100 元，其单位保管费率为 3%，每次订购费为 30 元。求该企业的经济订货批量、年总成本及订货次数。

解析：$Q^* = \sqrt{\dfrac{2DS}{FP}} = \sqrt{\dfrac{2 \times 8000 \times 30}{100 \times 3\%}} = 400$（件）

$N = \dfrac{D}{Q^*} = \dfrac{8000}{400} = 20$（次）

$C = C_0 + C_1 + C_3 = 20 \times 30 + \dfrac{400}{2} \times 100 \times 3\% + 8000 \times 100 = 801200$（元）

求得经济订货批量为 400 件，年订货次数为 20 次，年总成本为 801200 元。

2. 某种企业物料需求量为 800 箱，每次订购费用为 25 元，货物单价为 16 元，年存储费率为单价的 25%，求经济订货批量及订货次数。（答案略）

三、定量库存控制法

（一）定量订货法

1. 定量订货法的基本原理

定量订货法是一种基于物料数量的订货法，它主要靠控制订货点和订货
数量两个参数来控制订货，达到既能最好地满足库存需求，又能使总费用最低
的目的。定量订货法的原理是：事先确定一个订货点 Q_k（需要订货时的库存量），平时随时检
查库存，当库存下降到 Q_k 时，立即进行订货，订货数量取经济订货批量 Q^*，如图 5-2 所示。

扫码看视频

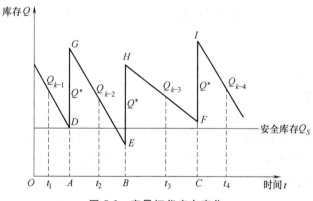

图 5-2　定量订货库存变化

首先假定物料需求速率不均匀，而是变化的，在 OA 时间段，库存以 R_1 的速率下降，
在 t_1 时刻，库存下降到 Q_{k-1}，则进行第一次订货，订货量为 Q^*。

在 t_1A 时间段内，库存继续以 R_1 的速率下降到 D 点，此时库存量等于安全库存量 Q_S，
第一次订货的物料在此时到达，库存由 Q_S 上升到 G 点。在 AB 时间段内，库存以 R_2 的速率
下降，由于 $R_2<R_1$，因此库存消耗周期较长。在 t_2 时刻，库存下降到 Q_{k-2}，则第二次订货，
订货量仍为 Q^*。在 t_2B 时间段内，库存继续以 R_2 的速率下降到 E 点，第二次订货的物料
到达，库存又提高 Q^*，到达 H 点。在 BC 时间段内，库存以 R_3 的速率下降，在 t_3 时刻，
库存下降到 Q_{k-3}，继续补货，补货量为 Q^*。库存量就是这样周期性地发生变化。

这里，有几个需要着重注意的：一是如何确定订货点 Q_{k-1}、Q_{k-2}、Q_{k-3}；二是安全库存
Q_S 在补货中起到的作用；三是各个补货时间与库存消耗的直线关系的斜率。

2. 订货点（补货点）的确定

在定量订货法中，发出订货时仓库里该品种保有的实际库存量叫作订货点，它是直接控
制库存水平的关键，订货点的确定有两种情况。

1）在需求量和订货提前期都确定的情况下，不需要设置安全库存，可直接求出订货
点，公式如下：

$$订货点\ Q_k = 订货提前期的平均需求量$$
$$= 每个订货提前期的需求量$$
$$= 每天需求量 \times 订货提前期（天）$$
$$= （全年需求量/360）\times 订货提前期（天）$$

即
$$Q_k = \frac{D}{360}LT$$

式中　D——年总需求，一般为定值；

　　　Q_k——订货点（补货点）；

　　　LT——订货提前期（交货周期），即订货订单从发出到货物入库到达的间隔时间。

2）在需求和订货提前期都不确定的情况下，安全库存的设置是非常必要的。公式如下：

订货点 Q_k =订货提前期的平均需求量+安全库存

=（单位时间的平均需求量×订货提前期）+安全库存

即
$$Q_k = \frac{D}{360}LT + Q_S$$

式中　Q_S——安全库存。

3. 安全库存的确定

安全库存是指企业为了应对不确定性因素（如需求波动、供应延迟、生产不稳定等）而额外持有的库存量。安全库存的主要目的是减少不确定性因素导致的缺货风险，从而保证生产的连续性和满足客户需求。安全库存的计算涉及概率统计的方法，分为以下三种情况。

1）当需求发生变化，提前期不变。

安全库存 Q_S =安全系数×需求变动值×$\sqrt{\text{订货提前期}}$

即
$$Q_S = Z\delta_d\sqrt{LT}$$

式中　Z——一定服务水平下的安全系数；

　　　δ_d——需求变动值（日需求的标准方差）。

在式中，安全系数 Z 可通过一定服务水平下的缺货概率及其安全系数表查到（见表5-7），其系数应服从于二项分布；订货提前期可在历史数据中查找最大数据得到；而需求变动值则可通过下列方法求得：

$$\delta_d = \sqrt{\frac{\sum\limits_{i=1}^{n}(d_i - \overline{d})^2}{n}} = \sqrt{\frac{\sum\limits_{i=1}^{n}(d_i - \overline{d})^2 f_i}{\sum f_i}}$$

式中　d_i——每期的实际需求；

　　　$\overline{d}$——统计期内实际需求的均值；

　　　n——统计期的个数；

　　　f_i——实际需求 d_i 出现的频次。

表 5-7　一定服务水平下的缺货概率及其安全系数表（正态分布 t 值表）

项目	数值						
服务水平	0.9988	0.99	0.98	0.95	0.90	0.80	0.70
缺货概率	0.0012	0.01	0.02	0.05	0.10	0.20	0.30
安全系数	3.5	2.33	2.05	1.65	1.29	0.84	0.53

技能之窗：

定量订货的计算练习

彩虹工贸集团每年需要订购精密 A 型元件 54000 个，采购部门采取定量订货控制法。其中采购费用为 95 元，单价为 100 元，保管费率为价格的 15%。彩虹工贸集团近 1 月内日需求及频次见表 5-8。已知订货提前批为 1 天，订货期间需保证货物的缺货概率不得高于 2‰，求精密 A 型元件的经济订货批量及订货点。

表 5-8　彩虹工贸集团近 1 月内日需求及频次

日需求/件	142	135	152	153	154	155	156	142
频次	2	2	8	7	5	2	4	2

解析：

1）计算经济订货批量。

$$Q^* = \sqrt{\frac{2DS}{FP}} = \sqrt{\frac{2 \times 54000 \times 95}{100 \times 15\%}} = 827 \text{（件）}$$

2）订购点。

$$Q_k = \frac{D}{360}LT + Q_S = \frac{54000}{360} \times 1 + 3.5 \times 6.16 \times 1 \approx 172 \text{（件）}$$

讨论：请计算全年精密 A 型元件的成本，并探讨可降低成本的方法。

2）当需求固定，提前期有变化时。

$$Q_S = Z\bar{d}\delta_{LT}$$

式中　$\bar{d}$——日均需求的均值；

　　　δ_{LT}——提前期的标准方差。

3）当实际需求和提前期均有变化，且二者无明显关系时。

$$Q_S = Z\sqrt{(\delta_d)^2\overline{LT} + (\delta_{LT})^2\overline{d}}$$

式中　$\overline{LT}$——提前期的均值。

4. 定量订货法的适用范围及优缺点

（1）适用范围　定量订货法适用于以下各种物品的采购。

1）单价比较便宜，而且不便少量订购的物品。

2）需求预测比较困难的物品。

3）品种数量多，库存管理事务量大的物品。

4）消费量计算复杂的物品及通用性强、需求总量比较稳定的物品等。

（2）优缺点

1）优点：管理简便，订购时间和订购量不受人为判断的影响，可以保证库存管理的准确性；由于订购量一定，便于安排库内的作业活动，节约理货费用；便于按经济订货批量订购；节约库存总成本，提高经济效益。

2）缺点：要随时掌握库存动态，严格控制订货点库存，占用了一定的人力和物力；订货时间不能预先确定，对于人员、资金、工作业务的计划安排不利；受单一品种订货的限制，采用此方法实行多品种联合订货时还需灵活掌握处理。

（二）定期订货法

1. 定期订货法的基本原理

定期订货法是一种基于时间的订货控制方法，它主要靠设定订货周期和最高库存量来达到控制库存量的目的。只要订货周期和最高库存量控制得当，就可以既不缺货，又节省库存费用。

定期订货法的原理是：事先确定一个最佳订货周期 T^* 和一个最高库存量 $Q_{\max}$，周期性地检查库存，确定检查时刻的实际库存量，同时根据已订货还没有到达的物料数量（在途物料量），以及已发出出货通知尚未出货的物料量（延期出货量），计算每次订货批量，使得订货后的"名义库存"小于最高库存量 $Q_{\max}$，并组织订货。周期订货库存变化如图 5-3 所示。

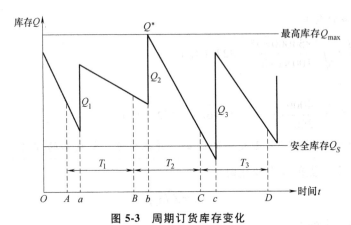

图 5-3　周期订货库存变化

2. 确定经济订货周期 T^*

订货周期实际上就是定期订货的订货点，其间隔时间是相等的。订货间隔期的长短直接决定最高库存量的大小，即库存水平的高低，进而决定库存成本的多少。所以，订货周期不能太长，否则会使库存成本上升；也不能太短，太短会增加订货次数，使得订货费用增加，进而增加库存总成本。从费用角度出发，如果要使总费用达到最低，可以采用经济订货周期的方法来确定经济订货周期 T^*，其公式如下：

$$T^* = \sqrt{\frac{2S}{DH}} = \sqrt{\frac{2S}{DFP}}$$

式中　T^*——经济订货周期；

　　　S——每次订货费；

　　　D——年总需求；

　　　H——单位货物年报关费；

　　　P——单位货物价格；

　　　F——单位货物保管费率。

3. 最高库存 $Q_{\max}$ 的确定

最高库存水平是指满足订货周期加订货提前期的时间内的需求量。它包括两部分：一部分是订货周期加订货提前期内的平均需求量；另一部分是根据服务水平保证供货概率的保险储备量。具体公式如下：

$$Q_{max} = (LT + T^*)d + Z\delta_d$$

4. 确定订货量 Q

定期订货法的订货数量是不固定的，订货批量的多少是由当时实际库存量的大小决定的。考虑到订货点的在途到货量和已发出出货指令尚未出货的待出货数量（称为订货余额），每次订货量 Q 的计算公式如下：

$$Q = Q_{max} - 实际库存量 - 在途物料量 + 已订未提货物量$$

5. 定期订货法的适用范围及优缺点

（1）适用范围

定期订货法适用于以下情形。

1）消费金额高，需要实施严密管理的重要物品。

2）根据市场状况和经营方针，需要经常调整生产或采购数量的物品。

3）需求量变动幅度大，而且变动量有周期性，可以正确判断需求量的物品。

4）建筑工程类、进出口贸易等可以确定数量的相关物品。

5）设计变更风险大的物品。

6）采购多种商品可以节省费用的情况。

7）需要定期制造的物品等。

（2）优缺点

1）优点：订货间隔区间的确定减少了库存登记费用和盘点次数，减少了工作量，提高了效率；多种货物可同时采购，降低了订单处理成本，降低了运输成本；库存管理的计划性强，有利于工作计划的安排和实行计划管理。

2）缺点：遇有突发性的大量需求易造成缺货，因此，需设定较高的安全库存水平；每次订货的批量不固定，无法确定经济订货批量，因而运营成本较高，经济性较差。

四、分类管理控制法

（一）ABC 分类控制准则

对库存物料进行 ABC 分类后，仓库管理人员应根据企业的经营策略和 A、B、C 三类物料各自不同的特点对其实施相应的管理和控制。ABC 分类控制的准则如下。

1. A 类物料

A 类物料品种数量少，但占用库存资金多，是企业非常重要的物料，要重点管理。

1）在满足用户对物料需求的前提下，尽可能降低物料库存数量，增加订货次数，减少订货批量和安全库存量，避免浪费大量保管费与积压大量资金。

2）与供应商建立良好的合作伙伴关系，尽可能缩短订货提前期和交货期，力求使供应商平稳供货，降低物料的供应变动，保证物料的及时供给。

3）严格执行物料盘点制度，定期检查，严密监控，尽可能提高库存物料精度。

4）与客户勤联系、多沟通，了解物料需求的动向，尽可能正确地预测物料需求量。

5）加强物料维护和保管，保证物料的使用质量。

2. B 类物料

B 类物料品种数量和占用库存资金额处于 A 类和 C 类之间，是企业一般重要的物料，可以采取比 A 类物料简单而比 B 类物料复杂的管理方法，即常规管理方法。对于 B 类物料中占用库存资金比例比较高的品种要采用定期订货方式或定期、定量相结合的方式。另外，对 B 类物料需求量的预测精度要求不高，只需每天对物料的增减加以记录，到达订货点时按经济订货批量订货即可。

3. C 类物料

C 类物料品种数量多，但占用库存资金少，是企业不太重要的物料，可以采取简单方便的管理方法。

1）减少物料的盘点次数。对部分数量很大但价值很低的物料不纳入日常盘点范围，只规定物料最少出库的数量，以减少物料的出库次数。

2）为避免缺货现象，可以适当提高物料的库存数量，减少订货次数，增加订货批量和安全库存量，降低订货费用。

3）尽量简化物料出库手续，方便领料人员领料，采取"双堆法"控制库存。

（二）ABC 分类控制注意事项

ABC 分类控制的目标是把重要的物料与不重要的物料区分开来并且区别对待。企业在对 ABC 三类物料进行分类控制时，需要注意以下几个方面的问题。

1）ABC 分类与物料单价无关。A 类物料占库存资金比例很高，可能因为单价不高但需求量极大，也可能因为单价很高但需求量不大。与此相类似，C 类物料可能单价很低，也可能需求量很小。通常对于单价很高的物料，在管理控制上要比单价较低的物料更严格，并且可以取较低的安全系数，同时加强控制，降低因安全库存量减少而引起的风险。

2）有时仅依据物料占用库存资金的多少进行 ABC 分类是不够的，还须考虑物料的重要性。物料的重要性主要体现在缺货会造成停产或严重影响正常生产、危及安全和缺货后不易补充三个方面。对于重要物料可以取较高的安全系数，一般为普通物料安全系数的 1.2～1.5 倍，同时加强控制，降低缺货损失。

3）进行 ABC 分类时，还要对诸如采购困难、可能发生偷窃、预测困难、物料变质或陈旧、仓容需求量和物料在经营上的急需情况等因素加以认真考虑，做出适当的分类。

4）可以根据企业的实际情况，将库存物料分为适当的类别，并不要求局限于 A、B、C 三类。

5）ABC 分类情况不反映物料的需求程度，也不揭示物料的获利能力。

习题与训练

1. 彩虹工贸集团每年需要订购电极 A 材料 54000 个，采购部门采取定量订货控制法。其中采购费用为 95 元，单价为 18.8 元，保管费率为价格的 10%。已知订货提前批为 10 天，订货期间需保证货物的破损率不得高于 1%。需求量分布见表 5-9，安全系数见表 5-10。

表 5-9 需求量分布表

项目	数据						
实际需求量/个	70	80	90	100	110	120	130
频率	2	2	8	12	10	2	4

表 5-10　安全系数表

项目	数据						
服务水平	0.9988	0.99	0.98	0.95	0.90	0.80	0.70
安全系数	3.5	2.33	2.05	1.65	1.29	0.84	0.53

请完成下列计算。

1）求电极 A 材料的经济订货批量。

2）求电极 A 材料的安全库存。

3）求电极 A 材料的订货点。

2. 彩虹工贸集团对荧光粉的全年需求量为 1440t，每次订货成本为 40 元，单位产品的平均年保管费为 2 元，求此货物的经济订货周期。

单元三　人员管理与配备

【思维导图】

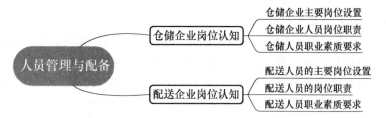

一、仓储企业岗位认知

（一）仓储企业主要岗位设置

仓储企业的规模、类型、设施设备、作业内容和服务对象不同，所以岗位设置也不尽相同。仓储企业一般可以设置以下岗位。

扫码看视频

1）采购管理部。负责订货、采购、进货等作业环节的安排及相应的事务处理工作，同时负责对货物的验收工作。

2）仓储管理部。负责货物的保管、拣取、养护等作业运行与管理。

3）加工管理部。负责按照要求对货物进行包装、加工。

4）配货管理部。负责对配送货物的组配和出库货物的拆选（按客户要求或方便运输的要求）作业进行管理。

5）运输管理部。负责按照客户要求制订合理的运输方案，将货物送交客户，完成送货后进行确认。

6）客户服务管理部。负责接收和传递客户的订货和送达货物的信息，处理客户投诉，处理客户退换货请求等业务。

7）财务管理部。负责核对配送完成表单、出货表单、进货表单和库存管理表单，协调、控制、监督整个配送中心的货物流动，同时负责管理各种收费发票和物流收费统计、配送费结算及编制会计报表等工作。

8）退货管理部。当营业管理组或客户服务组接到退货信息后，将安排车辆回收所退货品，再集中到仓库的退货处理区，重新清点整理。

在仓储企业的岗位设置中，不仅要明确各岗位的工作内容，还要规定各岗位的工作标准，以及其与岗位的关联程度等内容。

（二）仓储企业人员岗位职责

1. 仓储中心人员配备

合理配备仓储中心的各类人员，是指根据仓储中心各项工作的需要，给不同的工作配备相应工种的人员，以保证各项工作正常有序进行。

人员配备主要是指配备各级、各部门的主管人员，然后根据组织的实际情况进行授权。由于现代化的仓储中心功能齐全、运作复杂，因此对管理人员、操作人员的素质要求较高。仓储中心一般需要配备以下人员。

1）高级管理者。负责协调运转，对公司和客户负责，进行危机处理，制订发展战略及规划。

2）现场管理者。对作业流程监督控制，负责配送中心现场作业调度，并负责排除应急故障。

3）信息管理员。负责信息的接收、处理、传递及信息设备的维护。

4）计划员。负责短期作业计划工作。

5）操作员。负责验收、入库、保管、出库、分拣、理货、驾驶、加工与包装等活动。

此外，还包括市场开发人员、财务管理人员及安保人员等。

各岗位工作人员应明确分工、相互协作、权责清晰、服从调度，所有管理人员及一般职员应精干高效、相对稳定，各部门的人员素质要有一定的均衡性。

2. 仓储人员的岗位职责

根据《中华人民共和国职业分类大典》，每个工作岗位均有自己的工作特点，正所谓"术业有专攻"。仓储人员基本包括仓储经理、仓储主管、仓管专员、仓库保管员、信息员、理货员、配送员、调度员、搬运员等岗位。

（1）仓储经理岗位　仓储经理的岗位职责见表5-11。

表 5-11　仓储经理的岗位职责

岗位名称	仓储经理	部门	仓储部	直属上级	总经理
内部协助	业务部、运输部、采购部			外部协作	供应商、经销商
岗位描述	计划、指导和协调仓储部的仓储活动及仓储服务提供商的活动				
职责一	负责仓储业务管理工作： 1）仓库全年工作计划制订及实施 2）物流供应商的选择、谈判、管理与考核 3）与经销商进行供货谈判 4）与运输公司、保险公司就服务与优先权等问题进行谈判 5）制订并管理部门预算				
职责二	负责仓储作业实施工作： 1）对企业资源计划数据进行监控，确保数据准确、清晰 2）定期对库存物资进行分析，包括账龄分析、产品分布分析，并就出现的问题提出解决方案 3）对呆滞品、不合格品提出合理的解决方案，确保仓库物资处于流通状态 4）盘点物资后，对盘点出现的盈亏进行分析，并提出解决方案 5）对产品交付、仓储工作进行监督，确保产品交付能够满足客户预订要求 6）对下辖仓库进行监督，对仓库进行有效的控制				

（续）

职责三	负责仓储行政工作: 1)招聘管理人员,并负责培训和指导 2)监督和指导下属人员展开工作 3)定期对下级进行绩效考核,确定人员奖励和升降级 4)召开会议,下达作业任务或协调各部门之间的工作 5)负责下属各部门文件的签审

（2）仓储主管岗位 仓储主管的岗位职责见表5-12。

表 5-12 仓储主管的岗位职责

岗位名称	仓储主管	部门	仓储部	直属上级	仓储经理
内部协助	业务部、运输部、采购部			外部协作	供应商、经销商
岗位描述	计划、指导和协调仓储部的仓储活动及仓储服务提供商的活动				
职责一	负责仓储作业项目实施工作: 1)监控、管理成品及物料收发程序的执行,保证进出库货物在品种、数量上准确无误 2)负责物资出入库管理,贯彻先进先出原则,做到物、账、卡相符 3)组织仓库盘点,处理盘点差异 4)组织仓库流通加工作业,包括产品包装、配货、理货、发货 5)督导作业人员做好仓储器械的日常保养及安全操作工作				
职责二	负责仓储作业改进工作: 1)监督仓库运行的数据统计工作,分析报表,提出改善建议 2)分析库房需要,对新建或租用仓库提出建设依据和建议方案 3)加强与相关部门的沟通,准确、及时地向管理层和相关部门提供库存报告,确保库存水平和品种的合理性、安全性 4)负责监督调配仓库器械,对器械利用率进行分析,并提出改善建议				
职责三	负责仓储行政工作: 1)与上级协调,确保所监控物料库存得到正确、足够的保险安排 2)加强与各仓库及业务部门的工作联系,配合营运计划的实施 3)制订合理的人员绩效考核标准,检查、督导、考核下属的工作,提高其专业技能 4)及时完成上司委派的任何其他工作,就日常工作程序及时向上司提出改进建议 5)签发、上报各项文件				

（3）仓管专员岗位 仓管专员的岗位职责见表5-13。

表 5-13 仓管专员的岗位职责

岗位名称	仓管专员	部门	仓储部	直属上级	仓储主管
内部协助	配送部、加工部、装卸部、搬运部			外部协作	运输部、采购部
岗位描述	负责各类物资入库、保养、出库等环节的操作工作				
职责一	负责仓储作业项目实施工作: 1)严格按照物资入库检验标准执行物资入库检验工作 2)引导搬运人员进行物资的堆码、苫垫工作 3)负责物资的发放工作 4)检验发货手续,拣选所发货物 5)负责定期对仓库物料盘点清仓,做到账、物、卡三者相符,协助仓储主管做好盘点工作 6)根据工作情况提出有利于作业的建议,优化作业流程 7)完成上级交办的其他事项				
职责二	负责仓储日常事务工作: 1)服从仓库主管的工作安排与调遣 2)认真落实和执行仓库的"7S"管理工作,即整理、整顿、清扫、清洁、素养、安全、节约 3)监督仓库员工的日常工作 4)协助仓库保管员做好仓库的消防和安全保卫工作,维护仓库内财务及人身安全 5)协调客户、司机、卸货作业人员的关系,及时处理一般性的现场投诉,上报并参与处理各类仓储事故和各类突发事件 6)协调保管员开展其他仓储作业				

（4）仓库保管员岗位　仓库保管员的岗位职责见表5-14。

表 5-14　仓库保管员的岗位职责

岗位名称	仓库保管员	部门	仓储部	直属上级	仓储主管
内部协助	配送部、加工部、装卸部、搬运部			外部协作	运输部、采购部
岗位描述	负责仓库的物资保管工作,协助仓管专员落实验收、入库、出库等工作				
职责一	负责仓储保养维护工作: 1)合理安排物料在库房内的存放位置,按物料种类、规格、等级分区堆码 2)负责整理货位上的库存货物,确保货物清洁及整齐 3)制订物资保养计划,对储区物资进行检查和保养 4)负责收集仓库管理中的出/入库单、验收单等凭证,参与建立档案,并妥善保管 5)负责定期对仓库物料盘点清仓,做到账、物、卡三者相符 6)协助物料主管做好盘点、盘亏的处理及调账工作 7)每日将文档整理清楚并及时装订归档,保证账目完整				
职责二	负责仓储安全事务工作: 1)负责仓库消防安全管理,包括检查消防设施、材料等,排除火灾隐患 2)负责仓库区域内的治安、防盗、消防工作,发现事故隐患及时上报,及时处置意外事件 3)负责将物料的存储环境调节到最佳状态,密切关注温度、湿度、通风、鼠害、虫害、腐蚀等因素				
职责三	协助执行其他事务性工作: 1)负责协助仓库管理员进行物料出入验收等工作 2)负责协助仓库管理员进行处理呆废料 3)完成领导交给的其他任务				

（5）信息员岗位　信息员的岗位职责见表5-15。

表 5-15　信息员的岗位职责

岗位名称	信息员	部门	仓储部	直属上级	仓储主管
内部协助	配送部、加工部、装卸部、搬运部			外部协作	运输部、采购部
岗位描述	负责仓库信息化和日常事务管理工作				
职责一	负责仓库信息管理工作: 1)负责客户订单信息的接收与输出 2)负责物资入库验收信息的录入、整理 3)负责发货信息的传递、录入、输出 4)负责物资配送,调配信息的传达、录入、输出 5)负责库存信息的账目管理 6)负责盘点信息的录入、更新 7)负责各部门物资需求信息的传达与共享 8)负责库存物资的监督与预警 9)仓储部员工信息管理,包括工作、考核等信息				
职责二	负责仓管文件管理工作: 1)物资入库验收单据的收集、整理 2)物料发放单据的收集、整理 3)发货单据的收集、核查、整理 4)物资盘点报表的整理 5)仓库各组报表的上报与管理 6)物资账目的更新与删减				

（6）理货员岗位　理货员的岗位职责见表5-16。

表 5-16　理货员的岗位职责

岗位名称	理货员	部门	仓储部	直属上级	仓储主管
内部协助	配送部、加工部、装卸部、搬运部			外部协作	运输部、采购部
岗位描述	负责出库待发物资的检查、准备、核对工作				
职责一	负责仓库物资发货准备工作： 1）负责检验物资包装、标识，存有瑕疵的，进行修复 2）对待运物资进行包装、拼装、改装及加固包装工作 3）负责物资装箱单的填写，注明收货人 4）将出库物资分类集中，满足装车需要，同时填写收货单				
职责二	负责发货物资质量事故处理工作： 1）物资集中后，清点物资数量，发现不足时及时补全 2）物资集中后，检查物资质量，确认物资有无损坏 3）物资有损坏时，采取补救措施，并协助管理者查找原因，划归责任 4）成品、半成品出现问题时，联系生产部和质检部商讨解决				
职责三	仓库发货物资核对工作： 1）核对物资品种、规格、等级和型号 2）负责发货的监督工作，领货人依据凭单提取货物 3）负责与领货人进行物资复核工作 4）完成领导交办的其他事项				

（7）调度员岗位　调度员的岗位职责见表 5-17。

表 5-17　调度员的岗位职责

岗位名称	调度员	部门	仓储部	直属上级	仓储主管
内部协助	配送组、加工组、装卸组、保管组			外部协作	客户
岗位描述	负责车辆的调度、运输费用的处理				
职责一	负责仓库配送任务调度工作： 1）制订某时期内的运输计划 2）与配送组沟通，确定配送货物的规模，调派相应的车辆 3）审核运输单据，确认有仓储主管的签字，否则不予调派 4）妥善协调配送中的车辆冲突 5）审核运费，上报批准 6）处理运输过程中出现的事故 7）运输任务完成后，负责车辆出勤的统计工作				
职责二	负责仓库调度工作： 1）及时填写出车记录 2）交接班时做好记录，交代清楚遗留事项 3）登记司机的出勤情况 4）记录司机的出车情况 5）记录车辆的动态情况 6）初审司机路单，发现问题及时上报 7）提高车辆周转率 8）完成领导交予的其他任务				

（三）仓储人员职业素质要求

仓储人员需要具备以下素质。

1）认真贯彻仓库保管工作的方针、政策，树立高度的责任感，忠于职守，廉洁奉公，热爱仓储工作，具有敬业精神；树立为客户服务、为生产服务的观念，具有合作精神；树立讲效率、讲效益的思想，关心企业的经营管理。

2）严格遵守仓库管理的规章制度和工作规范，严格履行岗位职责，及时做好物资的入库验收、保管保养和出库发运工作；严格遵守各项手续制度，做到收有据、发有凭，登记销账及时准确，手续完备，账物相符，把好收、发、管三关。

3）熟悉仓库的结构、布局、技术定额，熟悉库存规划，熟悉堆码、苫垫技术，掌握堆垛作业要求。在库容使用上做到妥善安排货位，合理高效地利用仓容，堆垛整齐、稳固，间距合理，方便作业、清点、保管、检查、收发。

4）熟悉仓储物资的特性、保管要求，能够有针对性地进行保管，防止货物损坏，提高仓储质量；熟练填写账表、制作单证，妥善处理各种单证业务；了解仓储合同的义务约定，完整地履行义务；妥善处理风、雨、热、冻等自然灾害对仓储物资的影响，减少损失。

5）重视仓储成本管理，不断降低仓储成本管理。妥善保管剩料、废旧包装，收集和处理好地脚货，做好回收工作。妥善保管、细心使用苫垫、货板等用品用具，延长其使用寿命。重视研究物资仓储技术，提高仓储利用率，降低仓储物耗损率，提高仓储的经济效益。

6）熟练掌握计量、衡量、测试用具和仪器仪表的使用；掌握分管物资的货物特性、质量标准、保管知识、作业要求、工艺流程；及时掌握仓储管理的新技术、新工艺，适应仓储自动化、现代化、信息化的发展，不断提高仓储管理水平；了解仓库设备设施的性能要求，督促设备维护和维修。

7）严格执行仓库安全管理的规章制度，时刻保持警惕，做好防火、防盗、防破坏、防虫害等安全保卫工作，防止各类灾害和人身伤亡事故，确保人身、物资、设备安全。

此外，仓储管理人员还应具备较强的办事能力，能分清轻重缓急，有条不紊地处理事务；具有较强的团队合作意识和吃苦耐劳的精神；同时还需具备一定的财务知识。

二、配送企业岗位认知

（一）配送人员的主要岗位设置

配送中心的一些必要岗位设置应由配送中心的作业流程来决定。配送中心一般可以设置以下岗位：

（1）采购或进货管理组　采购或进货管理组负责订货、采购、进货等作业环节的安排及相应的事务处理，同时负责货物的验收工作。

（2）储存管理组　储存管理组负责货物的保管、拣取、养护等作业运行与管理。

（3）加工管理组　加工管理组负责按照要求对货物进行包装、加工。

（4）配货组　配货组负责对出库货物的拣选和组配（按客户要求或方便运输的要求）作业进行管理。

（5）运输组　运输组负责按客户要求制订合理的运输方案，将货物送交客户，同时对完成配送进行确认。

（6）营业管理组或客户服务组　营业管理组或客户服务组负责接收和传递客户的订货信息，送达货物的信息，处理客户投诉，受理客户退换货请求。

（7）财务管理组　财务管理组负责核对配送完成表单、出货表单、进货表单、库存管理表单，协调控制监督整个配送中心的货物流动，同时负责管理各种收费发票和物流收费统计、配送费用结算等工作。

（8）退货与退货作业组　当营业管理组或客户服务组接到退货信息后，将安排车辆回收退货商品，再集中到仓库的退货处理区，重新清点整理。

　　以上是一般配送中心设置的主要岗位。由于配送中心的规模、设施设备、作业内容、服务对象不同,岗位设置也不尽相同。

　　(二)配送人员的岗位职责

　　不同的配送企业其岗位设置有所差异,常见的管理岗位有配送经理、配送主管等,常见的操作岗位主要有订单处理员、仓管员、拣货员、补货员、配送员。

1. 配送经理

　　配送经理的岗位职责见表5-18。

表 5-18　配送经理的岗位职责

岗位名称	配送经理	部门		直属上级	总经理
内部协助				外部协作	
岗位描述	负责监督和管理整个配送流程,确保货物在从仓库到客户手中的运输过程中保持高效、安全、及时				
职责	1)对营运部负责,主持配送中心日常管理工作,负责对收货区进出的货物及有关单据进行审核、把关,快速、准确地传递单据 2)负责库存货物调拨、送货和对账的管理工作 3)确保收货区库存货物质量完好、数量完整 4)对货物进出过程中存在的问题及时处理,将重大事件及时通报有关部门 5)合理分配员工工作,负责下属员工的管理、监督、考核、培训 6)监督检查防火、防盗、防鼠、防汛工作,负责仓库财产安全 7)制订并实施本部门的工作和培训计划,并对执行情况进行监控、评估 8)建立和修改本分部的管理制度及实施细则,使其具备可行性和合理性 9)积极配合各部门的工作,协调处理各部门与本部门之间的关系				

2. 配送主管

　　配送主管的岗位职责见表5-19。

表 5-19　配送主管的岗位职责

岗位名称	配送主管	部门		直属上级	配送经理
内部协助				外部协作	
岗位描述	负责出入库物资的装卸与搬运				
职责	1)做好配送中心收货、退货、送货的管理,以及有关单据的审核、把关,快速、准确地传递单据 2)确保库存货物和配送货物包装完好、数量正确 3)对货物进出过程中存在的问题及时上报、跟进处理并反馈 4)主持例会,负责下属员工的管理、监督、培训 5)积极配合各部门的工作,协调处理各部门与本部门之间的关系 6)定期对仓库物品进行清查、整理,确保商品安全 7)做好储存货物的盘点工作,做到账实相符 8)负责来往单据及凭证的记录、整理工作,建立货物出入库台账,按期对账,并向财务交送对账单及各种有效单据 9)监督检查防火、防盗、防鼠、防汛工作,严格执行安全消防规定,确保人身及仓库财产安全 10)熟练操作各种装卸设备,了解其基本性能,保证库区工作环境的整理、清洁				

3. 订单处理员

　　订单处理员的岗位职责见表5-20。

4. 拣货员

　　拣货员的岗位职责见表5-21。

5. 配送员

　　配送员的岗位职责见表5-22。

表 5-20 订单处理员的岗位职责

岗位名称	订单处理员	部门		直属上级	配送主管
内部协助				外部协作	
岗位描述	负责客户订单处理与录入				
职责	1）接收订单资料 2）在规定时间内，将客户的订单进行确认和分类，判断与确定要配送货物的种类、规格、数量及送达时间 3）建立客户订单档案 4）对订货进行存货查询，并根据查询结果进行库存分配 5）将处理结果进行打印输出，如拣货单、出货单等 6）根据输出单据进行出货物流作业				

表 5-21 拣货员的岗位职责

岗位名称	拣货员	部门		直属上级	配送主管
内部协助				外部协作	
岗位描述	负责拣货作业及拣货设备的检查与保养				
职责	1）根据客户的订单要求，从储存的货物中将客户所需要的货物分拣出来，放到发货场指定的位置，以备发货 2）熟练操作拣货作业，认真完成每日的拣货作业任务 3）完成拣货作业总结和报告 4）做好拣货设备的定期检查，发现设备出现不良状况时及时向保养人员报告				

表 5-22 配送员的岗位职责

岗位名称	配送员	部门		直属上级	配送主管
内部协助				外部协作	
岗位描述	负责将货物送达并与客户沟通				
职责	1）负责客户委托代运货物的运输计划的安排和组织 2）负责与承运部门，客户的提货、送货等业务部门联系，以及有关问题的协调与处理 3）负责将在车站、码头、机场、邮局提取的货物的到货凭证、发货运单、结算单据等单证、资料交业务受理员 4）熟悉和掌握各种运输方式的业务规程与要求，了解和掌握社会运输资源、有关信息、收费标准、交通路况等，熟悉和掌握本单位的自有运输能力和车辆、设备状况				

（三） 配送人员职业素质要求

配送人员需要具备以下素质。

1） 送货员必需遵守国家法律、法规，遵守公司章程，遵守公司各项管理制度及规定。

2） 具有高度的责任心，工作态度端正，对客户热忱，有较好的客户服务意识。

3） 具有良好的逻辑分析能力、沟通能力和快速处理能力，抗压能力强。

4） 能熟练使用计算机及办公软件，熟悉 ERP 软件。

5） 熟悉快递配送业务，熟悉项目管理相关标准。

此外，配送人员还应具备较强的办事能力，能分清轻重缓急，有条不紊地处理事务；具有较强的团队合作意识和吃苦耐劳的精神；同时还需具备一定的智慧物流理念。

习题与训练

1. 请查找网上资料，结合本节所学，写出仓储企业的岗位有哪些，具体的职责是什么。

2. 请查找网上资料，结合本节所学，写出配送企业的岗位有哪些，具体的职责是什么。

单元四　智慧仓配一体化系统软硬件建设

📖 【思维导图】

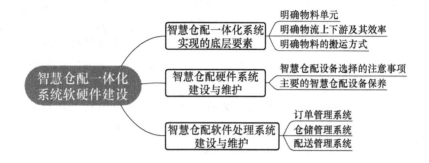

智慧仓配一体化系统软硬件建设
- 智慧仓配一体化系统实现的底层要素
  - 明确物料单元
  - 明确物流上下游及其效率
  - 明确物料的搬运方式
- 智慧仓配硬件系统建设与维护
  - 智慧仓配设备选择的注意事项
  - 主要的智慧仓配设备保养
- 智慧仓配软件处理系统建设与维护
  - 订单管理系统
  - 仓储管理系统
  - 配送管理系统

【引例】

京东亚洲一号仓助力购物"多、快、好、省"

在"618"全球年中购物节期间，京东物流启用亚洲电商物流领域规模超大的智能物流仓群，全国 23 座亚洲一号智能物流园区投入运营。至此，京东智能物流园区建设已经形成以北京、上海、广州、成都、武汉、沈阳、西安和杭州为中心的八大物流枢纽，可以促进长三角、珠三角、京津冀、中部经济圈、海西经济圈、西南经济圈、东北经济圈、西北经济圈全国八大经济圈供应链效率的全面提升，涵盖 3C、数码、家电、日用百货、美妆、生鲜等品类，这意味着京东物流围绕"830 战略"，搭建高效协同的全球智能供应链基础网络取得了重要进展。

亚洲电商物流领域最大的智能仓群向全国乃至全球展示了我国物流"黑科技"的巨大能量。目前，亚洲一号所有单体仓库的订单日均处理能力都在 10 万件以上，广州、武汉、昆山等智能仓库的日处理能力在百万量级。自动化立体仓库、"地狼"仓、"天狼"仓、智能分拣机的运营效率均至少是传统仓库的 3 倍以上，一些应用成熟的机器人、自动打包机的订单处理速度更是传统仓库的 5 倍以上。无人智能仓拣选机器人如图 5-4 所示。"地狼"拣选系统如图 5-5 所示。

图 5-4　无人智能仓拣选机器人

硬件设备的背后是统管全局的"智能大脑"，在智能排产、包装耗材的智能推荐、拣货路径优化等方面进行了诸多创新。智能排产由"智能大脑"统筹计算每个订单的生产和配送时间，对订单的处理进行优化组合，该功能将仓内自动组单的占比提升至73%，组单合理性和出库效率大幅度提升。据统计，自智能排产的功能上线以来，京东物流的大促催单率同比下降8.2%，商品经济损失减少约6000万元。

图5-5　"地狼"拣选系统

"精卫推荐"是京东物流在包装耗材方面的一项创新，可以根据不同订单类型自动计算与商品最匹配的耗材型号，确保纸箱、手提袋的精确使用。数据显示，2019年3月，北京某3C仓库通过"精卫推荐"进行耗材推荐的准确率在96.5%以上；在拣货路径优化方面，"智能大脑"通过蚁群算法计算商品从主通道不同入口进入复核台所需的最短拣货路径，以减少员工无效拣货。

"智能大脑"正在成为亚洲一号这个庞大的智能体系高效运转的"司令官"，消费者的每一次下单，其背后都需要数百次数据的处理。而在分拣中心，"智能大脑"在1min内即可完成千亿次计算。

一、智慧仓配一体化系统实现的底层要素

底层要素是事物发展的前提，智慧仓配一体化系统的实现依赖于多个底层要素，这些要素共同构成了系统的基础架构和运作逻辑。

（一）明确物料单元

不论是人工作业物流还是依靠智能装备作业的物流，本质上都是对物料的操作过程。在这个过程中，主体是人或物流设备，客体是要被处理的各种物料单元。分析不同物料的基本属性是智能物流系统建设最基础的一步。

当前社会的商品极为丰富，不论是在电商的仓库里，还是在生产企业的工厂里，都有数量庞大、种类繁多的物料。这些不同的物料由于形状、重量、堆放方式、存取频率不同，在仓库存放或在搬运时也会有很大的差异。有些物料适合采用货架的形式存储，有些物料适合被打包起来一并放到周转箱内存放。有些物料太重必须用叉车托运，而有些小件物料由于轻便适合纯人工搬运。在同一个仓库内，可能由于存放的物料品类太多而无法采用统一的存放方式，人们不得不根据实际业务情况，将不同的物料进行分区和分方式存放。

1. 物料的物理特征

确定搬运什么样的物料是进行物流系统设计的第一步，因此需要对物料的物理特征进行分析，以便后续充分了解如何存放、如何存放得更好及如何更好地流通。

（1）外形特征　以下是一些关键的物料外形特征。

1）尺寸：物料的长度、宽度和高度决定了其体积，这对于确定存储空间和运输方式至关重要。

2）重量：物料的重量影响其搬运和运输所需的设备和方法。

3）形状：物料是规则形状（如球形、圆柱形、立方体）还是不规则形状，决定了其堆叠、存储的方式。异形货物存储状态如图 5-6 所示。

图 5-6　异形货物存储状态

4）结构稳定性：物料的稳定性影响其在搬运和存储过程中的安全。

外形特征在物料管理的每个环节都需要仔细考虑，以确保物料的有效性和安全性。例如，重物可能需要使用叉车搬运，而轻质物料可能适合人工搬运；易碎品需要使用防震包装材料；不规则形状的物料可能需要定制的存储解决方案等。了解物料的外形特征对于设计高效的物流系统和优化库存管理至关重要。

（2）货物的码放方式　大部分物料不论是在仓库里还是在容器中存放，往往不会以单个形式存在，而是按照某种方式与同品类其他物料堆放在一起（仓库或容器里）。有些场景下物料的不同码放方式会对后续物流各环节的作业产生巨大影响。合理的物料码放能产生意想不到的效果，更加节省空间，提升搬运效率或增强拣选的便利性等。码放方式的不合理会间接导致搬运效率下降。

（3）货物的生化特性　货物的生化特性是指货物在生物学和化学方面的属性，这些特性对于货物的存储、运输和处理方式有重要影响，例如，易腐性、腐蚀性等。

2. 物料的信息

要想从仓库中出库一种物料，首先得知道这种物料在仓库里有没有，数量有多少，物料在仓库里的哪个托盘上，这个托盘在仓库的什么位置等。众多物料一直在随着物流作业周转移动，这给物料的跟踪管理带来很大挑战。因此，对物料单元进行信息标定是非常有必要的，可以有效帮助管理人员管理物料，为智能物流系统提供物料的基础数据来源。

（1）物料的身份标识　如同给每个人赋予身份证一样，每个物料单元也需要能唯一标识的"身份证"。物料的"身份证"通常采用 RFID 粘贴式芯片、信息条码或流通二维码，如图 5-7 所示。每个标签里都存储着该物料唯一标识的号码或其他信息。

a) RFID 粘贴式芯片　　　　b) 物料信息条码　　　　c) 物料流通二维码

图 5-7　物料的各类信息标识

（2）物料的信息关联　标签的信息量通常是有限的。例如，条码标签被条码枪扫描后，读取到的信息只是一串号码。如果不对这串号码赋予一定的含义，就对物料管理没有太大的实际意义，因为人们不可能通过记住号码组合来判断其究竟对应哪个物料单元。因此，要想利用好每个标识，就需要专门的管理软件。

仓库常用的管理软件为 WMS，每个物料单元的标识在 WMS 系统里都可以查到对应的身份信息。例如，条码号为"46006916"的标签在软件里登记的是"开古八宝菊花茶 115g"，在仓库里只要出现这个条码号，就可以通过软件或 App 终端查询到这个条码号对应的详细物料信息。手持 PDA 与后台 WMS 系统绑定扫码如图 5-8 所示。

图 5-8　手持 PDA 与后台 WMS 系统绑定扫码

同时，物流管理软件可以基于这个标识衍生出更多其他的功能。例如，可以溯源条码对应的物料的作业时间、作业状态等基本信息。

3. 物料的标准化

物料的标准化是指在物料的设计、生产、检验和使用等各个环节中，采用统一的标准和规范，以实现物料的通用性、互换性和一致性。物料标准化对于提高生产效率、降低成本、保证产品质量和促进供应链管理等方面具有重要意义。

（1）标准化的内容

1）统一规格：物料的尺寸、形状、重量等物理特性遵循统一的标准。

2）统一材料：物料使用的材料类型和性能符合特定的标准。

3）统一工艺：物料的制造工艺和流程遵循统一的规范。

4）统一标识：物料的标识、编码和标签遵循统一的规则。

5）统一测试：物料的检验和测试方法遵循统一的标准。

（2）标准化的重要意义　物料标准化是将物料的尺寸、性能、规格、编码等方面进行统一规范的过程，其重要性体现在以下多个方面。

1）提高生产效率：标准化物料可以简化生产流程，减少生产中的调整和转换时间，提高生产线的效率。

2）降低成本：通过规模经济效应，标准化物料可以减少生产和库存成本，同时简化采购流程，降低采购成本。

3）增强互换性：标准化的零件和组件易于互换，便于维修和更换，提高了设备的可靠性和维修效率。

4）简化库存管理：标准化物料减少了库存种类，简化了库存管理和物流操作流程，降低了库存成本。

5）促进供应链协同：标准化物料有助于供应链各环节之间协同工作，提高了整个供应链的效率和响应速度。

6）支持自动化和信息化：物料标准化是实现自动化和信息化的基础，便于将物料集成到自动化系统中，提高物料处理的自动化水平。

4. 物料的数量统计

不论是库存管理还是物流作业效率的计算，都需要对物料的数量进行统计和分析。数量统计有助于管理人员对生产进行实时决策管理，同时为物流服务在引入各类智能物流系统的规划提供量化设计的依据。

在电子元器件生产过程中，工厂的销售人员和生产线人员比较关注生产线每天能生产多少件产品。对于物流人员来说，比较关注以托盘为单位的物料数量，例如，关注每小时入库多少个托盘，而不关注每小时入库多少件电子元器件。业务数据到物料单元数据的转换，对于厂内智能物流系统的建设和管理有非常重要的意义。

在建设智能物流系统前期，通常要统计和分析如下几个方面的数据。

1）各区域的物料单元存放量。各区域物料单元存放量有多种表述方式。例如，A 仓库可容纳 2000 个托盘；某工位上的临时存放区最大缓存数量为 100 个料箱；每个拣选工位要预备 50 个料箱作为待拣选物料等。

2）各区域的物料单元进出量。各区域物料单元进出量有多种表示方法。例如，在仓库区每小时进出多少个托盘；每小时往多少个托盘码垛多少个箱子；每个卸货口每小时要装车多少个料箱等。

3）去向不同区域的物料单元量。去向不同区域物料单元示例如下：仓库每小时接收托盘 100 个，每小时向 1 号车间出库 10 个托盘，每小时向 2 号车间出库 20 个托盘，每小时从打包车间接收 50 个托盘。

4）物料拆分/合并后的物料单元量。物料拆分/合并后物料单元量表示如下：在打包工作区域，每小时收到 200 个标准物料盒，打包到托盘上后（每托盘 20 箱），每小时从打包工作区搬运出去 10 个托盘。

5. 空物料单元量

空物料单元在智能物流系统设计前期是很容易遗忘的内容。不论是存储量统计还是物流效率计算，都应该统计空物料单元量。例如，库内要预留多少空料箱备用，打包区域每小时要提供多少个空托盘；再如机械手拆箱工位处每小时要运走多少个被抓取物料后的空料箱等。

6. 平均值和峰值

以上提及的各种统计数据都要同时计算这两个数据：平均值和峰值。平均值主要用来为智能物流系统前期设计中分析常规物流业务时提供数据依据，峰值主要用来为在特殊业务情境下的设计提供参考。

（二）明确物流上下游及其效率

一个智能物流系统不论复杂还是简单，都是通过多个物流装备互相配合从而实现物料单元的搬运和存取的。在搬运和存取过程中，物料单元从一个物流设备上被输送或装载传递到另外一个物流设备上，以此类推，直到物料单元被传递到最终目的地。等到下次有新的搬运指令时，物流系统将这个物料单元移动到该次任务的最终目的地。

智能物流系统中的上下游关系如同人体的经脉贯穿全身，环环相扣的上下游组成了完整的物流系统。从物料单元的角度来看，在被搬运过程中，先作用于物料的物流设备称为上游设备，后作用于物料的物流设备称为下游设备。

对于物流装备上下游的衔接，存在以下四种情况。

1. 一个上游对应一个下游

如图 5-9 所示，物料由输送机进行搬运，斜坡输送机称为上游设备，水平输送机称为下游设备。物料单元是被从唯一的上游输送到下游的。

2. 一个上游对应多个下游

在分拣主线输送机上输送物料单元，根据不同的属性，物料单元被分流输送到六个不同的支流输送机。因此，主线输送机称为上游物流设备，六个支流输送机称为下游输送机，六个支流输送机接收主线输送机分配输出的物料单元。这是典型的一个上游对应多个下游设备的情况，如图 5-10 所示。

图 5-9　输送机工作（1 对 1）

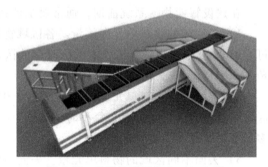

图 5-10　分拣输送机工作（1 对 N）

3. 多个上游对应一个下游

自动化立体仓库在入库作业时，有多组不同高度的输送机供给托盘作为立体库的入库站台。因此，图 5-11 中的多个输送机称为上游物流设备，立体库称为下游物流设备，立体库可以接收来自不同输送机的来料托盘，此例为典型的多个上游对应一个下游的情况。

4. 多个上游对应多个下游

在全自动物流配送中心有如图 5-12 所示的分拣机器人与 AGV 机器人联用的包裹拣选方案：多台工业机械手将包裹抓取后放置到多台地面分拣机器人上，分拣机器人将包裹搬运到

图 5-11　自动化立体库工作（N 对 1）

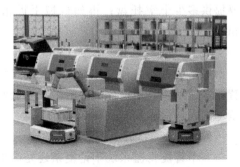

图 5-12　分拣机器人与 AGV 机器人联用工作（N 对 N）

系统指定的分拣目的地。此例中的机械手称为上游物流设备，分拣机器人称为下游物流设备，上下游对应关系为多台机械手对多台分拣搬运机器人。多个上游对多个下游的方案通常应用在上下游设备都是离散搬运设备的应用场景下。

（三）明确物料的搬运方式

物流中心的作业活动主要包括搬运、存储、拣选、分拣、包装、装卸等。这些作业可以归结为搬运和存储两种，而存储可以认为是一种特殊的搬运。因此，对搬运方式的分析和选择是仓配一体系统建设必须要明确的。

1. 离散式搬运特点及设备

离散式搬运的一个突出特征是搬运次数"可数"。对于离散式搬运，我们可以清楚地数出当前搬运设备在某段时间内搬运了多少趟，每次搬运了多少物料单元，总共搬运了多少物料单元。假如离散式搬运要完成的任务是从 A 点搬运到 B 点，那么 B 点接收到的节拍如图 5-13 所示：

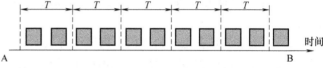

从时间轴上来看，B 点接收到的物料单元是周期性的、可数的、离散式的。从中可以很轻易地算出单位周期时间内的搬运效率。

图 5-13　B 点接收货物的节拍

离散式搬运设备在运行期间会占用一定的公共资源，例如，通道、收货接驳权限、送货接驳权限等。多个设备同时运行时会互相抢占资源，因此 n 个搬运设备同时运行时的整体效率会小于 n 倍单个搬运设备的效率。多个离散式搬运设备之间的制约往往会带来互相等待、设备绕行等影响。

在智能物流系统中，离散式搬运设备（系统）非常多，常见的有智能 AGV 机器人、双向穿梭车机器人、仓库提升机、巷道堆垛机等自动化设备，如图 5-14~图 5-17 所示。

图 5-14　各系列智能 AGV 机器人

图 5-15　双向穿梭车机器人

图 5-16　仓库提升机

图 5-17　巷道堆垛机

2. 离散式搬运的通信

由于离散式搬运系统的一个重要特点是机动性，这就意味着搬运设备可以通过自由移动的方式在不同的位置之间进行物料的搬运。由于设备本身具有不停移动的特点，因此如何解决移动通信的问题是个挑战。

（1）通信对象

1）多台离散式搬运设备之间的通信。由于多台离散式搬运设备在共同完成一项总的上下游搬运任务，因此设备之间不可避免地会出现如下情况。

① 同时接驳同一个上游点或同时接驳同一个下游点。

② 由于设备在同时移动，可能会同时移动到同一个位置，占用同一个公共资源（如都要乘坐同一部电梯，都要通过同一扇门等）。

因此搬运设备之间只有做到互相避让，遵守一定的运行原则，才能保证多台设备之间默契配合，最终共同完成搬运任务。而搬运设备之间可以互相通信是多个设备可以协同工作的前提。

2）与上下游设备之间的通信。离散设备从上游设备接收物料或将本体上的物料输出到下游设备，两者首先需要"接头"，确保上下游设备完全就位并具备接驳条件，才能开始接驳动作。"接头"需要建立在移动的离散设备与上下游设备之间良好的通信条件基础上。

3）与上位软件的通信。为了更好地管理整个搬运过程，一个智能物流系统通常会有一个管理搬运任务和设备状态的上位管理软件，最常见的有仓库管理软件 WMS、仓库控制软件 WCS、搬运机器人调度软件 RMS 等。各种上位软件的功能都是建立在与现场环境中所有的搬运设备信息畅通交互的基础上的。上位软件下发的指令数据需要通信通道将命令传递到搬运设备上，同时，现场搬运设备的当前状态和任务执行情况要实时上传给上位软件。

4）与第三方的通信。需要通过运动才能执行搬运任务的离散式搬运设备，在执行任务时一定会占用一定的公共资源，例如，某段时间要占用通道、占用电梯或占用一道门。占用公共资源之前，离散式搬运设备需要与公共资源通信，进而申请资源占用授权，公共资源允许后通知搬运设备。在完成占用后，搬运设备将释放信号再次通知给公共资源，以便公共资源下次为其他设备提供授权。

（2）通信方式　工业领域内通用的通信方式主要有两大类：有线通信与无线通信。传统的有线通信稳定性高，适用于固定设备。无线通信便捷、机动性高，更适用于移动设备。很显然，对于绝大部分离散式搬运设备来讲，无线通信是较好的选择。但实际上随着离散式搬运设备在运行中位置发生改变，设备带通信电缆必定会给作业造成不便，从而影响离散式搬运设备灵活性。因此，为了保证离散式搬运设备的机动性，常使用的通信方式有无线工业以太网、红外通信、物理信息传递和动力线路通信。智慧物流组网方式与通信见图5-18。

3. 连续式搬运特点及设备

与离散式搬运过程中可以计算出搬运了多少趟不同，连续式搬运自身的特点决定了没有"次数""趟"的概念，因为连续式搬运没有"折返"。对于连续式搬运，用"带动"或"输送"来形容更准确，智慧物流工厂智能交叉带分拣机（连续式搬运）如图5-19所示。

扫码看视频

在智慧仓配一体系统中，常见的连续式搬运设备有辊子输送机、带式输送机、链条输送机、链板线、交叉带分拣机等。

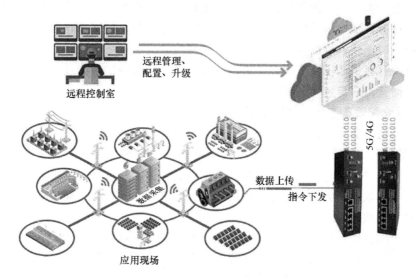

图 5-18　智慧物流组网方式与通信

二、智慧仓配硬件系统建设与维护

　　智慧仓配硬件系统的建设与维护是确保智慧仓储和配送中心高效运作的关键环节，一般由自动存取系统设备、智能拣选设备、智能搬运设备、智能分拣系统及智能运配系统组成。

　　图 5-20 所示是京东智慧仓配一体的工作流程及主要设备联动系统，系统集成了 RFID 智能货架、智能 AGV、摄像头、物联网传感器等大量智能设备。通过条码扫描，

图 5-19　智慧物流工厂智能交叉带
分拣机（连续式搬运）

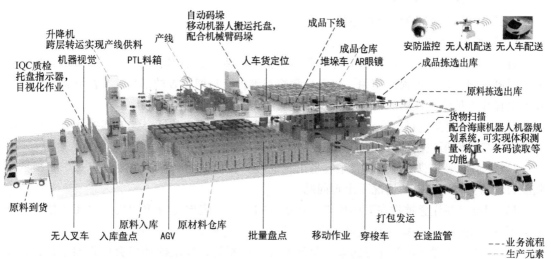

图 5-20　京东智慧仓配一体的工作流程及主要设备联动系统

可以在移动设备端页面上看到各类信息，清晰地标明了货物性质及数量。在查找相应的货品时，货架指示灯会自动提示其位置。在物品出入库管理方面，数字化仓储物流应用可以实现对变动过程的即时记录，可以保存数据，可以预测需求。通过系统即时监控反馈仓库中的库存情况，一旦库存存量低于安全库存的数量，系统就会自动触发采购或生产申请，提前做出计划，实现仓储管理向智慧化转变。

（一）智慧仓配设备选择的注意事项

智慧仓储系统在选择硬件系统仓储设备时，应注意以下事项。

1）设备的型号应与仓库的日吞吐量、出入库作业频率相适应。设备的型号和数量应与仓库的日吞吐量相对应。仓库的日吞吐量与仓储设备的额定起重量、水平运行速度、起升和下降速度及设备的数量有关。应根据具体的情况进行选择。同时，仓储设备的型号应与仓库的出入库作业频率相适应。

例如，对于综合性仓库，其日吞吐量不大，但是收发作业频繁，作业量和作业时间很不均衡，应考虑选用起重载荷相对较小、工作繁忙程度较高的设备，如分拣机器人等。对于专业性仓库，其日吞吐量大，但是收发作业并不频繁，作业量和作业时间均衡，应考虑选用起重载荷相对较大、工作繁忙程度较小的设备，如巷道堆垛起重机等。

2）计量和搬运作业应同时完成。有些仓库需要大量的计量作业，如果搬运作业和计量作业不同时进行，势必增加装卸搬运次数，降低生产效率。因此，为了提高作业效率，可使搬运和计量作业同时完成。例如，在输送机上安装计量感应装置，在输送的过程中，同时完成计量工作。

3）选用智能化、自动化程度高的设备。要提高仓库的作业效率，应从物品和设备两个方面着手。在物品方面，要选择合适的货架和托盘（或物料箱）。单元化容器的运用大大提高了出入库作业的效率，选择合适的货架同样使出入库作业的效率提高了。在设备方面，应提高设备的智能化、自动化程度，以提高仓储作业的效率。

4）注意设备的经济性。选择仓储设备时，企业应根据作业特点，运用系统的思想，在坚持技术先进、经济合理、操作方便的原则下，根据自身的条件和特点，对设备进行经济性评估，选择合理的设备。

（二）主要的智慧仓配设备保养

1.立体仓库的养护

对立体仓库货架进行维护保养时，要达到整齐、清洁、坚固、润滑良好、安全等作业要求，要制订相关操作规程，例如，规定日常检查维护及定期检查的部位、方法和标准，检查和评定操作人员维护设备的内容和方法等。

1）定期对货架进行检查。一般情况都是使用大型货架，对每个螺钉都要检查到位，看看是否有架位变形或松动的现象，只有及时检查才能避免危险的发生。

2）禁止货架超载。货架超载很容易出现危险，在检查的时候一定要确定每个货架的承载能力，以免在不知道的情况下出现问题。

3）摆放时要注意重物在下的原则。在摆放的时候一定要把较重的物品放在低处的货架上，不仅方便移动，还能保证人员安全。无论在什么行业，应保证安全第一。

4）货架的位置一定要注意防潮。货架通常是铁制的，潮湿的环境会使货架生锈，轻微潮湿会使表面的漆起皮，从而影响货架的使用寿命。

5）做一些货架的保护措施。有些货架经常使用叉车来运输，在作业过程中难免受到撞击。为了避免撞击引起变形，需要在某些经常或习惯性撞到的地方添加一些防撞保护设施，减少对货架的伤害。

2. 提升机的养护

在使用过程中，要注意定期检查和保养提升机，主要包括以下内容。

1）操作者须经培训合格后方可上岗，各项安全保护装置及安全防护措施应作为培训的重点内容之一。

2）要定期检查各安全保护装置，连接螺栓、阀门位置及连锁装置等，以免失效。

3）在调绳操作过程中，提升机提升容器内必须空载，不得有人或物品等，调绳完毕必须检查连锁阀位置是否正确。

4）每个作业班必须检查安全制动是否可靠，各项安全保护系统是否有效，各连锁装置、连接螺栓、阀门位置等是否正确可靠。

5）定期检查减速器的运行情况，如有异常，应立即停机查明原因，及时处理，并做好检修记录。

3. 穿梭车的养护

穿梭车在巷道中的位置并不能随时确定，且横向轨道限制了维护保养人员进入货架内部，所以一旦出现问题，维修难度会相应提升。穿梭车的使用与维护应由受过培训的专业人员负责，链条机须防备电源被无意接通。在手动操作运行时，必须确保没有人处于链条机的危险区域。每天设备使用完毕后，建议按照以下方式操作。

1）建议将穿梭车放置在专用的搁置架上，搁置架最好与充电柜等放置在同一个专用区域。

2）尽量不要把穿梭车放置在货架内，特别是不要放在货架中间位置，需要把穿梭车取出。

3）若不能给穿梭车一个专用的位置，建议将穿梭车放置在入库或出库端头的底层位置。

4）每日下班后，按下 A 面或 B 面（背面）上的"OFF"按钮，切断电池电源。

5）每日下班后，尽量取出电池，放置在充电柜上充电。

4. 辊子输送机的养护

辊子输送机的布局间隔要满足疏密得当、方便操作、适于维修、便于管理的条件。辊子输送机的价格比一般的输送机械设备要昂贵许多。辊子输送机是多功能的，这就意味着其保养非常重要，企业可以根据不同状况针对辊子输送机进行不同程度的保养。

首先，对辊子输送机机头减速箱进行维修和保养。一般情况下，在使用三个月之后应把减速箱里的机油放净，然后用柴油或汽油清理减速箱内部，再将新的润滑油加至观察窗的中间即可，以后每年换一次润滑油。需要注意的是，润滑油太多很可能会引起减速箱发热，电机负荷过大会导致电机保护开关跳开；而润滑油太少也会引起减速箱发热，噪声增大及减速箱报废。其次，对辊子输送机机头电机进行维修和保养。应防止电机内进水，电机内加柴油或液体等有机化合物会导致电机的绝缘损坏而出现设备故障。辊子输送机配件的维修和保养也非常重要，链条在长期运转后原来的润滑油会发热挥发，从而导致链条在运行过程中发生不平衡、噪声大等故障。对于这种问题，可以打开机尾的封板，向链条上加润滑脂或浓一点的润滑油等。最后，辊子输送机的操作人员要进行相关的正规操作，非操作人员不得随意触碰机械设备。硬件保养是一方面，人为操作是另一方面，二者相结合进行全面保养才能使辊子输送机的运行寿命更加长久，为企业带来更好的经济效益。

5. AGV 的养护

AGV 机器人（自动导引车）的养护对于确保其长期稳定运行和延长使用寿命至关重要。以下是一些基本的 AGV 机器人养护措施。

（1）使用规范　在每次作业前，应检查 AGV 及其轨道，确保没有断点、遮挡物，且 AGV 动作正常；当需要进行紧急停止时，操作人员应熟悉 AGV 控制器和外围设备上的紧急停止按钮位置，以便在紧急情况下迅速反应。

（2）AGV 的日常保养

1）车体清洁：定期清理 AGV 车体上的灰尘和杂物，保持车体的清洁卫生。

2）操作面板：定期检查 AGV 的操作面板，确保所有按钮和开关都能正常工作。

3）传感器维护：定期检查 AGV 上的传感器，包括机械防撞传感器、障碍物传感器和路径检测传感器，以确保它们正常运作。

4）通信系统：检查 AGV 的天线和通信系统，确保通信畅通无阻。

5）防护措施：避免 AGV 暴露在雨中或接触腐蚀性物质，以防损坏。

6）系统启动：在使用 AGV 系统之前，应先启动中央控制系统。

7）电源管理：在节假日或长时间不使用时，应关闭 AGV 的电源。

8）程序参数：在 AGV 正常运行期间，不要随意修改程序参数。

9）润滑维护：定期给 AGV 的升降挂钩添加润滑油，建议每周 1~2 次；定期清洁驱动轮的传动机构，并添加润滑油，建议每月至少 1 次。

6. 智能拣选机器人的养护

保养工作应由经过专业培训的技术人员执行，他们需要对机器人的结构和操作有深入了解。

1）每天工作前，技术人员应检查机器人的机械臂、夹爪和移动轮等关键部件，确保没有物理损伤或松动。传感器和摄像头是机器人的"眼睛"，因此需要特别关注它们的清洁和校准，以维持精确的物体识别和抓取。机器人的软件系统也应保持在最新状态，及时更新软件能够修复已知漏洞，提升系统稳定性。电池是机器人的动力源，需要定期检查其电量和健康状况，必要时进行充电或更换，避免因电力不足导致的突然停机。此外，机器人的机械关节和移动部件需要定期润滑，以减少磨损并保持灵活运动。

2）在机器人的运行过程中，应监控其温度，避免因过热引起的性能下降或损坏。

3）工作结束后，应将机器人停放在指定位置，并进行覆盖保护，以防灰尘积聚。长期不使用时，应按照制造商的指导进行特别保养，包括但不限于电池维护和系统自检。通过这些细致的日常保养措施，可以确保分拣机器人的持续稳定运行，及时发现并解决潜在问题。

三、智慧仓配软件处理系统建设与维护

智慧仓配软件处理系统是智慧仓配一体化实现的重要组成部分，它通过信息技术集成 AGV 机器人、分拣机器人、自动打包及自动化立体仓库等硬件设备，实现物流管理的智慧化。图 5-21 所示为智慧仓配软件处理系统与智慧物流设备关联运作图。

智慧仓配软件处理系统一般包含订单管理系统（Ordering Management System，OMS）、仓储管理系统（WMS）和配送管理系统（Transportation Management System，TMS）三大主要部分，这三大系统同时也是供应链管理系统（Supply Chain Management，SCM）的主体部分。

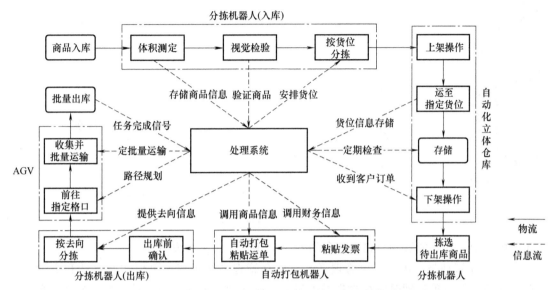

图 5-21　智慧仓配软件处理系统与智慧物流设备关联运作图

（一）订单管理系统

1. 订单管理系统的系统结构

订单管理系统以订单为主线，对具体物流执行过程实现全面和统一的计划、调度和优化，可以满足订单接收、订单拆分与合并、运送和仓储计划的制订、任务分配、物流成本结算、事件与异常管理及订单可视化等不同需求。OMS 与 WMS、TMS 物流执行模块紧密结合，可以大幅提升供应链物流执行过程的执行效率，有效降低物流成本，并帮助实现供应链执行的持续优化。

订单管理系统（见图 5-22）是专门为在线电商公司中的第三方商家提供的订单管理系统，是一个从客户下单，到订单出库、配送、退换货、评价等订单全生命周期的订单管理平台。订单管理系统的设计与使用基于海量订单数据的环境，使用大数据的离线实时计算等技术实现订单数据的监控管理，并应用机器学习算法为第三方商家提供专业的评级体系。订单管理系统在保证平台实现传统订单管理的基础功能上，从海量数据中为平台管理人员和入驻商家提供更加专业的订单数据管理、分析与使用，使得电商公司能更好地利用订单数据，提升服务质量，提高电商企业信息管理水平。

通过与平台运营人员及第三方入驻商家的沟通，可将系统中的角色分为两类：一类是电商平台运营人员；另一类是入驻商家。系统业务用例根据场景可以分为订单报表管理、订单出库管理、订单售后管理、商家数据管理、出库实时数据管理五大功能。

2. 订单管理系统的功能特点

（1）订单处理与执行　订单管理系统能够接收来自不同渠道的客户订单，包括线上商城、零售店面、移动设备等。系统会自动处理这些订单，包括订单确认、支付处理、库存检

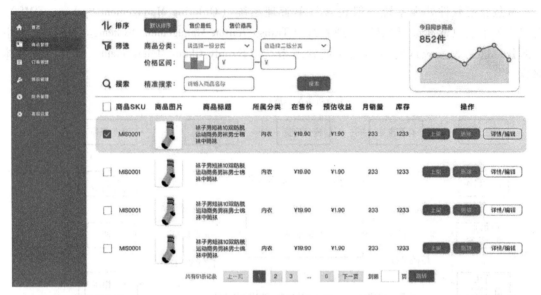

图 5-22　订单管理系统

查和订单分配。它还能够触发订单履行流程，如拣选、包装和发货。

（2）库存管理与同步　订单管理系统与库存管理系统集成，可以实时更新和查询库存状态，能够确保订单处理时库存数据的准确性，防止超卖或缺货情况的发生，并在订单履行后自动更新库存数量。

（3）客户关系管理　订单管理系统通常包含客户关系管理（Customer Relationship Management，CRM）功能，可以存储和管理客户的详细信息，包括联系信息、订单历史、偏好和反馈。这有助于企业更好地了解客户需求，提供个性化服务，并提高客户满意度。

（4）订单处理与拆解管理　订单管理系统可以针对订单进行手动或自动的拆解并执行配置策略，并可以按照客户、项目、仓储等多类型执行订单。

（5）数据分析与报告　订单管理系统提供数据分析工具，能够生成各种销售报告、客户行为分析和市场趋势预测。这些报告可以帮助企业做出更明智的业务决策，如优化库存水平、调整定价策略和改进营销活动。

3. 订单管理系统的模块

订单管理系统负责处理和协调从订单接收到订单履行的整个流程。一个完整的订单管理系统通常包含多个模块，每个模块都有特定的功能和任务。订单管理系统功能模块如图 5-23 所示。

（1）订单接收模块　订单接收模块是 OMS 的前端组件，负责接收来自不同渠道的客户订单。这些渠道可能包括线上商城、零售店面、移动设备、呼叫中心等。该模块需要处理各种格式的订单数据，包括电子数据交换（EDI）、可拓展标记语言（XML）、CSV 格式文件等。

（2）订单处理模块　订单处理模块是 OMS 的核心，负责处理订单的业务逻辑。它涉及订单的确认、支付、库存分配等多个环节。具体包括：确认订单的详细信息，包括产品规格、数量、价格等；处理客户的支付信息，包括支付方式选择、支付认证、支付确认等；根据订单需求分配库存，包括检查库存可用性、预留库存等；处理订单的修改和取消请求，包

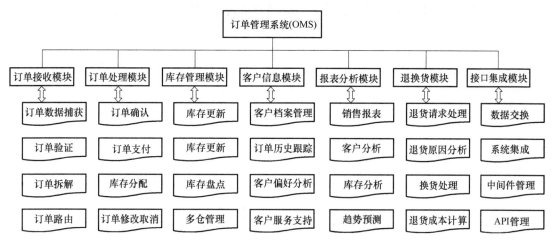

图 5-23　订单管理系统功能模块

括更新订单状态、调整库存等。

（3）库存管理模块　库存管理模块负责维护产品的库存信息，包括库存水平、位置、成本等。它与 OMS 的其他模块紧密集成，确保订单处理时库存数据的准确性。库存管理模块关键功能包括：实时更新库存数量，包括入库、出库、调拨等；设置库存预警阈值，当库存低于阈值时自动提醒；定期进行库存盘点，确保库存数据的准确性；支持多仓库管理，包括仓库间的库存调拨、转运等。

（4）客户管理模块　客户管理模块负责维护客户的详细信息，包括联系信息、订单历史、偏好等。它有助于企业更好地了解客户需求，提供个性化服务。关键功能包括：维护客户的基本档案信息，包括姓名、地址、电话等；订单历史跟踪，记录客户的历史订单，包括订单详情、交付状态等；分析客户的购买偏好，包括喜欢的品牌、产品等；提供客户服务功能，包括订单查询、退货处理等。

（5）报表分析模块　报表分析模块提供数据分析工具，帮助企业洞察业务运营情况，做出更明智的决策。具体包括生成销售报表，包括销售总额、销售量等；分析客户的购买行为，包括购买频率、偏好等；分析库存状况，包括库存周转率、滞销产品等；预测业务趋势，包括销售趋势、库存趋势等。

（6）退换货模块　退换货模块负责处理客户的退货和换货请求，提高客户满意度。

（7）接口集成模块　接口集成模块负责 OMS 与企业其他系统（如 ERP、CRM、供应链管理系统等）的集成，实现数据的无缝流动。

（二）仓储管理系统

1. 仓储管理系统的系统逻辑

仓储管理系统是指对物品入库、出库、盘点及其他相关仓库作业，仓储设施与设备，库区库位等实施全面管理的计算机信息系统（来自 GB/T 18354—2021《物流术语》）。它通过入库业务、出库业务、仓库调拨、库存调拨和虚仓管理等功能，进行批次管理、物品对应、库存盘点、质检管理。仓储管理系统是将虚仓管理和即时库存管理等功能综合运用的管理系统，可以有效控制并跟踪仓库业务的物流和成本管理全过程，实现和完善企业的仓储信息管理。该系统可以独立执行库存操作，也可与其他系统的单据和凭证等结合使用，提供更为完整的企业物流管理流程和财务管理信息。仓储管理系统界面如图 5-24 所示。

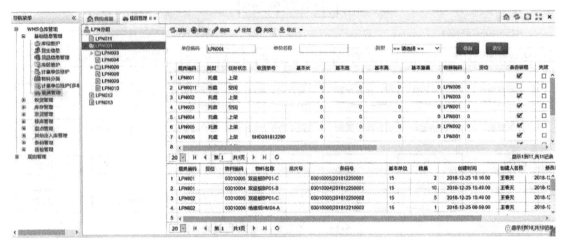

图 5-24　仓储管理系统界面

2. 仓储管理系统的特点

WMS 可以独立执行库存操作，也可以实现物流仓储与企业运营、生产、采购、销售智能化集成，可为企业提供更为完整的物流管理流程和财务管理信息。具体来说，WMS 具有以下特点。

1）库位精确定位管理、状态全面监控，充分利用有限仓库空间。

2）货品上架和下架全智能，先进先出自动分配上下架库位，避免出现人为错误。

3）实时掌控库存情况，合理保持和控制企业库存。

4）通过对批次信息的自动采集，实现了对产品生产或销售过程的可追溯性。

更重要的是，条码管理促进了公司管理模式的转变。从传统的依靠经验管理转变为依靠精确的数字分析管理，从事后管理转变为事中管理。实时管理加速了资金周转，提升了供应链的响应速度。这些必将增强公司的整体竞争能力。

3. 仓储管理系统功能模块

WMS 通常包含多个功能模块，每个模块针对特定的业务需求，如图 5-25 所示。

（1）基础数据管理模块　这是 WMS 的基础，涉及仓库中所有物品的位置、区域和其他关键数据的定义和维护。它能确保所有库存单位和存放位置都有唯一的标识，并且数据准确无误。

（2）入库管理模块　入库管理模块负责处理商品的接收、检验、上架等流程。具体包括：录入供应商的采购订单信息；跟踪订单的执行状态，确保及时到货；记录商品的到货信息，包括数量、批次等；对到货商品进行质量检验，确保符合标准；根据商品特性和存储规则，分配合适的存储位置；指导工人将商品放置到指定的货位。

（3）出库管理模块　出库管理模块负责处理商品的拣选、打包、发货等流程。具体包含：录入客户的出库订单信息；审核订单的准确性和可行性；根据订单要求，选择最优的拣选路径和方法；指导工人从仓库中拣选指定的商品；根据商品特性和运输要求进行打包；安排商品的运输，记录发货信息。

（4）库存管理模块　库存管理模块负责监控和控制仓库内的库存状况。具体包括：定

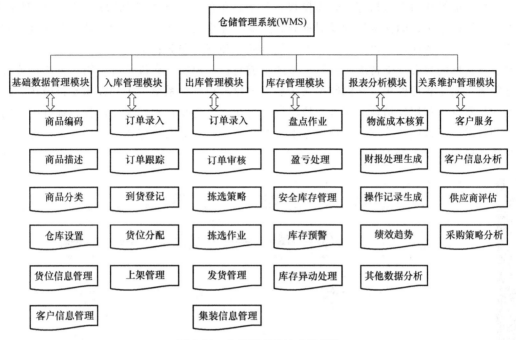

图 5-25　仓储管理系统功能模块

期对库存进行盘点，确保账物相符；处理盘点过程中发现的差异，调整库存数据；为每种商品设置安全库存水平；当库存低于安全水平时，系统自动发出预警；记录所有影响库存的事务，如入库、出库、报废等；对盘点差异或其他原因造成的库存变动进行调整。

（5）报表分析模块　报表分析模块提供对仓库操作数据的统计和分析功能。具体包括：生成库存相关的报表，如库存余额表、库存周转率分析表等；生成操作相关的报表，如入库、出库、盘点报表等；分析商品的库存趋势、销售趋势等；评估仓库操作的效率和效果，如拣选效率、库存准确率等。

（6）关系维护管理模块　关系维护模块用于维护供应商及客户的关系。具体包括：评估供应商的供货质量、交货时间等；对供应商进行分类管理；服务请求管理，管理客户的服务请求，如商品查询、投诉处理等；定期进行客户满意度调查，收集反馈信息；分析客户的购买行为，如购买频率、偏好等；评估客户对企业的价值，为营销策略提供依据。

（三）配送管理系统

1. 配送管理系统的系统逻辑

配送管理系统是一种专门设计用于优化和自动化整个货物配送流程的软件解决方案，其特点在于能够高效处理订单管理、库存控制、运输调度、客户服务及报表分析等关键环节。它通过集成先进的信息技术（如数据库管理、网络通信、移动计算和实时追踪）来提高配送效率、降低运营成本、增强客户满意度，并最终提升企业的市场竞争力。此外，配送管理系统通常具备高度的可定制性和可扩展性，能够适应不同规模和类型的配送需求，同时能够确保数据的准确性和安全性，为企业提供实时的业务洞察和决策支持。

2. 配送管理系统的功能模块

配送管理系统的功能模块是构成系统核心的组件，它们共同协作以实现高效的物流配送。这些功能模块通常包括订单管理模块，负责订单的接收、处理和跟踪；库存管理模块，负责监控库存水平，确保货物的及时补充；运输管理模块，涉及货物的装载、路线规划和运输调度；客户服务模块，提供客户咨询、投诉处理和售后服务；报表与分析模块，生成包含关键业务指标的报表，支持决策制订；系统集成与扩展模块，允许系统与第三方应用或设备无缝集成；安全管理模块，确保数据安全和用户权限控制；系统维护和技术支持模块，提供系统的日常维护和用户培训。这些模块的设计旨在通过自动化和智能化流程，提升配送的准确性和效率，降低成本，增强客户满意度，并最终提高企业的整体物流管理水平。配送管理系统功能模块如图 5-26 所示。

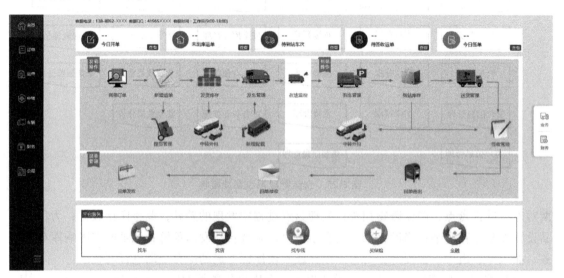

图 5-26　配送管理系统功能模块

习题与训练

一、单项选择题

1. 智慧仓配系统中，用于追踪货物位置的设备通常是（　　）。

A. 条形码扫描器　　　　B. RFID 标签　　　　C. 重量秤　　　　D. 温湿度传感器

2. 在智慧仓配系统中，WMS 代表（　　）。

A. 仓库管理系统　　　　B. 仓库维护系统　　　　C. 仓库安全系统　　D. 仓库销售系统

3. 智慧仓配系统中，用于优化货物存储的算法是（　　）。

A. 先进先出调度算法（FIFO）　　　　　　　B. 后进先出调度算法（LIFO）

C. 遗传算法　　　　　　　　　　　　　　　D. 最短路径算法

4. 智慧仓配系统中，用于指导拣选作业的设备通常是（　　）。

A. 拣选车　　　　　　　B. 语音拣选系统　　　C. 移动终端　　　　D. 固定扫描站

5. 在智慧仓配系统中，以下（　　）技术不涉及数据传输。

A. 无线网络　　　　　　B. 4G 网络　　　　　　C. 有线以太网　　　D. 人工记录

6. 智慧仓配系统中，用于自动化包装的设备是（　　）。

A. 打包机　　　　　　　B. 封箱机　　　　　　　C. 贴标机　　　　　D. 以上都是

7. 在智慧仓配系统中，以下（　　）不是维护工作的一部分。

A. 定期检查设备　　　　　　　　　　B. 软件更新

C. 硬件升级　　　　　　　　　　　　D. 减少自动化设备使用

二、多项选择题

1. 智慧仓配系统中，以下（　　）属于硬件设施。

A. 服务器　　　　　　　　　　　　　B. 无线网络

C. 仓库管理系统（WMS）软件　　　　D. 输送带系统

2. 以下（　　）因素会影响智慧仓配系统的性能。

A. 系统的可扩展性　　　　　　　　　B. 网络带宽

C. 员工培训　　　　　　　　　　　　D. 仓库的地理位置

3. 在智慧仓配系统中，以下（　　）属于软件维护的内容。

A. 数据备份　　　　B. 系统升级　　　C. 用户权限管理　　D. 硬件故障排除

4. 以下（　　）技术可以用于提高智慧仓配系统的拣选效率。

A. RFID 技术　　　　B. 语音识别　　　C. 机器学习算法　　D. 人工操作

5. 智慧仓配系统在维护时需要考虑（　　）方面。

A. 预防性维护计划　　B. 应急响应流程　　C. 用户反馈收集　　D. 性能监控

三、问答题

1. 描述智慧仓配系统中软硬件的相互依赖关系，并分析软件故障对整个系统性能的影响。

2. 针对某个中型企业的仓库，设计一个智慧仓配一体化系统的硬件配置方案，并解释所选硬件的理由。

3. 分析在智慧仓配系统中，如何通过软硬件的协同工作实现仓库空间的最优化利用，并提出具体的实施策略。

仓储与配送成本控制和绩效管理

【知识目标】

1. 掌握仓储成本的构成。
2. 了解仓储成本控制的原则和方法。
3. 掌握仓储绩效评价的指标体系与分析方法。
4. 了解配送成本的构成。
5. 掌握配送绩效管理的策略。

【能力目标】

1. 能够计算和分析仓储成本。
2. 能够解决仓储成本控制中的问题。
3. 能够计算和分析配送成本。
4. 能够熟练运用配送绩效管理系统。

【素质目标】

1. 培养仓储成本节约意识。
2. 强化经营和绩效意识。
3. 加强绩效潜能提升的培养。

【项目引例】

邯钢"零库存"战略盘活资金 20 余亿元

面对严峻的市场形势，精打细算的河北钢铁集团把"零库存"作为降本增效工作的重要着力点，千方百计优化库存，大大降低了库存资金占用率。2011 年 1 月至 5 月，河北钢铁集团邯钢公司（以下简称邯钢）通过一系列优化库存的有效措施，使原燃料、半成品和成品库存资金较去年同期降低了 20 余亿元，保证了生产资金的高效运营。邯钢以"零库存"为目标，像家庭理财一样开展精细库存管理，专门成立降低库存资金占用的攻关队，将集团下达的库存资金占用考核指标和邯钢财务部按月下达的资金占用考核指标作为攻关目标、生产组织、采购、销售、焦化炼铁等部门单位共同参与攻关，按月对原燃料、半成品、成品进行盘库，核实实物库存，确定资金占用额。2011 年年初，邯钢完成了原燃料、半成品、成品资金占用清理工作，并确定了库存基本指标，制订出一整套完善的原燃料、半成品、成品的转账、库存管理制度。

在原燃料库存管理方面，邯钢健全"大矿供货、路运为主、过程检验、分仓存放、集中配料"的原燃料采购管理模式，依据原燃料合理库存和当前库存情况，优化采购方案，严格按炉料结构确定消耗量，实现按需采购原料，达到经济合理库存，满足正常生产需要。2011 年 1 月至 5 月，原燃料库存资金较去年同期降低了 17.097 亿元。按照"以效排销、以销排产、以产促销"的生产组织要求，邯钢理顺从原燃料进厂到产品外发各环节程序，强化接卸、堆放管理；以"减少浪费""标准化""准时化"为目标，减少过多库存、多余运输等方面的浪费，借助信息化手段抓好产销衔接，压缩中间库存。2011 年 1 月至 5 月，半成品库存资金较去年同期降低了 2.5 亿元。成品库存管理方面，邯钢持续调整优化品种结构、地区结构、物流结构、用户结构和国内外的销售结构等，大力开发直供用户，加大合同组织、产品外发力度。经多方协调沟通，邯钢新开通了济宁至华东地区的水陆联运业务，为降低成品库存占用资金创造了有利条件。2011 年 1 月至 5 月，成品库存资金较去年同期降低了 3 亿元。

> **思考：**
> 1. 邯钢如何在短时期内做到降低 20 多亿元的仓储成本？
> 2. 通过分析上述案例，阐述仓储成本控制的目的。

单元一　仓储成本控制与绩效管理

📖 **【思维导图】**

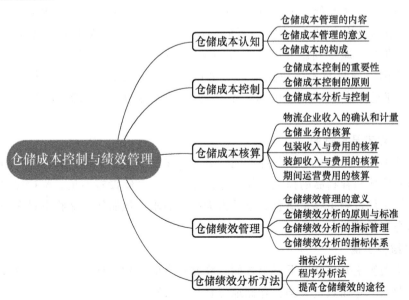

仓储成本是指为开展物流仓储活动而发生的各种费用，仓储成本的高低直接影响着企业的利润水平，因此在物流管理系统中，仓储成本管理的目的是以尽可能低的费用在适当的时间、适当的地点和适当的场所存放适当数量的存货，是企业物流管理的一项重要内容。

一、仓储成本认知

扫码看视频

（一）仓储成本管理的内容

仓储成本管理是指用最经济的方法实现储存的功能。如果过分强调存储功能的实现，因而投入过多的仓储力量和其他仓储劳动并不合理。所以，仓储成本管理的实质是在保证存储功能实现的前提下尽量减少投入。这是一个投入产出的关系问题，也是一个追求仓储成本投入合理化的问题。

造成仓储成本过高的主要原因表现在以下几个方面。

1. 仓储时间过长

仓储时间从两个方面影响储存的效果：一方面，经过一定的时间，被储存的物资可以获得"时间效用"，这是储存的主要物流功能；另一方面，随着储存时间的增加，有形及无形的消耗相应增加。也就是说，从"时间效用"的角度来考察，储存一定时间，效用可能增大，储存时间继续增加，就会出现效用降低的现象。因而，仓储的总效用最高是确定最优仓储时间的依据。

2. 仓储数量不合理

仓储数量主要从两个方面影响其功能效果的发挥，这两个方面利弊的消长使得仓储数量存在一个最佳的经济批量。仓储数量过高或过低都是不合理的。

1）储存一定数量的存货可以使企业具有保证供应、生产、消费的能力。然而，这个能力的提高与数量不成正比，而是遵循"边际效用递减"的原理，即每增加一个单位的仓储数量，总保证能力虽会增加，但是边际效用却会逐渐降低。

2）仓储的损失是随着仓储数量的增加而成正比例增加的。仓储数量增加，仓储的持有成本就相应增加；如果仓储管理能力不能按比例增加，仓储损失的数量也会增加。仓储数量过低，会严重降低仓储对供应、生产、销售等的保证能力，其损失可能远远超过减少仓储量、防止仓储损失、减少利息支出等多方面带来的收益。当然，在现代物流行业发达的今天，利用现代网络信息技术提供的及时、准确的信息，通过建立有效的供应系统，进行"零库存"管理是完全可以的。因而，不合理仓储所指的"仓储数量过低"是有前提条件的。

3. 仓储条件不足或过剩

仓储条件不足主要是指仓储条件不能满足仓储物资所要求的良好的仓储环境和必要的管理措施，因而造成储存物品的损失。如仓储设施简陋、仓储设施不足、维护保养手段及措施不力等。仓储条件过剩主要是指仓储条件大大超过需求，从而使仓储物资过多地负担仓储成本，造成不合理的费用。

4. 仓储结构失衡

仓储结构失衡主要包括以下三个方面：仓储物资的品种、规格等失调；仓储物资各个品种之间仓储期限、仓储数量失调；仓储地点选择不合理。

（二）仓储成本管理的意义

进行仓储成本管理，就是通过仓储成本分析，在利用尽可能少的人力、物力、财力等条件下保证仓储功能的实现。仓储成本分析无论对专业的仓储企业，还是对企业的仓储部门而言，意义都非常重大，主要表现在以下几个方面。

1. 仓储成本分析为企业制订仓储经营管理计划提供依据

仓储经营管理计划是仓储企业为适应经营环境变化，通过决策程序和方案选择，对仓储经营活动的内容、方法和步骤所做的明确化、具体化的设想和安排。在制订经营管理计划时，必须考虑自身的经营能力。仓储成本是仓储经营能力的重要指标，因此对仓储成本的分析能帮助企业对不同的经营方案进行比较，选择成本最低、收益最大的方案制订经营计划并开展经营。

2. 仓储成本分析为仓储产品定价提供依据

仓储企业的根本目的是追求利润最大化。仓储企业在为社会提供仓储产品（服务）时，需要有明确的产品价格，即仓储费。从长远来看，必须保证仓储费高于仓储成本，才能保证仓储企业的生存与发展。因此仓储成本是制订仓储费的主要依据。

3. 仓储成本分析有利于加速仓储企业或企业仓储部门的现代化建设

仓储成本分析有利于推动仓储技术革新，充分挖掘仓库的潜力，为仓储设施设备改造提供依据。仓储企业要提高仓储能力和仓储效率必然要进行技术革新，改造设施和设备，但是设施设备的投入必须获得相应的产出回报，这只有在准确的成本核算和预测的基础上才能得到保证。

4. 仓储成本分析为仓储企业或企业仓储部门的劳动管理提供依据

劳动力成本是仓储成本的重要组成部分，劳动力成本与其他成本之间可能存在替代关系，也可能有互补关系，应以能够获得总成本最低或总收入增加为原则来确定劳动力的使用量。同时，成本因素也是劳动考核、岗位设置的依据和决定劳动报酬的参考依据。

（三）仓储成本的构成

仓储成本是指仓储企业在储存物品过程中，包括装卸搬运、存储保管、流通加工、收发物品等各项环节和建造、购置仓库等设施设备所消耗的人力、物力、财力及风险成本的总和。

仓储成本是物流成本的重要组成部分，对物流成本有直接影响，是衡量仓储企业经营管理水平和管理质量高低的重要标志。仓储成本由两部分构成：一部分为仓储设施和设备的投资；另一部分为仓储保管作业中活劳动或物化劳动的消耗，主要包括工资和能源消耗等。根据企业类型不同，可以从以下两个方面来分析仓储成本的构成。

1. 专业仓储企业仓储成本的构成

专业仓储企业仓储成本主要由保管费、仓库管理人员的工资和福利费、折旧费及租赁费、修理费、装卸搬运费、管理费、财务费、销售费、仓储损失、外协费等组成。

（1）保管费　保管费是指为存储货物所开支的货物养护、保管等费用。它包括用于货物保管的货架、货柜的费用开支，仓库场地的房地产税等。

（2）仓库管理人员的工资和福利费　仓库管理人员的工资一般包括固定工资、奖金和各种生活补贴。福利费可按标准提取，一般包括住房公积金、医疗保险及退休养老支出等。

（3）折旧费及租赁费　仓储企业有的以自己拥有所有权的仓库及设备对外承接仓储业

务，有的以向社会承包租赁的仓库及设备对外承接业务。自营仓库的固定资产每年需要提取折旧费，对外承包租赁的固定资产每年需要支付租赁费。仓储费和租赁费是仓储企业的重要的固定成本，构成仓储企业的成本。仓库固定资产按折旧期分年提取折旧，主要包括库房、堆场等基础设施的折旧和机械设备的折旧等。

（4）修理费　修理费包括仓储设施、设备的大修基金及除了大修基金的修理费用，一般按其投资额的3%~5%提取。

（5）装卸搬运费　装卸搬运费是指货物入库、堆码和出库等环节发生的装卸搬运费用，包括搬运设备的运行费和搬运工人的成本。

（6）管理费　管理费是指仓储企业或部门为管理仓储活动或开展仓储业务而发生的各种间接费用，主要包括仓库设备的保险费、行政办公费、工会经费、职工教育经费、劳动保险费、待业保险费、咨询费、审计费、排污费、绿化费、土地使用费、业务招待费、坏账损失、存货盘亏、毁损和报废及其他管理费等。

（7）财务费　财务费是指仓储企业为筹集资金而发生的各项费用，包括仓储企业作业经营期间发生的利息支出、汇兑净损失、调剂外汇手续费、金融机构手续费及筹资发生的其他财务费用。

（8）销售费　销售费包括企业宣传、业务广告、仓储促销、交易等经营活动的费用支出。

（9）仓储损失　仓储损失是指保管过程中因货物损失而需要仓储企业赔付的费用。造成货物损失的原因一般包括仓库本身的保管条件，管理人员的人为因素，货物本身的物理、化学性能，搬运过程中的机械损坏等。在实际中，对仓储损失应根据具体情况，按照企业的制度标准，分清责任并合理计入成本。

（10）外协费　外协费是指仓储企业在提供仓储服务时由其他企业提供服务所支付的费用，包括业务外包，如配送业务外包等。

2. 生产型和销售型企业仓储成本的构成

生产型和销售型企业的仓储成本主要包括仓储持有成本、订货或生产准备成本、缺货成本、在途库存成本等。

（1）仓储持有成本　仓储持有成本是为保持适当的库存而发生的成本，分为固定成本和变动成本。

1）固定成本。固定成本是指不随出入库物资量变化而发生的成本，包括仓储设备折旧、仓储设备的维护费用、仓储职工工资等。

2）变动成本。变动成本是指与出入库物资量有关的成本，包括资金成本、仓储维护成本、仓储运作成本、仓储风险成本等。

仓储持有成本与库存水平成正比关系，即仓储持有成本与仓储平均存货数量成正比。

（2）订货或生产准备成本　订货或生产准备成本是指企业向外部的供应商发出的采购订单的成本，或企业内部自己生产加工而产生的生产准备成本。

1）订货成本。订货成本是指企业为了实现一次订货而进行的各种活动的费用，包括处理订货的差旅费、办公费等。

2）生产准备成本。生产准备成本是指当库存的某些产品不由外部供应而是由企业自己生产时，企业为生产一批产品进行准备所发生的各项费用，如更换模具、增添专用设备或增加材料和人工的费用。

（3）缺货成本　缺货成本是指由于库存供应中断而造成的损失，包括原材料供应中断造成的停工损失、产成品库存缺货造成的延迟发货损失、丧失销售机会的损失等。

企业必须分析缺货可能产生的后果，从而确定发生缺货所造成的损失。如果增加库存的成本少于一次缺货的损失，那么就应该增加库存以避免缺货。

（4）在途库存成本　在途物资在交给客户之前属于企业所有，即仍然是销售方的库存，因此企业应该对运输成本与在途存货持有成本进行分析。

在途库存成本包含下列三层含义：在途库存的资金成本一般等于仓库中库存的资金成本；仓储运作成本、仓储维护成本一般与在途库存不相关，但对保险费用要加以考虑；由于运输服务具有短暂性，物资过时或变质的风险要小一些，因此仓库风险成本较低。一般来说，在途库存持有成本要比仓库持有成本低。

二、仓储成本控制

扫码看视频

（一）仓储成本控制的重要性

1）仓储成本控制是企业增加盈利的"第三利润源"，直接服务于企业的最终经营目标。增加利润是企业的目标之一，也是社会经济发展的原动力，无论在什么情况下，降低成本都可以增加利润。在收入不变的情况下，降低成本可使利润增加；在收入增加的情况下，降低成本可使利润更快增长；在收入下降的情况下，降低成本可抑制利润的下降。

2）仓储成本控制是加强企业竞争力、使企业求得生存和发展的主要保障。企业在市场竞争中，降低各种运作成本、提高产品质量、创新产品设计和增加利润是保持竞争能力的有效手段。降低仓储成本可以提高企业价格竞争能力和安全边际率，使企业在经济萎缩时继续生存下去，在经济增长时得到较高利润。

3）仓储成本控制是企业持续发展的基础。只有把仓储成本控制在同类企业的先进水平，企业才有迅速发展的基础。仓储成本降低了，可以削减售价以扩大销售；销售扩大了，经营基础稳定了，企业才有精力去提高产品质量，创新产品设计，寻求新的发展。同时，仓储成本一旦失控，就会造成大量的资金沉淀，严重影响企业的正常生产经营活动。

（二）仓储成本控制的原则

1. 政策性原则

仓储成本控制应处理好质量和成本的关系。不能因为片面追求降低仓储成本，而忽视储存货物的保管条件和保管质量，应当处理好国家利益、企业利益和消费者利益的关系。降低仓储成本从根本上说对国家、企业和消费者三者都有利，但是如果在仓储成本控制过程中采用不适当的手段损害国家和消费者的利益就是错误的，应予以避免。

2. 全面性原则

仓储成本涉及企业管理的方方面面，因此，控制仓储成本要进行全员、全过程的控制。

（1）全员的成本管理　成本是综合性很强的经济指标，它涉及企业的所有部门和全体职工的工作实绩。要想降低成本、提高效益，必须充分调动每个部门和每位职工控制成本的主动性和积极性。在专业成本管理的基础上，要求人人、事事、时时都要按照定额标准或预算进行成本管理。

（2）全过程的成本管理　在现代社会中，应充分发挥物流的整合作用，在涉及仓储及其他各环节中都要加强成本管理。

3. 经济性原则

推行仓储成本控制而发生的成本费用支出不应超过仓库因缺少成本控制而丧失的收益。同销售、生产、财务活动一样，任何仓储管理工作都要讲求经济效益为了建立某项严格的仓储成本控制制度，需要消耗一定的人力或物力，但这种消耗要控制在一定范围之内，不应超过建立这项控制所能节约的成本；只在仓储活动的重要领域和环节上对关键因素加以控制，而不是对所有成本项目都进行同样周密的控制；要求仓储成本控制具有实用、方便、易于操作的特点，能起到降低成本、纠正偏差的作用；遵循重要性原则，将注意力集中在重要事项上，对一些无关大局的成本项目可以忽略。

（三）仓储成本分析与控制

1. 储存成本分析与控制

储存成本是指企业为保持存货而发生的成本，如仓储费、搬运费、保险费、占用资金的利息等。储存成本分为与存货数量多少有关的变动成本和与存货数量无关的固定成本。一个库场在各项支出相对稳定的情况下，单位面积存储量的增加与每吨货物的存储费用成反比。因此，要提高仓库储存量，合理规划仓储空间。

1）合理规划仓储空间的取得方式，降低仓储成本。企业取得仓储空间的方式有三种，即采用自有仓库、租赁仓库或公共仓库。在满足一定客户服务水平的前提下，还需要考虑货物的周转量、企业需求的稳定性、市场密度等因素，以成本为依据，选择其中之一或结合使用。这既是降低仓储成本的重要手段，也是进行仓储管理的一项重要内容。

2）进行合理的仓库结构与空间布局决策。仓库的基本结构确定了以后，便要研究货位、货架和巷道的布局，缩小库内通道宽度以增加储存的有效面积。具体方法有：采用窄巷道式通道，配以轨道式装卸车辆，以减少车辆运行宽度要求；采用侧叉车、转柱式叉车，以减少叉车转弯所需的宽度。另外，还可采用密集型货架、各种贯通式货架，采用不依靠通道的桥式吊车技术等，减少库内通道数量，增加仓库的有效面积。

3）根据吞吐量合理确定仓储类型和作业模式。随着货物吞吐量的不断提升，企业可以依次选择公共仓库、租赁仓库-手工搬运仓库、自有仓库-托盘叉车搬运、自有仓库-全自动搬运的仓储类型和作业模式。

2. 装卸搬运作业成本分析与控制

装卸搬运作业成本主要包括装卸搬运器具的成本和费用、燃料消耗费用、人工成本和时间费用等。

1）合理选择装卸搬运器具。货物进出库装卸搬运器具的折旧费用是装卸搬运成本中比重最大的，因此，合理选择和使用装卸搬运器具是提高装卸搬运效率、降低装卸搬运成本的重要环节。装卸搬运的机械化程度可分为三个等级。

一级是使用简单的装卸器具，如手动叉车、传送带等。

二级是使用专用的高效率器具，如吊车、电动叉车、纸箱打包机等。

三级是依靠计算机控制实行自动化、无人化操作，如自动堆垛机、轨道车、电子小车等。

选择哪个级别的装卸搬运器具首先要从物品的性质和可操作性出发，考虑物品是否需要包装，采用何种包装，适合哪种器具；其次要从管理上考虑，选择成本低、装卸搬运速度快的机具，节约人力资源和减轻工人劳动强度，保证人与物的安全，提高准确性。在高峰期或试用期间可暂时租用补充装卸搬运设备，以减少设备投资。

2）提高物品装卸搬运的活性化与可运性。提高物品装卸搬运的活性化与可运性是合理降低装卸搬运成本的重要手段之一。装卸搬运的活性化是指要求装卸搬运作业必须为下一个环节的物流活动做好准备。物品装卸搬运的活性划分为5个等级，即0~4级，0级的活性化程度最低，4级的活性化程度最高。要不断提高物品装卸搬运的活性化程度，但是从成本角度分析并不是物品装卸搬运的活性化程度越高越好，而是要适宜。

3）利用重力作用，减少能量消耗。在装卸搬运时应尽可能借助物品重力的作用，减轻劳动力和其他能源的消耗。如利用地势安装倾斜无动力的小型传送带进行物品装卸，使物品依靠本身的重量完成装卸搬运作业。

4）合理选择装卸搬运方式。在装卸搬运过程中，必须根据物品的种类、性质、形状、重量来确定装卸搬运方式。

5）改进装卸搬运作业方法。装卸搬运是物流的辅助功能之一，也是物流的一个重要环节。合理分解装卸搬运活动，选择适合企业的装卸搬运设备，提高机械化和自动化装卸水平，对于改进装卸搬运作业、提高装卸搬运效率、降低装卸搬运成本有着重要的意义。

3. 备货作业成本分析与控制

备货作业是仓储作业中最繁杂的作业，为了降低备货作业成本，可以采取以下方式。

1）合理选择备货作业方式。

2）合理安排仓储空间，降低备货成本。在备货作业中，妨碍作业效率提高的主要因素是仓储空间。仓储空间越大，备货时移动的距离就越长。因此，应合理安排仓储空间，将仓储空间分为保管区和备货区，这样做有利于提高备货的作业效率。

3）加强货位管理，提高备货作业效率。备货人员必须熟悉物品存放的货位。应用计算机管理的仓库，备货人员利用仓储管理系统查出订单中物品的存放位置，可提高备货作业效率，有利于降低备货成本。

4. 人工费用的分析与控制

仓储企业对仓储过程中投入的劳动力应尽可能充分利用，并使其发挥最大的效用。要想达成这个目标，就应当分析时间利用率。将某一期间作业性活动的实际时间除以同期全体员工（包括管理人员）数与制度工作小时数的乘积就可以得到时间利用率。

$$时间利用率 = \frac{某一期间作业性活动的实际时间}{同期全体员工数 \times 制度工作小时数} \times 100\%$$

如果时间利用率接近于1，就说明利用率高；反之说明利用率低。若想减少非作业人员，则可以在提高时间利用率的同时降低工资费用。

5. 包装作业成本分析与控制

包装作业成本是影响仓储管理成本的重要成本之一，该项内容主要考虑以下几个方面的问题：使用物美价廉的包装材料；包装作业机械化，提高包装效率；采用大包装，尽量使包装简单化，节约包装材料；利用原有包装，加贴新标签。

6. 机具物料和燃料的成本控制

在仓储作业过程中，要使用各种工具、索具、叉车、吊车，以及制冷、除湿、通风等作业，都要耗费燃料、润料、电力和水资源等。要想对这些成本进行有效的控制，把消耗降至最低，就要制订合理的作业流程，尽量减少不必要的重复性作业，避免过度使用设备，提高设备完好率。

7. 提高仓储服务质量，降低仓储成本

一般而言，仓储服务质量越高则仓储成本就越高。但是仓储服务质量也有极限，这是因为仓储服务质量的高低与仓储成本不成正比。也就是说，当仓储质量达到一定高度时，仓储质量的增长速度就会慢于仓储成本的增长速度，这时仓储质量的提高是依靠成本的大幅度提高而提高的，这种质量的提高是不被客户认同的。因为，客户总是希望以最经济的成本得到最佳的服务，所以仓储服务水平应该是在合理的仓储成本之下的服务质量。

8. 降低机会成本和风险成本

物品变质、短少、损害或报废的相关费用构成仓储成本的最后一项。在仓储过程中，物品会因各种原因被污染、损坏、腐烂、被盗或由于其他原因不适用或不能使用，直接造成物品的损失，构成了企业的风险成本；客户未履行合同的违约金及仓库支付的赔偿金也构成企业的风险成本；保险虽然作为一种保护性措施，能帮助企业预防灾害性损失，但保险费也构成风险成本的一部分。

库存物品价值越高，仓库所承担的风险也越高，因此从理论上说，仓储费是根据物品价值收取的，物品价值增加，仓储费用也应当相应增加。从这个意义上讲，货主必须将物品的价值、特性等如实告诉保管人，以便其提出相应的仓储费用报价。因此，货主若故意隐瞒物品的价值，势必会增加仓储企业的风险成本。若仓储企业为了减少风险成本或远离风险，对易碎性、易破损性的物品不予经营，势必会减少仓库吞吐量，提高机会成本。此外，对于轻、大和重物而言，短期储存和长期储存都存在机会成本的问题，企业要根据经验和规律合理解决这一问题，才能降低该项成本。

三、仓储成本核算

（一）物流企业收入的确认和计量

根据会计学的概念，收入是指企业在日常活动中形成的、会导致所有者权益增加的、与所有者投入资本无关的经济利益的总流入。物流企业的收入是指物流企业通过提供运输、仓储、包装、装卸、配送等服务而获得的经济上的回报。

物流企业为客户提供的运输、仓储、装卸、配送、货代等物流服务就是为客户提供劳务。劳务收入应区分下列情况进行确认和计量。

1）在同一个会计年度内开始并完成的劳务。在这种情况下，应在劳务完成时确认收入，确认的金额为合同或协议约定的总金额，不考虑预计可能发生的现金折扣。现金折扣应在实际发生时计入当期的财务费用。

2）开始和完成分属不同会计年度的劳务。在这种情况下，如在资产负债表日能对该项交易的结果进行可靠估计，应按完工百分比法确认收入。

提供劳务的交易结果能否可靠估计，应依据以下条件判断，如同时满足以下条件，则交易结果能够可靠地估计。

① 合同总收入和总成本能够可靠地计量。合同总收入一般根据双方签订的合同或协议注明的交易总额确定。随着劳务的不断提供，可能根据实际情况增加或减少交易总金额，企

扫码看视频

业应及时调整合同总收入。

②　与交易相关的经济利益能够流入企业。只有当与交易相关的经济利益能够流入企业时，企业才可以确认收入。企业可以从接受劳务方的信誉、以往的经验，以及双方就结算方式和期限达成的协议等方面进行判断。

③劳务的完成程度能够可靠地确定。劳务的完成程度可以按照已完成工作占全部工作的比例；已经提供的劳务占应提供劳务总量的比例；已经发生的成本占估算总成本的比例。

3）在资产负债表日不能对交易的结果做出可靠估计。在这种情况下，应按已经发生并预计能够补偿的劳务成本确认收入，并按相同的金额结转成本；如预计已经发生的劳务成本不能得到补偿，则不应确认收入，但应将已经发生的成本确认为当期费用。

（二）仓储业务的核算

1. 仓储业务收入的核算

物流企业仓储业务的营运部门每日编制"堆存日结单"，按照客户分类反映每日货物的进仓量、出仓量及堆存量，期末依据"堆存日结单"汇总编制"堆存月结单"。该单一式数联，留存一联，将两联"堆存月结单"转交财会部门，财会部门复核无误后，据以确认堆存收入。

2. 仓储业务成本的核算

1）仓储业务的成本核算对象。仓储业务的成本核算对象为各种类型的仓库。

2）仓储业务的成本计算单位。仓储业务的成本计算单位以货物堆存量的计量单位为依据。货物堆存量通常以重量作为成本计量单位，用堆存吨天表示，它是指实际堆存货物的吨数与货物堆存天数的乘积。货物堆存量也能以面积作为成本计量单位，用堆存平方米天表示，它是指实际堆存货物的面积与堆存货物天数的乘积。在实际工作中，通常用堆存千吨天或堆存千平方米天作为仓储业务的成本计算单位。

3）仓储业务的成本计算期。仓储业务的成本应按月、季、半年、年计算，从年初至各月月末为止，累计成本。

3. 仓储成本项目

（1）堆存直接费用　堆存直接费用是指仓库因仓储、保管货物而发生的直接费用。有以下十个明细项目。

1）工资。工资是指按规定支付给从事仓储作业人员的标准工资、工资性津贴和补贴及奖金等。

2）材料费。材料费是指因仓储、保管货物所消耗的各种材料。

3）低值易耗品摊销。低值易耗品摊销是指应由本期仓储成本负担的货架、托盘、垫仓板、苫布等仓储工具和其他低值易耗品的摊销额。

4）动力及照明费。动力及照明费是指冷藏仓库、恒温仓库等仓库耗用的动力费和各种仓库耗用的照明费。

5）折旧费。折旧费是指仓库等仓储设备按照规定计提的折旧费用。

6）修理费。修理费是指为保证仓储设备正常使用而发生的修理费用。

7）劳动保护费。劳动保护费是指仓储作业中的职工劳动保护费用。

8）事故损失。事故损失是指在仓储作业过程中，因仓库责任而造成的货物被盗、丢失、损毁、变质、错交等货损、货差事故损失。

9）保险费。保险费是指应由本期仓储业务负担的财产保险费用。

10）其他费用。其他费用是指不属于以上项目的仓储直接费用。

（2）营运间接费用　由于仓储业务和装卸业务是密不可分的，仓储业务和装卸业务往往与客户合签一份合同，因此营运间接费用是指企业的营运部或分公司为管理和组织仓储和装卸的营运作业所发生的管理费用和业务费用。

4. 堆存成本的计算

由于仓储业务是堆存业务，习惯上把仓储成本称为堆存成本。仓储业务应负担的堆存直接费用和营运间接费用构成了堆存总成本。堆存总成本除以货物堆存量即为单位堆存成本。其计算公式如下：

$$单位堆存成本 = \frac{堆存总成本}{货物堆存量}$$

物流企业月末应根据"主营业务成本——堆存支出"明细账所归集的堆存成本和该月实际完成的堆存量编制"堆存成本计算表"，以反映堆存总成本和单位成本。

技能之窗：

南京顺达物流公司拥有一座普通货物仓库、一座冷藏车和一个露天货场。该公司于2024 年 3 月 31 日结算当月相关业务，请依据单据对当月的仓储收入、成本进行会计处理。

1）该公司仓储部门报送的 2024 年 3 月仓储部业务收入明细单见表 6-1。

表 6-1　仓储部业务收入明细单

2024 年 3 月

仓库类型	收入金额/元	结算方式
普通仓库	40500	现金
冷藏库	70000	现金
露天货场	208000	暂欠
合计	318500	

2）当月工资分配见表 6-2。

表 6-2　工资分配表

2024 年 3 月　　　　　　　　　　　　　　　（单位：元）

仓库类型	金额合计	工资	津贴	保险费	公积金
普通仓库	30000	22000	3000	2000	3000
冷藏库	50000	32000	9000	4000	5000
露天货场	16000	9000	3000	1500	2500
合计	96000	63000	15000	7500	10500

3）当月对普通货物仓库的房屋及设备计提固定资产折旧 23000 元，对冷藏库的房屋及设备计提固定资产折旧 15000 元，见表 6-3。

表 6-3　折旧分配表

2024 年 3 月　　　　　　　　　　　　　　　（单位：元）

仓库类型	金额
普通仓库	23000
冷藏库	15000
合计	38000

4）公司的保安工作由外聘的保安服务公司完成，3人共支出工资费用18000元，月末按照3个存货点进行平均分配，该笔费用的银行转账支票见表6-4。

表6-4　银行转账支票

中国工商银行	
转账支票存根	
NO.02821978	
附加信息	

出票日期　2024 年 3 月 31 日	
	收款人：保安公司
	金　　额：18000
	用　　途：保安费
单位主管　会计：×××	

5）"营运间接费用——仓储部"明细账户余额为32000元，该公司普通仓库、冷藏库、露天货场三个存货仓库发生的直接堆存成本依次为15000元、20000元和5000元。请分配这三个仓库各自应负担的营运间接费用，见表6-5。

表6-5　营运间接费用分配表
2024 年 3 月　　　　　　　　　　　　　（单位：元）

仓库类型	直接堆存成本	营运间接费用
普通仓库	15000	12000
冷藏库	20000	16000
露天货场	5000	4000
合　计	40000	32000

各个仓库应分配的营运间接费用如下。

营运间接费用分配率 = 32000 ÷ (15000 + 20000 + 5000) = 0.8

普通仓库应分配的营运间接费用 = 0.8 × 15000 = 12000（元）

冷藏库应分配的营运间接费用 = 0.8 × 20000 = 16000（元）

露天货场应分配的营运间接费用 = 0.8 × 5000 = 4000（元）

月末收入、成本计算单见表6-6。

表6-6　月末收入、成本计算单
2024 年 3 月　　　　　　　　　　　　　（单位：元）

项目	业务收入	职工薪酬	设备折旧	直接费用	间接费用	合计
普通仓库	40500	30000	23000	6000	12000	111500
冷藏库	70000	50000	15000	6000	16000	157000
露天货场	208000	16000	0	6000	4000	234000
合计	318500	96000	38000	18000	32000	502500

（三）包装收入与费用的核算

包装作为物流企业的构成要素之一，与运输、保管、搬运、流通加工均有十分密切的关系。包装是生产的终点，又是物流的起点，因而对包装环节进行管理与核算是物流企业财务会计的重要内容。

包装费用可能发生在不同的物流环节，也可能发生在不同的企业。根据我国现行会计制度和法规政策，物流企业必须根据《企业会计准则》的要求组织会计核算。《企业会计准则》给企业以较大的自主空间，对于企业获得的包装收入和付出的包装成本，根据不同的具体情况，有以下几种方式可供选择。

1. 单独核算包装收入

如果物流企业的包装收入在企业的总业务收入中所占比例较大，根据收入成本配比的原则，企业可根据与客户的运费结算单，按照实际收取的包装费用单独核算包装收入。

对于包装业务中产生的各项成本，凡是可以和包装收入配比的，可直接计入"主营业务成本——包装成本"，不能直接配比的则计入"销售费用"。

2. 不单独核算包装收入

如果企业的包装收入未能单独计价，或者虽然在运输单据中单独列示，但在企业的总业务收入中所占比例不大时，根据重要性原则，可以把包装收入与运费收入等合并计算。企业可根据与客户的运费结算单，按照实际收取的包装费用计入"主营业务收入"；对于发生在物流环节的包装费用，应区分费用的性质和项目并计入"销售费用"。

（四）装卸收入与费用的核算

在物流企业的生产经营活动中，运输、仓储和配送等业务均以装卸业务为起点和终点。于是，装卸活动总是不断出现，反复进行，并且每次装卸活动均要耗费时间，而时间的长短是决定物流速度的关键。由于装卸人员的操作不当将会造成货物破损、散失、损耗等损失，因此，装卸活动效率的高低和质量的好坏会直接影响物流企业的整体效率。

1. 装卸业务收入的核算

物流企业经营装卸业务的，营运部门期末应将"装卸作业单"分客户进行汇总，编制"装卸作业月结单"。该单一式数联，营运部门留存一联，将两联装卸作业月结单连同装卸作业单一并转交财会部门，财会部门复核无误后，据以确认装卸收入。

2. 装卸成本项目

物流企业的装卸业务是生产不可缺少的组成部分。物流企业经营装卸业务时，应按照机械化作业和人工作业分别核算成本。物流企业的装卸成本项目一般可分为装卸直接费用和营运间接费用两大类。

（1）装卸直接费用

1）直接人工。这是指支付给装卸机械司机、助手和装卸工人的所有薪酬，包括工资、奖金、福利费和社会保险等。

2）直接材料。直接材料包括燃料和动力费、轮胎费、低值易耗品摊销、材料费等内容。

3）其他直接费用。其他直接费用包括对装卸机械和装卸工具进行保养、大修、小修所发生的料、工等费用，还包括折旧费、外付装卸费、劳动保护费、事故损失、保险费和不属于以上各项目，但与装卸业务直接有关的其他费用。

（2）营运间接费用　营运间接费用是指物流企业的装卸营运部门或分公司为管理和组织装卸的营运生产所发生的管理费用和业务费用。

3. 装卸成本的核算

物流企业的装卸费用通过"主营业务成本——装卸支出"账户进行归集与分配。本账户可以按照成本计算对象设置明细账户，并按成本项目进行明细核算。属于装卸直接费用的有直接人工、直接材料中的燃料和动力，轮胎，其他直接费用中的保养修理费、折旧费等，这些费用都可以直接或分摊计入各类装卸成本；属于营运间接费用的，应当按机械装卸和人工装卸分别计算成本，可先通过"营运间接费用"账户归集，月终再按直接费用比例分配计入各类装卸成本。

（五）期间运营费用的核算

1. 管理费用

管理费用是指企业为组织和管理生产经营活动而发生的各种费用。它包括企业在筹建期间发生的开办费、董事会和行政管理部门在企业的经营管理中发生的，以及应由企业统一负担的公司经费（包括行政管理部门职工薪酬、物料消耗、低值易耗品摊销、办公费和差旅费等）、工会经费、董事会费（包括董事会成员津贴、会议费和差旅费等）、聘请中介机构费、咨询费（含顾问费）、诉讼费、业务招待费、技术转让费、研究费用等，以及企业行政管理部门发生的固定资产修理费等。

2. 销售费用

销售费用是指企业在销售商品和材料、提供服务过程中发生的各项费用，包括企业在销售商品过程中发生的包装费、保险费、展览费、广告费、商品维修费、预计产品质量保证损失、运输费、装卸费等，以及企业发生的为销售本企业商品而专设的销售机构的职工薪酬、业务费、折旧费等经营费用。

3. 财务费用

财务费用是指企业为筹集生产经营所需资金而发生的筹资费用，包括利息支出（减利息收入）、汇兑损益，以及相关手续费、企业发生的现金折扣或收到的现金折扣等。

技能之窗：

南京顺达物流公司于 2024 年 2 月发生如下业务。

1）办公费、差旅费等开办费 25000 元，均用银行存款支付。

2）行政部 2 月份共发生费用 224000 元，其中：行政人员薪酬 150000 元，行政部专用办公设备折旧费 45000 元，报销差旅费 21000 元，其他办公费、水电费 8000 元，均用银行存款支付。

3）销售部 2 月份发生费用：销售人员薪酬 100000 元，销售部专用办公设备折旧费 50000 元，业务费 70000 元，均用银行存款支付。

4）向银行借入生产经营用短期借款 360000 元，限期 6 个月，年利率 5%，该借款本金到期后一次归还，利息分月预提，按季支付。

5）企业对外发行股票 10 万股，每股面值 10 元，发行价格 15 元/股，支付手续费 3%。

6）赊销库存货物 80000 元，付款条件为 2/10，1/20，n/30，第 10 天收到货款。

期间费用的核算见表6-7。

表 6-7　期间费用核算表

2024 年 2 月

（单位：元）

项目	办公费	职工薪酬	折　旧	水电费等	合计
管理费用	46000	150000	45000	8000	249000
销售费用	70000	100000	50000	0	220000
财务费用	利息支出	手续费	现金折旧	汇兑损益	合计
	1500	45000	1600	0	48100

预提当月应计利息：360000×5%÷12＝1500（元）

支付手续费：100000×15×3%＝45000（元）

现金折扣：80000×2%＝1600（元）

四、仓储绩效管理

从管理学的角度看，绩效是组织期望的结果，是组织为实现其目标而展现在不同层面上的有效输出，是实现目标的最小化成本。也就是说，人们从事各项工作都希望用最少的消耗取得最大的效果。无论在企业物流系统中还是在社会物流系统中，仓储管理活动都担负着企业生产经营所需的各种货物的收发、储存、保管保养、控制、监督和保证生产需要等多项业务职能，仓储的各项生产经营活动都与其经济效益有着密切的联系。同时，现代仓库的各项经济技术考核指标也是其经营管理成果的集中体现，是衡量现代仓库管理水平高低的尺度，是考核各项工作成绩的重要手段。因此，建立和健全整套行之有效的考核指标体系，对于加强现代仓储管理，提高经济效益有着十分重要的意义。

（一）仓储绩效管理的意义

仓储管理的成果是通过仓储绩效分析集中体现出来的。仓储绩效分析是指在一定的经营期间内，仓储企业利用指标对经营效益、经营业绩及服务水平进行考核，以加强仓储管理工作，提高管理的业务水平和技术水平，仓储绩效分析是衡量仓储管理水平的手段。仓储绩效分析的意义在于对内加强管理，降低仓储成本，对外进行市场开发，接受客户评价。

仓储绩效分析的意义主要表现在以下两个方面。

1. 加强管理，降低仓储成本

可以利用绩效考核指标对内考校仓库各个环节的计划执行情况，纠正运作过程中出现的偏差，具体表现如下。

1）有利于提高仓储管理水平。仓储绩效考核指标体系中的每项指标都反映了某部分工作或全部工作的一个侧面。通过对指标的分析，能发现工作中存在的问题。特别是对几项指标的综合分析，能找到彼此间的联系和关键问题所在，从而为计划的制订、修改，以及仓储作业过程的控制提供依据。

2）有利于落实岗位责任制。指标是衡量每个工作环节作业量、作业质量及作业效率和效益的标准，是掌握各岗位计划执行情况、实行按劳分配和进行各种奖励的依据。

3）有利于仓储设施设备的现代化改造。一定数量和水平的设施和设备是保证仓储生产活动高效运行的必要条件。通过对比作业量系数、设备利用情况等指标，可以及时发现仓储作业流程的薄弱环节，以便有计划、有步骤地进行技术改造和设备更新。

4）有利于提高仓储经济效益。经济效益是衡量仓储工作的重要标志。通过指标考核与分析，可以对仓储的各项活动进行全面的检查、比较、分析，确定合理的仓储作业定额指标，制订优化的仓储作业方案，从而提高仓储利用率，提高客户服务水平，降低仓储成本，以合理的劳动消耗获得理想的经济效益。

2. 进行市场开发，接受客户评价

仓储管理可以充分利用生产绩效考核指标对外进行市场开发和客户关系维护，给货主企业提供相应的质量评价指标和参考数据，具体表现如下。

1）有利于说服客户和扩大市场占有率。货主企业在仓储市场中寻找物流服务供应商的时候，在同等价格的基础上，服务水平通常是最重要的考虑因素。这时如果仓储企业能提供令客户信服的服务指标体系和数据，则将在竞争中获得有利地位。

2）有利于稳定客户关系。在我国目前的物流市场中，以供应链方式确定的供需关系并不太多，供需双方的合作通常以一年为期，到期后客户将对物流供应商进行评价，以决定今后是否继续合作。这时如果客户评价指标反映良好，则将使仓储企业继续拥有合作机会。

3）总结经验教训、提高服务水平。了解仓储企业各项任务的完成情况和取得的成绩，及时总结经验；发现仓储工作中存在的问题及薄弱环节，以便查明原因并加以解决；弄清仓储设施的利用程度和潜力，进一步提高仓储作业能力；考核仓库作业基本原则的执行情况，对作业的质量、效率、安全、经济性等做出全面评价；分析并找出规律，为仓库的发展规划提供依据。

（二）仓储绩效分析的原则与标准

为保证仓储管理的结果客观、真实，需要用绩效评价指标体系来分析。要想使仓储管理绩效真正发挥作用，就要科学制订和严格实施及管理评价的指标体系。

1. 仓储绩效分析的原则

（1）科学性原则 科学性原则要求所设计的仓储绩效评价体系要有科学性和实用性。评价方法、评价内容和评价指标要相适应，能够客观地反映仓库生产的所有环节和活动要素，这样的绩效评价体系才是科学实用的。

（2）可行性原则 可行性原则要求所设计的指标便于工作人员掌握和运用，数据容易获得，便于统计计算，便于分析比较。

（3）协调性原则 协调性原则要求各项指标之间相互联系、相互制约，但是不能相互矛盾和重复。

（4）可比性原则 在对指标的分析过程中，最重要的是对指标进行比较。如实际完成指标与计划完成指标相比、现在指标与过去指标相比、与同行指标相比等，所以可比性原则要求指标在期间、内容等方面要一致，从而具有可比性。

（5）稳定性原则 稳定性原则要求指标一旦确定，应在一定时期内保持相对稳定，不宜经常变动、频繁修改。在执行一段时间后，经过总结后再进行指标改进和完善。

2. 仓储绩效分析的标准

仓储绩效分析的标准是对评价对象进行分析评价的标尺，是评价工作的准绳和前提。根

据不同的用途，评价标准分为以下四类。

（1）计划（预算）标准　计划（预算）标准是仓储绩效分析的基本标准，是指以事先制订的计划、预算和预期目标为评价标准，将仓储绩效实际达到的水平与其进行对比。该标准反映了仓储绩效计划的完成情况，并在一定程度上代表了现代企业经营管理水平。但计划标准人为因素较强，主观性较大，只有科学、合理地制订才能取得较好的激励效果。

（2）历史标准　历史标准是指以历史同期水平或历史最高水平为衡量标准，将仓储绩效实际达到的水平与其自身历史水平进行纵向比较。这种比较能够反映仓储绩效指标的发展动态和方向，为进一步提升仓储绩效提供决策依据。但历史标准的评价结果缺乏横向可比性，具有排他性。

（3）客观标准　客观标准是指以国际或国内同行业绩效状况为评价本企业仓储绩效的标准。采用这一评价标准，评价结果较为真实且具有横向可比性，便于了解企业在行业中所处的位置，有助于企业制订仓储发展战略。

（4）客户标准　客户标准是指以客户来衡量企业的仓储绩效，根据客户的满意程度来评价仓储企业运作服务水平的关键因素，是企业改进和提高仓储水平的重要依据。

（三）仓储绩效分析的指标管理

在制订出仓储绩效分析的指标之后，为了充分发挥指标在仓储管理中的作用，各级仓储管理者和作业人员应进行指标的归口、分级和考核工作。

1. 实行指标的归口管理

指标制订的目标能否完成与仓储企业每个员工的工作有直接联系，其中管理者对指标的重视程度和管理方法更为关键。将各项指标按仓储职能机构进行归口管理、分工负责，使每项指标从上到下层层有人负责，可以充分发挥各职能机构的积极作用，形成一个完整的指标管理系统。归口管理和分工负责的方法如图6-1所示。

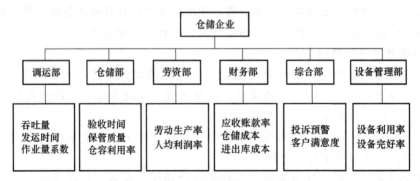

图6-1　指标归口管理和分工负责的方法

2. 分解指标，落实到人

一系列的仓储生产经营绩效指标需要分解、分级落实到仓储各个部门、各个班组，直至每个员工，使每级部门、每个班组、每个员工明确自己的责任和目标。

3. 开展指标分析，实施奖惩制度

定期进行指标执行情况的分析，是改善仓储工作、提高仓储经济效益的重要手段。只有通过指标分析，找出差距，分析原因，才能对仓储的生产经营活动做出全面的评价，从而促进仓储绩效不断提高。

（四）仓储绩效分析的指标体系

仓储绩效管理的结果是通过绩效分析集中体现出来的。仓储绩效分析的指标体系是反映仓储生产成果及仓储经营状况的各项指标的总和。指标的种类由于仓储在物流系统中所处的位置或仓储经营性质的不同而有繁有简。一般而言，仓储绩效分析的指标分为四大类：仓库作业设施资源利用程度方面的指标、服务水平方面的指标、能力与质量方面的指标、库存效率方面的指标。

扫码看视频

1. 反映仓储作业设施资源利用程度的指标

（1）仓库面积利用率　仓库面积利用率是衡量和考核仓库利用程度的指标。仓库面积利用率越高，表明仓库面积的有效使用情况越高。其计算公式为

$$仓库面积利用率=\frac{仓库可利用面积}{仓库建筑面积}×100\%$$

根据统计资料显示，仓库面积利用率的理想值见表6-8。

表6-8　仓库面积利用率的理想值

仓库库存管理状态	面积利用率（%）
仓库库存管理水平高	70
仓库库存管理水平中	60
仓库库存管理水平低	50

（2）仓库容积利用率　仓库容积利用率是衡量和考核仓库利用程度的另一项指标。仓库容积利用率越高，表明仓库的利用效率越高。其计算公式为

$$仓库容积利用率=\frac{库存物资实际数量或容积}{仓库应存数量或容积}×100\%$$

根据统计资料显示，仓库容积利用率的理想值见表6-9。

表6-9　仓库容积利用率的理想值

仓库库存管理状态	容积利用率（%）
仓库库存管理水平高	50~60
仓库库存管理水平中	30~40
仓库库存管理水平低	15~20

仓库面积利用率和仓库容积利用率是反映仓库管理工作水平的主要经济指标。这两项指标可以反映物资储存面积与仓库实际面积的对比关系及仓库面积的利用是否合理，也可以为挖潜多储、提高仓库面积的有效利用率提供依据。

（3）设备完好率　设备完好率是指处于良好状态、随时能投入使用的设备占全部设备的百分比。其计算公式为

$$设备完好率=\frac{期内设备完好台日数}{同期设备总台数}×100\%$$

期内设备完好台日数是指设备处于良好状态的累计台日数，不包括正在修理或待修理设备的台日数。

（4）设备利用率　设备利用率是考核运输、装卸搬运、加工、分拣等设备利用程度的指标。设备利用率越高，说明设备的利用程度越高。其计算公式为

$$设备利用率=\frac{全部设备实际工作时数}{同期设备日历工作时数}×100\%$$

仓储设备是企业的重要资源，设备利用率高表明仓储企业进出库业务量大，是经营绩效良好的表现。

（5）设备作业能力利用率　设备作业能力利用率是计划期内设备实际作业能力与技术作业能力的比值，其计算公式为

$$设备作业能力利用率 = \frac{计划期内设备实际作业能力}{计划期内设备技术作业能力} \times 100\%$$

作业能力表示方式根据不同设备的性能特点而定，如起重设备表示为单位时间内的起重量。设备作业能力可根据其标记作业的能力并参考设备服役年数核定，该指标反映设备作业能力被利用的程度。

（6）装卸设备起重量利用率　装卸设备起重量利用率反映各种起重机、叉车、堆垛机等的额定起重量被利用的程度，也反映装卸设备与仓库装卸作业量的适配程度，其计算公式为

$$装卸设备起重量利用率 = \frac{计划期内设备每次平均起重量}{计划期内设备定额起重量} \times 100\%$$

（7）全员平均劳动生产率　全员平均劳动生产率是指仓库全年出入库物资总量与仓库总工作人员数量之比。比值越大，表明仓库人均劳动生产率越高，意味着仓库效益越好。其计算公式为

$$全员平均劳动生产率 = \frac{全年出入库物资总量}{仓库总人数} \times 100\%$$

（8）资金利润率　资金利润率是指仓储所得利润总额与全部资金占用之比，它可以反映仓储的资金利用效果。其计算公式为

$$资金利润率 = \frac{利润总额}{固定资产平均占用额 + 流动资金平均占用额} \times 100\%$$

2. 反映服务水平方面的指标

（1）客户满意程度　客户满意程度是衡量企业竞争力的重要指标，客户满意与否不仅影响企业经营业绩，而且影响企业的形象。这项指标不仅可以反映企业服务水平的高低，同时可以衡量企业竞争力的大小，其计算公式为

$$客户满意程度 = \frac{满足客户要求数量}{客户要求数量} \times 100\%$$

（2）缺货率　缺货率是对仓储物资可得性的衡量尺度。将全部物资所发生的缺货次数汇总起来与客户订货次数进行比较，就可以反映一个企业实现其服务承诺的状况，其计算公式为

$$缺货率 = \frac{缺货次数}{客户订货次数} \times 100\%$$

这项指标可以衡量仓库的库存分析能力和及时组织补货的能力。

（3）准时交货率　准时交货率是满足客户需求的考核指标，其计算公式为

$$准时交货率 = \frac{准时交货次数}{总交货次数} \times 100\%$$

（4）业务赔偿费率　业务赔偿费率是以仓库在计划期内发生的业务赔罚款总额占同期

业务总收入的百分比来计算的，此项指标反映仓库履行仓储合同的质量。其计算公式为

$$业务赔偿费率=\frac{业务赔罚款总额}{业务总收入}\times100\%$$

业务赔罚款是指在入库、保管、出库阶段，由于管理不严、措施不当而造成库存物损坏或丢失所支付的赔款和罚款，以及为时间延误等所支付的罚款，意外灾害造成的损失不计。

业务总收入是指计划期内仓储部门在入库、储存、出库阶段提供服务所收取的费用之和。表 6-10 为某仓库向客户承诺的服务指标。

表 6-10　某仓库向客户承诺的服务指标

仓储配送指标	仓储运输指标
仓储提供能力：100%	运输准确率：100%
仓储扩充能力：100%	货损赔付率：100%
满足仓储要求：>90%	响应速度：<2h
库存完好率：100%	延期率：<2%（零担货物）或<0.3%（整车物品）
库存安全保障能力：100%	
出入库保障能力：100%	物品出险率：<4 次/年
配送及时率：>80%	—
配送准确率：100%	—
在途信息失控率：<5 次/年	—
信息技术的应用率：>90%	—
远程信息能力：>90%	—
账实相符率：100%	—
客户满意度：>99%	—

3. 反映仓储能力与质量方面的指标

（1）库容量　库容量是指仓库能容纳物资的数量，是仓库内除去必要的通道和间隙后所能堆放物资的最大数量，在规划和设计仓库时首先要明确库容量。

（2）吞吐量　吞吐量是指计划期内进出库物资的总量，计量单位一般为吨。计划指标通常以年吞吐量计算。吞吐量计算公式为

计划期物资吞吐量=计划期物资总入库量+计划期物资总出库量+计划期物资直拨量

其中，入库量是指经仓库验收入库的数量，不包括到货未验收、不具备验收条件、验收发现问题的数量；出库量是指按出库手续已经点交给用户或承运单位的数量，不包括备货待发运的数量；直拨量是指在车站、码头、机场、供货单位等提货点办理完提货手续后，直接将物资从提货点分拨转运给用户的数量。吞吐量是仓储考核的主要指标，是计算其他指标的依据。

（3）库存量　库存量通常是指计划期内的日平均库存量，是反映仓库平均库存水平和库容利用状况的指标，反映的是一组相对静止的库存状态，其计量单位为吨，计算公式为

$$月平均库存量=\frac{月初库存量+月末库存量}{2}$$

$$年平均库存量=\frac{各月平均库存量之和}{12}$$

库存量是指仓库内所有纳入仓库经济技术管理范围的全部本单位和代存单位的物资数量，不包括待处理、待验收的物品数量。

月初库存量等于上月月末库存量，月末库存量等于月初库存量加上本月入库量再减去本

月出库量。

（4）账实相符率　账实相符率是指仓储账册上的物资存储量与实际仓库中保存的物资数量之间的相符程度。在对仓储物资盘点时，应逐笔与账面数字核对。账实相符率反映仓库的管理水平，是避免企业财产损失的主要考核指标，其计算公式为

$$账实相符率=\frac{账实相符笔数}{储存物资总笔数}\times100\%$$

通过这项指标的考核，可以衡量仓库账面物资的真实程度，反映保管工作的完成质量和管理水平，是避免物资损失的重要手段。

（5）收发差错率（收发正确率）　收发差错率是以收发货所发生差错的累计笔数占收发货总笔数的百分比来计算的，此指标反映仓库收、发货的准备程度。其计算公式为

$$收发差错率=\frac{收发差错累计笔数}{收发物资总笔数}\times100\%$$

$$收发正确率=1-收发差错率$$

收发差错包括因验收不严、责任心不强而造成的错收、错发，不包括丢失、被盗等因素造成的差错，这是仓库管理的重要质量指标。通常情况下，收发货差错率应控制在0.5%以内，而对于一些单价价值高的物资或具有特殊意义的物资，客户可能要求仓库的收发正确率为100%，否则将根据合同索要赔偿。

（6）物资缺损率　物资缺损主要由两种原因造成：一是保管损失，即因保管养护不善造成的损失；二是自然损耗，即因物资易挥发、失重或破碎所造成的损耗。物资缺损率反映物资保管与养护的实际状况，考核这项指标是为了促进物资保管与养护水平的提高，从而使物资缺损率降到最低，其计算公式为

$$物资缺损率=\frac{期内物资缺损量}{期内库存物资总量}\times100\%$$

4. 反映库存效率方面的指标

库存效率方面的指标主要是以库存周转率来反映的，影响库存效率的其他指标最终都是通过库存周转率反映出来的。

库存周转率是计算库存物资的周转速度，反映仓储工作水平的重要效率指标。它是在一定时期内销售成本与平均库存的比例，用时间表示库存周转率就是库存周转天数。

在物资总需求量一定的情况下，如果能减少仓库的物资储备量，其周转速度就会加快。从减少流动资金占用和提高仓储利用效率的要求出发，应当减少仓库的物资储备量。但若一味地减少库存，就有可能影响物资供应。因此，仓库的物资储备量应保持在一个合理的水平上，做到在保证供应需求的前提下尽量减少库存量，从而加快物资的周转速度，提高资金和仓储效率。

（1）用周转天数表示的库存周转率　计算公式为

$$物资的周转天数=\frac{360}{库存年周转次数}（天/次）$$

库存年周转次数是指年库存总数量（总金额）与该时间段库存平均数量的比，表示在一定期间（一年）库存周转的速度。

$$库存年周转次数=\frac{年库存总量}{平均库存量}（次）$$

库存年周转次数越少，则周转天数越多，表明物资的周转速度越慢，周转的效率越低，反之则效率越高。从财务角度分析，库存周转次数越高越好，但结合实际的生产、采购状况来看，库存周转次数应有一个均衡点。

企业也可以根据自己的实际情况选择使用库存数量或库存金额来表示库存周转率。对于库存周转率，没有绝对的评价标准，通常与同行业相互比较，或者与其他期间相比较。

（2）物资周转率　物资周转率是用一定期间的平均库存额除以该期间的销售额而得到的，表示物资的周转情形。该指标能提供适宜而正确的库存管理所需的基本资料。

由于使用目的不同，物资周转率的计算公式也有差异。

（3）周转期间与周转率的关系　计算公式为

$$周转期间(月数表示)=\frac{12}{周转率}\times100\%$$

周转率与经济效益的关系有这样几种：周转率高，经济效益好；周转率虽高，经济效益却不佳；周转率虽低，但经济效益好；周转率低，经济效益也低。

五、仓储绩效分析方法

仓储的各项绩效分析指标从不同角度反映某一方面的情况，仅凭某一项指标很难反映事物的总体情况，也不容易发现问题，更难找到产生问题的原因。因此，要想全面、准确、深刻地认识仓储管理工作的现状和规律，把握其发展趋势，必须对各个指标进行系统而周密的分析，以便发现问题，并透过现象认识内在的规律，采取相应的措施，使仓储各项工作水平得到提高，从而提高仓储的经济效益。

仓储绩效通常用指标分析法、程序分析法两种方法进行分析。

（一）指标分析法

指标分析法是指利用绩效考核指标体系的统计数据对指标因素的变动趋势、原因等进行分析，是一种比较传统的分析方法。仓库在使用这类方法时，必须注意以下问题。

扫码看视频

1）指标本身必须是正确的，即统计数据必须准确、可靠，指标计算应正确。

2）在进行指标比较时，必须注意指标的可比性。

3）对指标应进行全面的分析，不能以偏概全。

4）在分析差距、查找原因的过程中，应将影响指标变动的因素分类，并在生产技术因素、生产组织因素和经营管理因素中找出主要因素。

5）正确运用每项指标的计算公式。

指标分析法主要包含对比分析法、因素分析法、平衡分析法、帕累托图法四种。

1. 对比分析法

（1）对比分析法概述　对比分析法也称比较分析法，是指将两个或两个以上有内在联系的、可比的指标（或数量）进行对比，从对比中寻差距、找原因。对比分析法是指标分析法中使用最普遍、最简单和最有效的方法。

根据分析问题的需要，主要有以下几种对比方法。

1）计划完成情况的对比分析。这种方法是指将同类指标的实际完成数或预计完成数与计划完成数进行对比分析，从而反映计划完成的程度，然后通过帕累托图法、工序图法等进一步分析计划完成或未完成的具体原因。

2）纵向动态对比分析。这种方法是指将同类有关指标在不同时间上对比，如本期与基期或上期对比、与历史平均水平对比、与历史最高水平对比等。这种对比反映了事物发展的方向和速度，表明发展速度是增长或降低，然后进一步分析产生该结果的原因，以提出改进措施。

3）横向对比分析。这种方法是指将有关指标放在同一时期相同类型的不同空间条件下进行对比分析。类比单位一般选择同类企业中的先进企业，通过横向对比找出与先进企业的差距，采取措施赶超先进企业，也称"标杆法"。

4）结构对比分析。这种方法是指将总体分为不同性质的各个部分，然后以各个部分分数值与总体数值之比来反映事物内部构成的情况，一般用百分数来表示。如可以计算分析保管过程中质量正常的物资数量占总仓储量的百分比。

（2）仓储绩效考核指标的分析

1）库存周转率的评价方法。

① 和同行业比较评价法。在与同行业相互比较时，有必要将计算公式调整到同一基础再进行计算，这样才有真正的比较价值。

② 参考以往绩效的评价方法。参考自己公司以往周转率大的绩效值进行比较分析。另外，周转率和周转时间的标准值因商品的分类不同而各不相同，所以除过去的绩效，最好不要参照其他相关因素。

③ 期间比较评价法。根据统计资料计算的周转率仅能当作一个概略的标准，应将重点放在与本公司各期间的周转率来比较，这才是正确的方法。另外计算周转率时应按库存的动态变化来计算月间周转率。

2）库存周转率分析。

① 周转率高时，经济效益好。此时销售额增加并且远远超过存货资产的增加，使企业获得了较好的利润；或者企业因决策合理而缩短了周转期。

② 周转率虽高，经济效益却不佳。当销售额超过标准库存的拥有量时会产生缺货现象，若缺货情形远远超过允许的缺货率而丧失销售机会时，将带来损失因而经济效益不高；当库存调整得太过，导致销售额降低超过估计值，也会产生缺货，进而减少效益；还有可能是因为企业在结算时将账上不良库存都卖掉了，以此来提高销售数额，压低库存。

③ 周转率虽低，但经济效益好。这种情况主要是指在不久的将来，对预测大幅度涨价的商品估计库存，使库存量增大；或者是对于有缺货危险的商品，有计划地增加适当的库存；或是对将来销售额的增加已有正确的估计，因而在周密计划之下持有储存较多的存货。

④ 周转率低，经济效益也低。具体表现为销售额已经减少而库存未做调整，或者库存中不良品、长期保管品、品质低下或过时品等不断增加。

总之，周转率是灵活的，当通过周转率来观察经营状态时，应该先参照上述原则，然后结合实际情况做出正确的判断。

2. 因素分析法

因素分析法用来分析影响指标变化的各个因素及它们对指标的影响程度。因素分析法的基本做法是：在分析某个因素变动对总指标变动的影响时，假定只有这个因素在变动，而其余因素都是同度量因素（固定因素），逐个使替代因素单独变化，从而得到每项因素对该指标的影响程度。

在采用因素分析法时，应注意将各因素按合理的顺序排列，并注意将前后因素按合乎逻辑的衔接原则处理。如果顺序改变，各因素变动影响程度之积（或之和）虽仍等于总指标的变动量，但各因素的影响值会发生变化，从而得出不同的答案。

在进行两因素分析时，一般是数量因素在前、质量因素在后。在分析数量指标时，将质量指标的同度量因素固定在基期（或计划）指标；在分析质量指标时，将数量指标的同度量因素固定在报告期（或实际）指标。在进行多因素分析时，同度量因素的选择要按顺序依次进行，即当分析第一个因素时，其他因素均以基期（或计划）指标作为同度量因素；而在分析第二个因素时，则在第一个因素已经改变的基础上进行，即第一个因素以报告期（或实际）指标作为同度量因素，其他类推。

技能之窗：

A仓库2024年2月燃油消耗见表6-11，试计算各因素的变动使仓库燃油消耗额发生了怎样的变化。

表6-11　A仓库燃油消耗

2024年2月

指标	单位	计划	实际	差数
装卸作业量	t	300	350	50
单位燃油消耗量	L/t	0.9	0.85	-0.05
燃油单价	元/L	2.8	3.3	0.5
燃油消耗额	元	756	981.75	225.75

解析：计算过程如下。

装卸作业量变化使燃油消耗额发生的变化：$50 \times 0.9 \times 2.8 = 126$（元）

单位燃油消耗量变化使燃油消耗额发生的变化：$(-0.05) \times 350 \times 2.8 = -49$（元）

燃油单价变化使燃油消耗额发生的变化：$0.5 \times 350 \times 0.85 = 148.75$（元）

合计：$126 + (-49) + 148.75 = 225.75$（元）

3. 平衡分析法

平衡分析法是利用各项具有平衡关系的经济指标之间的依存情况来测定各项指标对经济指标变动的影响程度的分析方法，某企业仓储部2024年物资进、出、存情况分析见表6-12。

表6-12　某企业仓储部2024年物资进、出、存情况分析　（单位：t）

指标	计划	实际	差数（+）
年初库存	100	105	5
全年进库	1000	1100	100
全年出库	1000	900	100
年末存库	100	305	205

在此平衡分析表的基础上，进一步分析各项差额产生的原因和在该年度内产生的影响。

4. 帕累托图法

帕累托图法是由意大利经济学家帕累托首创的。该分析方法的核心思想是在决定一个事物的众多因素中分清主次，识别出少数对事物起决定作用的关键因素和多数对事物影响较小的次要因素，即A类因素，发生率为70%～80%，是主要影响因素；B类因素，发生率为

10%~20%，是次要影响因素；C类因素，发生率为0~10%，是一般影响因素。后来，帕累托图法被不断应用于管理的各个方面，这种方法有利于人们找出主次矛盾，有针对性地采取对策。

（二）程序分析法

程序分析法使人们懂得如何按流程开展工作以便找出改进的方法，程序分析的目的有两个。

1）准确掌握工艺过程的整体状态：掌握工艺流程的顺序、明确工序的总体关系、确认各工序的作业时间、发现总体工序不平衡的状态。

2）发现工序问题点：发现并改进产生浪费的工序，发现工时消耗较多的工序并重排简化此工序，减少停滞及闲余工序，合并一些过于细分或重复的工作。

仓储绩效分析非常适合使用这种方法，程序分析法主要包含工序图法、因果分析图法。

1. 工序图法

工序图法是通过一件产品或服务的形成过程来帮助理解工序的分析方法，用工序流程图标示出各步骤及其之间的关系。

仓库可以在指标对比分析的基础上，运用工序图法进行整个仓储流程或某个作业环节的分析，将其中的主要问题分离出来并进行分析。例如，经过对比分析发现物资验收时间出现增加的情况，那么就可以运用工序图法，对验收流程，即"验收准备-核对凭证-实物检验-入库-堆码上架-登账"进行分析，以确定导致验收时间增加的主要问题出现在哪个环节，然后采取相应的措施。工序图分析可以应用标准的图示符号来进行，美国机械工程师学会对物资操作制订了一套标准符号，见表6-13。

表6-13 美国机械工程师学会物资操作标准符号

符号	名称	说明
○	操作	表示工艺过程中的主要步骤,操作中要对物资做物理或化学变革
□	检查	表示对物资品质或数量的检查
→	运输	表示物资由一处移向另一处
D	停留	表示在事件顺序中的等待,如工序间在制品的积压
▽	储存	表示受控制的储存,如保持生产连续性的库存

2. 因果分析图法

因果分析图法也称鱼刺图，每根"鱼刺"代表一个可能的差错原因，一张鱼刺图可以反映企业或仓储部质量管理中的所有问题。因果分析图可以从物料（Material）、机器设备（Machine）、人员（Man）和方法（Method）四方面进行，即4M。4M为分析提供了一个好的框架，当系统进行深入分析时，很容易找出可能的质量问题并设立相应的检验点进行重点管理。例如，一些客户对仓库服务的满意度下降，仓库管理部门可以在以上四个方面分析原因，以便改进服务体系。

（三）提高仓储绩效的途径

1. 加速库存周转，提高资金使用效率

在现代化仓储管理中，首先应核定先进、合理的设备定额和储备资金定额，加强进货管理，做好物资进货验收和清仓查库，积极处理超储积压货物，加速物资周转，从而提高仓储的经济效益。

2. 降低成本开支，节约仓储费用

仓储成本费用支出项目众多，并且费用支出的客观因素十分复杂。在现代化仓储管理中，应不断提高仓储设施的利用率，提高劳动效率，节约各种开支，减少库存消耗，最大限度地降低开支，节约费用。

3. 加强基础工作，提高经营管理水平

仓储管理基础工作是仓储管理工作的基石。为适应仓储管理功能的变化，应相应地加强各项基础工作，如足额管理工作、标准化工作、计量工作和经济核算制等，以提高仓储经济效益为目标，从不断完善经济责任制入手，建立全面、系统的仓储管理基础工作，为提高仓储经营管理水平创造良好的条件。

4. 扩大仓储经营范围和内容，增加仓储增值服务项目

随着全球电子商务的不断扩张，物流业也得到了快速发展。仓储企业应充分利用其联系面广、仓储手段先进等有利条件，向多功能的物流服务中心方向发展，开展加工、配送、包装、贴标签等多项增值业务，从而增强仓库在市场经济中的竞争力，增加仓储的利润来源，提高自身的经济效益。

习题与训练

一、单项选择题

1. 对整个仓库进行包仓，仓储企业和客户要进行协商，一般按照不低于仓库实际面积的（　　）。

A. 50%面积吨计费　　　　　　　　　　B. 60%面积吨计费

C. 80%面积吨计费　　　　　　　　　　D. 100%面积吨计费

2. 下列不属于仓储结构失衡的是（　　）。

A. 仓储物资的品种、规格失衡　　　　B. 仓储物资的期限、数量失衡

C. 仓储地点选择不合理　　　　　　　D. 仓储条件过剩

3. 仓储企业的时间利用率接近1，说明（　　）。

A. 时间利用率低　　B. 时间利用率高　　C. 无影响　　　　D. 以上都不对

4. 仓储堆存直接费用不包括（　　）。

A. 材料费　　　　　B. 劳动保护费　　　C. 装卸费　　　　D. 保险费

5. 仓库租赁费属于（　　）成本。

A. 运输　　　　　　B. 包装　　　　　　C. 仓储　　　　　D. 流通加工

6. 在反映仓库生产成果数量的指标中，（　　）更能体现仓库空间的利用程度。

A. 存货周转率　　　B. 吞吐量　　　　　C. 库存量　　　　D. 库存品种

二、多项选择题

1. 仓储成本是衡量仓储企业（　　）。

A. 经营管理水平的重要标志　　　　　B. 管理质量高低的重要标志

C. 库存数量多少的重要标志　　　　　D. 仓库设备水平高低的重要标志

2. 仓储固定成本包括（　　）。

A. 大修理提存费　　B. 长期租赁费用　　C. 保险费　　　　D. 加班费

3. 以下各项属于仓储成本构成的是（　　）。

A. 采购成本　　　　B. 仓储损失　　　　C. 库存持有成本　　　D. 生产准备成本

4. 仓储成本管理的意义是（　　　）。

A. 仓储成本分析为企业制订仓储经营管理计划提供依据

B. 仓储成本分析为仓储产品定价提供依据

C. 仓储成本分析有利于加速仓储企业或企业仓储部门的现代化建设

D. 仓储成本分析为仓储企业或企业仓储部门的劳动管理提供依据

5. 降低备货成本的方式有（　　　）。

A. 合理选择备货作业方式　　　　　　　B. 合理安排仓储空间

C. 加强货位管理　　　　　　　　　　　D. 提高物品装卸搬运的活性化

6. 仓储成本主要包括（　　　）。

A. 仓储持有成本　　B. 订货成本　　　C. 生产准备成本　　　D. 缺货成本

7. 仓储持有成本主要包括（　　　）。

A. 资金占用成本　　B. 仓储维护成本　　C. 仓储运作成本　　　D. 仓储风险成本

8. 缺货成本（　　　）。

A. 是指由于库存供应中断而造成的损失

B. 包括原材料供应中断造成的停工损失

C. 包括产成品库存缺货造成的延迟发货损失

D. 包括丧失销售机会的损失（还应包括商誉损失）

9. 流通加工费用由（　　　）构成。

A. 流通加工设备费用　　　　　　　　　B. 流通加工材料费用

C. 流通加工人工费用　　　　　　　　　D. 流通加工其他费用

10. 反映仓储质量的指标主要有（　　　）。

A. 收发货错误率　　B. 业务赔偿率　　　C. 账实相符率　　　D. 货物损耗率

三、问答题

1. 简述仓储成本的含义。

2. 降低仓储包装作业成本要考虑哪些方面的问题？

3. 论述仓储的绩效管理体系。

单元二　配送成本管理与绩效管理

【思维导图】

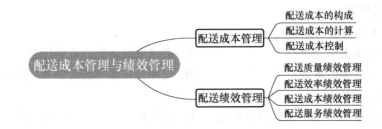

一、配送成本管理

(一)配送成本的构成

配送是物流系统中一种特殊的、综合的活动形式，是商流与物流的紧密结合，是一种包含了物流中若干功能要素的物流活动。从物流角度来说，配送几乎包括所有的物流功能要素，是物流的一个缩影或在较小范围内全部物流活动的体现。一般的配送集装卸、包装、保管、运输于一身，通过一系列活动来实现将物品送达客户的目的。特殊的配送则以流通加工活动为支撑，其内容更为广泛。

配送成本是指在配送活动的备货、储存、分拣、配货、送货、送达服务及配送加工等环节中所发生的各项费用的总和。配送成本主要由以下费用构成。

1. 配送运输费用

配送运输费用是指配送车辆在完成配送货物过程中，发生的各种车辆费用和运输间接费用。车辆费用是指配送车辆从事配送作业所发生的各项费用。运输间接费用是指在配送运输环节，为管理和组织配送运输所发生的各项管理费用和业务费用。具体包括驾驶员及助手的工资及福利费、燃料费、轮胎费、修理费、折旧费、车船税等项目。

2. 分拣费用

(1) 分拣人工费用　分拣人工费用是指从事分拣的作业人员及有关人员的工资、奖金、补贴等费用的总和。

(2) 分拣设备费用　分拣设备费用是指分拣机械设备的折旧费用及修理费用。

3. 配装费用

(1) 配装材料费用　常见的配装材料有木材、纸、自然纤维、合成纤维和塑料等。包装材料功能不同，成本差异很大。

(2) 配装辅助材料费用　配装辅助材料费用主要包括包装标记、标志的印刷及拴挂物费用等。

(3) 配装人工费用　配装人工费用是指从事配装工作的工人及有关人员的工资、奖金、补贴等费用的总和。

4. 流通加工费用

(1) 流通加工设备费用　流通加工设备费用因流通加工形式不同而不同，购置这些设备所支出的费用以折旧费的形式转移到了被加工的产品中。

(2) 流通加工材料费用　流通加工材料费用是指在流通加工过程中，投入到加工过程中的一些材料消耗所需要的费用。

(3) 流通加工人工费用　流通加工人工费用是指在流通加工过程中，从事加工活动的管理人员、工人及有关人员的工资、奖金等费用的总和。

5. 营运间接费用

营运间接费用是指不能直接计入各类成本计算对象的费用，如配送各环节间接从事配送活动人员的工资及福利费、办公费，以及配送各环节发生的水电费、折旧费等费用。营运间接费用于月终时，通过编制"营运间接费用分配表"，以分摊的形式分别计入配送各环节成本。

在实际应用中，应该根据配送的具体流程归集成本。不同的配送模式，其成本构成差异较大；相同的配送模式，由于配送物品的性质不同，其成本构成差异也很大。

（二）配送成本的计算

配送成本的核算是多环节的核算。配送各环节的成本具有各自的特点。如流通加工费用的核算与配送运输费用的核算具有明显的区别，两者成本计算的对象及计算单位都不同。由于配送成本的计算涉及多个环节，对每个环节应当单独计算。

配送成本总额由各个环节的成本组成，即

$$配送成本 = 配送运输费用 + 分拣费用 + 配装费用 + 流通加工费用$$

需要指出的是，在进行配送成本核算时，要避免配送成本重叠交叉，夸大或缩小费用支出，使配送成本失去真实性。

1. 配送运输费用

1）工资及职工福利费根据"工资分配汇总表"和"职工福利费计算表"中分配的金额计入成本。

2）燃料费根据"燃料费用汇总表"中分配的金额计入成本。

3）轮胎分外胎和内胎。外胎如果采用一次摊销法，根据"轮胎发出凭证汇总表"中各车型领用的金额计入成本；采用行驶公里提取法的，根据"轮胎摊提费计算表"中各车型应出的摊提额计入成本。发生轮胎翻新费时，根据付款凭证直接计入各车型成本或通过摊销费分期摊销。内胎、垫带根据"材料发出凭证汇总表"中各车型成本领用金额计入成本。

4）修理费是对配送运输车辆进行保养和修理的费用，根据"辅助生产费用分配表"中分配的金额计入成本。

5）折旧费根据"固定资产折旧计算表"中按照配送车辆提取的折旧金额计入成本。

6）车船税、行车事故损失和其他费用如果是通过银行转账、应付票据、现金支付的，根据付款凭证等直接计入有关的车辆成本；如果是在企业仓库内领用的材料物资，根据"材料发出凭证汇总表""低值易耗品发出凭证汇总表"中各车型领用的金额计入成本。

7）配送间接费用根据"营运间接费用分配表"计入有关配送车辆成本。

2. 分拣费用

1）工资及职工福利费根据"工资分配汇总表"和"职工福利费计算表"中分配的金额计入成本。

2）修理费是辅助生产部门对分拣机械进行保养和修理的费用，根据"辅助生产费用分配表"中分配的金额计入成本。

3）折旧费根据"固定资产折旧计算表"中按照分拣机械提取的折旧金额计入成本。

4）其他费用根据"低值易耗品发出凭证汇总表"中分拣领用的金额计入成本。

5）分拣间接费用根据"营运间接费用分配表"计入成本。

3. 配装费用

1）工资及职工福利费根据"工资分配汇总表"和"职工福利费计算表"中分配的金额计入成本。

2）材料费用根据"材料发出凭证汇总表""领料单"及"领料登记表"等原始凭证中的金额计入成本。

3）辅助材料费用根据"材料发出凭证汇总表""领料单"中的金额计入成本。

4）其他费用根据"材料发出凭证汇总表""低值易耗品发出凭证"中配装作业领用的

金额计入成本。

4. 流通加工费用

1) 工资及职工福利费根据"工资分配汇总表"和"职工福利费计算表"中分配的金额计入成本。

2) 材料费用中的材料和燃料费用根据"材料发出凭证汇总表""领料单""领料登记表"等原始凭证，将流通加工耗用的成本计入；外购动力费用根据有关付款凭证计入。

3) 流通加工间接费用根据"营运间接费用分配表"计入成本。

（三）配送成本控制

1. 配送成本控制的必要性

配送成本控制是指在配送经营过程中，按照规定的标准分析影响成本的各项因素，从而将配送各环节生产耗费控制在预定的范围内。配送企业可以通过合理的方式降低配送过程中的成本费用，和客户共同分享因节约所带来的利润，同时增强企业的竞争力。因此，进行配送成本控制显得尤为重要。

2. 配送成本控制策略

（1）混合策略 混合策略是指配送业务一部分由企业自身完成，另一部分由第三方物流完成。

（2）差异化策略 差异化策略是指针对企业拥有的多种商品，根据产品特点和销售水平，设置不同的库存、采取不同的运输方式及选取不同的储存地点。

（3）合并策略 合并策略包括两个方面的内容：一是配送方式上的合并；二是共同配送。配送方式上的合并是指企业在安排车辆完成配送任务时，充分利用车辆的容积和载重量，做到满载满装。共同配送是指多个企业联合起来，在配送中心的统一指挥和调度下联合行动，在较大的地域内协调运作，提供系列化的配送服务。

（4）延迟策略 延迟策略是指对产品的外观、形状及其生产、组装、配送尽可能推迟到接到客户订单后再确定。

（5）标准化策略 标准化策略是指尽量减少因品种多变而导致的附加配送成本，尽可能多地采用标准零部件、模块化产品。

3. 配送成本控制的主要措施

（1）加强配送的计划性 针对商品的特性制订不同的配送申请和配送制度。

（2）确定合理的配送路线 根据使用的车辆数、驾驶员数、油量、行车的难易度、装卸车的难易度及送货的准时性等，采用科学的方法确定合理的配送路线。

（3）进行合理的车辆配载 企业销售的商品不仅包装形态、储运性质不同，而且密度差别较大。密度大的商品往往达到了车辆的载重量，但体积空余较大；密度小的商品虽能达到车辆的最大体积，但达不到载重量。因此需要实行轻重配装，既能使车辆满载，又能充分利用车辆的载重量，从而达到减少配送费用的目的。

（4）建立计算机管理系统 在拣货、配货中运用计算机管理系统和条码技术来提高拣货的速度、准确性，提高配货效率，从而提高生产效率、节省劳动力、降低配送成本。

（5）制订配送成本标准 将配送流程标准化，制订一系列具体可行的标准，尽量减少不增值流程、降低配送成本。

（6）监督配送成本的形成 根据配送成本控制标准对配送成本的各个项目进行检查、

评比和监督，既要检查指标本身的执行情况，也要检查和监督影响指标的各项条件。

（7）及时纠正偏差　成本控制标准制订后要及时与实际费用比较，对配送成本差异发生的原因查明责任者，查清情况，提出改进措施，并加以贯彻执行。

二、配送绩效管理

配送绩效管理的目的是提高配送质量和效率，在保证服务、降低成本的同时实现安全、高效的配送。配送绩效管理包括配送质量绩效管理、配送效率绩效管理、配送成本绩效管理和配送服务绩效管理四个方面。

（一）配送质量绩效管理

配送质量是指配送经营、作业、调配和服务等一系列活动的良好程度，用来衡量是否满足了客户的各种需要。配送质量绩效管理是为了实现和提高配送作业质量而进行各种管理活动，包括配送作业过程的质量管理和建立质量管理组织系统两个方面。配送作业由备货（包括集货、分拣和配货）、运输（包括装卸、调度和运输）、流通加工和送达服务（包括送达确认、信息反馈和事后服务）四个环节构成。配送质量指标有以下几个。

（1）准时配送率

$$准时配送率=\frac{准时配送次数}{配送总次数}\times100\%$$

（2）损失率

$$损失率=\frac{经济损失之和}{配送业务总收入}\times100\%$$

（3）货损货差率

$$货损货差率=\frac{货损货差数}{配送货物总数}\times100\%$$

（4）事故频率

$$事故频率=\frac{报告期内事故次数}{报告期内总行驶公里数/10000}（次/万公里）$$

（5）安全间隔里程

$$安全间隔里程=\frac{报告期内总行驶公里数/10000}{报告期内事故次数}（万公里/次）$$

（6）车船完好率

$$车船完好率=\frac{报告期内运营车船完好总天数}{报告期内车船总天数}\times100\%$$

（二）配送效率绩效管理

1. 配送效率绩效管理的含义

配送作业包括集货、分拣、配货、装卸、调度、运输、流通加工、送达服务等环节，配送效率绩效管理是为了保证和提高配送效率所进行的一系列管理活动。

2. 配送效率绩效管理的内容

配送效率绩效管理包括充分利用现有设备，提高配送人员的劳动效率和构建完善的管理体系等内容。具体可分为如下五个方面。

1）利用 EDI 技术实现电子订货，提高订货和收发货效率。
2）利用条码技术和无线射频技术，提高收发货时的验货效率。
3）在配送中心配备自动化作业设备，提高货物装卸效率。
4）采用数码备货自动化设备，提高备货效率。
5）运用 GPS 技术跟踪货物车辆，提高调度运输效率。

3. 配送效率指标

（1）车船利用率

$$车船利用率 = \frac{报告期内运营车船投产总天数}{报告期内车船总天数} \times 100\%$$

（2）车船满载率

$$车船满载率 = \frac{车船实际装载量}{车船装载能力} \times 100\%$$

（3）总运力贡献率

$$总运力贡献率 = \frac{报告期内完成的周转量}{报告期内总运力}（吨位产量）$$

（4）实际油耗

$$实际油耗 = \frac{报告期实际油耗}{报告期实际吨公里数/100}（L/百吨公里）$$

（5）修保费（率）

$$修保费 = \frac{车辆保养及小修费用}{行驶公里数/1000}（元/千公里）$$

（三）配送成本绩效管理

配送成本绩效管理是指在保证配送质量的前提下，通过一定的方法和措施提高配送效率，降低配送成本。配送成本在效益上的体现有以下四个指标：

（1）平均配送费用

$$平均配送费用 = \frac{每月配送费用总额}{月平均配送量}$$

（2）吨公里成本

$$吨公里成本 = \frac{报告期内运输总成本（元）}{报告期内货物总周转量（吨公里）}$$

（3）平均装卸成本

$$平均装卸成本 = \frac{装卸总成本}{装卸货物总量}$$

（4）平均流通加工成本

$$平均流通加工成本 = \frac{流通加工总成本}{流通加工货物总量}$$

（四）配送服务绩效管理

配送服务可以概括为两个"保证"：保证运送，即在客户规定的时间内把货物运送到指定地点；保证质量，即在配送全过程中保证客户货物的质量和安全。配送服务质量要素包括以下七个方面。

（1）交货频率　交货频率用交货速度来衡量：一日一次；一日两次及以上；一周一次；一周两三次；一周三次以上。

（2）指定时间　指定时间用时间长度来衡量。

（3）配送系统的灵活性　配送系统的灵活性用配送速度、准确比例和详细性来衡量，包括对客户要求反应的及时性和准确性。

（4）配送系统的纠错能力　配送系统的纠错能力用应答与需要恢复的时间来衡量，包括出现错误后纠错的程序及效率和时间。

（5）提供信息　提供信息用详细性来衡量。提供信息包括交货日期、到货日期、运送过程中的商品信息及追踪信息。

（6）进货条件　进货条件用准确性和详细性来衡量，包括交货方式、定价、包装和免检。

（7）配送服务后的支持　配送服务后的支持用应答时间和应答质量来衡量，包括配送服务的信息反馈、客户配送方案的设计与改进。

习题与训练

1. 东方公司系境内上市的软件开发企业，计划在 2024 年申请配股。A 公司为东方公司的子公司，东方公司拥有其 90%的股权；A 公司拥有 B 国际网络系统有限公司（以下简称 B 公司）100%的股权。东方公司和 A 公司适用的所得税税率均为 25%（除所得税外，不考虑其他相关税费）。东方公司除投资收益外，无其他纳税调整事项，A 公司也无纳税调整事项。东方公司 2023 年发生的有关交易或事项如下。

2023 年 6 月 1 日，在东方公司的帮助下，A 公司与 C 公司签订了一项软件开发协议。协议的主要内容如下。

C 公司委托 A 公司开发甲、乙、丙三套系统软件，合同总价款为 20000 万元。A 公司应严格按照 C 公司所提出的技术要求进行项目开发。如 A 公司不能按照 C 公司的规定或要求开发软件，由此造成的损失和责任均由 A 公司承担。

项目应于 2024 年 2 月 1 日前开发完成。在项目开发过程中，如果 C 公司临时提出新的要求，可能导致项目开发期延长，应经过双方协商确定延期事项。A 公司如不能按期完成开发任务，应每日按合同总价款的 0.4%向 C 公司支付违约金。软件开发完成后，由 C 公司派专人及时进行测试和验收。

项目产品以磁盘介质为主要交付方式，以线路传输为辅助交付方式。A 公司对货物质量承担完全责任。

协议签订后至 2023 年 12 月 31 日，C 公司向 A 公司支付合同总价款的 65%；余款于 A 公司完成项目开发并由 C 公司验收合格后 7 个工作日内付清。如果 C 公司不能按期付款，每日加付合同总价款 0.4%的违约金。

2023 年 6 月 20 日，A 公司鉴于自身技术力量的不足，将上述开发任务的部分转包给 B 公司，所签订的合同总价款为 1000 万元。2023 年 12 月 1 日，A 公司将合同价款一次性支付给 B 公司。

2023 年 6 月 30 日，A 公司为上述项目开发与 C 公司签订了设备购买协议。根据该协议，A 公司向 C 公司购买用于上述项目开发的设备，总价款为 2000 万元。2023 年 7 月 10

日，A 公司收到 C 公司运来的上述设备，并于 2023 年 12 月 25 日向 C 公司支付上述设备款 2000 万元。假定该设备只能用于上述项目开发，且无净残值。

与项目开发相关的其他资料如下。

◆ 至 2023 年 12 月 31 日，A 公司收到 C 公司支付的合同总价款的 65%。

◆ 2023 年 12 月 31 日，经外部软件技术人员测量，该项目开发已完成 70%。

◆ A 公司预计完成项目开发需发生的总成本为 14000 万元。

◆ 除支付 B 公司转包合同价款和向 C 公司购买设备的价款外，A 公司另发生其他项目开发费用 7000 万元。

A 公司对上述交易或事项的收入和成本做了如下确认。

A 公司将与 C 公司所签订合同的总价款 20000 万元确认为 2024 年度的劳务收入。

项目开发费用通过"科技开发成本"科目归集，包括设备购置价款 2000 万元，支付给 B 公司的合同总价款 1000 万元，其他开发费用 7000 万元，三项合计 10000 万元。2023 年 12 月 31 日，将"科技开发成本"项目余额 10000 万元全部结转为劳务成本。

1）判断 A 公司上述收入和成本的确认是否正确，如不正确，请给出正确的确认结果。

2）请简要说明 A 公司收入和成本确认结果对东方公司 2023 年度利润总额的影响。

2. 某仓储企业在与客户签订合同时，向客户承诺的服务指标见表 6-14。

表 6-14　某仓储企业向客户承诺的服务指标

仓储配送指标	仓储运输指标
仓储提供能力:100%	运输准确率:100%
仓储扩充能力:100%	货损赔付率:100%
满足仓储要求:≥90%	响应速度:≤2h
库存完好率:100%	延期率:≤2%(零担货物);≤0.3%(整车物品)
出入库保障能力:100%	物品出险率:≤4 次/年
配送及时率:>80%	货损率:≤0.1%
配送准确率:100%	物资卸错率:≤2 次/年
在途信息失控率:≤5 次/年	—
信息技术的应用率:90%	—
远程信息能力:≥90%	—
账实相符率:100%	—
客户满意度:≥99%	—

1）表中哪些指标还有待改进？

2）除了表中所列配送指标、运输指标外，还有哪些仓储绩效分析的指标？

模块七

智慧仓配综合实训

单元一　仓配一体作业方案设计

【实训背景】

　　龙海物流集团股份有限公司（以下简称龙海物流）是西北地区领先的综合物流服务提供商，拥有3A级物流企业资质。自1998年成立以来，龙海物流一直致力于为客户提供创新、高效、可靠的物流解决方案。通过多年的发展，龙海物流已经建立起覆盖西北、全国的物流服务网络。龙海物流的经营范围包括国内货物运输代理、仓储服务、货物搬运装卸、国际货物运输代理、物流信息服务、货物包装托运、商务咨询、销售管理及特定货物运输等，还包括日用百货、厨房用具、化妆品、办公用品、电子产品、工艺礼品、五金交电销售等。龙海物流注重技术创新，利用最新的信息技术如物联网、大数据分析和人工智能，提高物流效率和服务质量。企业自主研发的物流信息平台能够实现货物全程追踪和实时信息反馈。截至目前，公司建有大型智慧仓库6座、区域分拣中心3座，自营车场2处，各类车辆60余辆。

　　凭借卓越的服务和良好的客户口碑，集团公司多次获得"最佳物流企业""物流行业领军企业"等荣誉称号，并通过了ISO9001质量管理体系认证。

一、开展人员分工

任务描述：

　　假设你是龙海物流仓储事业1部的班组长（主管），请你选任3人作为团队成员，共同开展作业。班组长的主要责任为负责作业方案的设计与协调，其余3人为理货员。现在请你列出各组员的具体分工与职责，见表7-1。

任务实施：

表 7-1　小组成员与分工

职位	姓名	具体职责分工
班组长（主管）		
理货员 A		
理货员 B		
理货员 C		

二、制订入库计划

任务描述：

云仓 1 号仓配中心接到沣东商贸集团公司入库请求，具体入库单见表 7-2。请根据云仓 1 号仓配中心的现状及出库作业旬报的数据，确定入库单货物的物动量 ABC 分类、货物的组托情况、计算所需托盘数并编码、合理安排货位。

表 7-2 入库单（入库通知）

入库任务编号：RK0001FD　　　　　入库时间：到货当日　　　　　供应商：沣东商贸

序号	商品名称	包装规格/mm（长×宽×高）	价格/元	重量/kg	堆码极限	入库/箱
1	艾草糕团红豆蛋黄味	480×320×200	100	20	4	37
2	Tempo 德宝天然无香面纸巾	320×260×260	100	20	3	28
3	Sam's 会员芝士夹心饼干	380×315×260	200	25	3	18
4	日清 UFO 飞碟炒面（意面味）	430×265×165	200	25	4	45
5	日清 UFO 飞碟炒面（鱼香肉丝味）	380×285×270	200	25	4	18
6	宜家大玻璃杯	370×190×270	300	10	3	45

任务实施：

（一）物动量 ABC 分类

根据出库作业记录表（各季度旬报见表 7-3~表 7-8），选择合适的统计计算方法对近期所有货物进行 ABC 分类。最终得到物动量 ABC 分类表中明确的结果，建议计算结果四舍五入保留 2 位有效小数。ABC 分类按累计周转率来判定，其中，$0<A\leqslant60\%$，$60\%<B\leqslant85\%$，$C>85\%$。最终物动量 ABC 分类表可以参考表 7-9 的形式。

表 7-3 出库作业记录表 1（1 月上旬报）

货品编码/条码	货品名称	出库量（SKU）
6958833304090	艾草糕团红豆蛋黄味	67
6922503504505	易佳净刷刷球	899
6917536003013	日清 UFO 飞碟炒面（意面味）	432
6958770001892	莫小仙菌菇牛肉煲仔饭	900
6903148047767	舒肤佳金银花/菊花沐浴露 200mL	544
6921317940312	康师傅喝开水	1256
6935498309028	冠芳山楂树下复合饮料	60
6973870130006	康师傅无糖冰红茶	134
6949930103471	美年达葡萄味（瓶装）	12
6944839989461	冰糖雪梨（瓶）	179
6952395704633	双椒拌饭酱	124
6933606620123	席老大沐浴擦	125
6924187821644	洽洽香瓜子 260g	88
6924187828544	洽洽香瓜子 308g	150
6902934990362	喜之郎什锦果肉果冻	30
6921168558025	东方树叶（红茶）	352
6911988000682	达利园派	100
6917935002150	日清合味道海鲜杯面	251
6921168509256	农夫山泉矿泉水	254
6915324005898	妮维雅洁面乳	125

（续）

货品编码/条码	货品名称	出库量（SKU）
6944839956982	冰糖雪梨（盒）	122
6921168558049	东方树叶（茉莉花茶）	125
6910019022747	纳爱斯健爽白牙膏	63
6920546800053	旺旺雪饼	146
6921168558018	东方树叶（绿茶）	167
6903148047774	舒肤佳金银花/菊花沐浴露 400mL	25
6903148047729	舒肤佳芦荟沐浴露	58
6903148042441	日清 UFO 飞碟炒面（鱼香肉丝味）	60
6955838000781	Sam's 会员芝士夹心饼干	67
6901668005946	奥利奥生日蛋糕味	37
6921168596348	东方树叶（青柑普洱）	124
6936571950090	美年达葡萄味（罐装）	65
6925303730574	统一阿萨姆原味奶茶	12
6902132008951	登康牙刷	53
6921738002415	宝克大容量中性笔	124
6924975886985	小浣熊空气清新剂	50
6949930102535	百事可乐（瓶）	155
6903148157008	汰渍无磷洗衣皂	12
6910019005498	纳爱斯牙刷	21
6920174720631	立白椰油精华洗衣皂	32
6936481802564	丁家宜维生素 E 乳（芦荟）	43
6947509910710	Tempo 德宝天然无香面纸巾	2
6926636305309	金怡神甘蔗红糖	23
6948118451274	淇悦强力粘钩	60
6949930103433	橙味美年达（瓶装）	55
6921168594511	农夫果园 50%混合果蔬	24
6949930110080	橙味美年达（罐装）	13
6903148117835	汰渍洗衣液	42
6913221010106	立顿精选红茶	12
6948832901116	爱梳牌梳子	21
6944839947461	康师傅蜜桃小酪	12
6921168559244	农夫山泉水溶 C100	125
6954540736216	伟祥指甲刀	35
6952395704657	青椒香菇拌饭酱	24
6948326903206	胜旺跳绳	31
6920742589011	神内胡萝卜汁	30
6920546800046	旺旺仙贝	13
6924743919259	乐事薯片黄瓜味	10
6926366120227	雪豹鞋油	21
6944839905010	康师傅柠檬味冰红茶	12
6902774002245	宜家大玻璃杯	12
6974175370116	棉柔洁面巾	12
6949930103518	美年达百香果菠萝味	10
6944839957637	康师傅蜂蜜柚子	12
6901668005755	奥利奥巧克力夹心味	12
6907917132425	奇强高级净柔皂	24
6973977010010	作业本	1

表 7-4　出库作业记录表 2（1 月中旬报）

货品编码/条码	货品名称	出库量（SKU）
6949930103433	橙味美年达（瓶装）	25
6921168594511	农夫果园 50% 混合果蔬	13
6949930110080	橙味美年达（罐装）	46
6902083922658	AD 钙 450mL	2
6903148117835	汰渍洗衣液	30
6913221010106	立顿精选红茶	12
6948832901116	爱梳牌梳子	21
6902083881085	AD 钙 220g	2
6944839947461	康师傅蜜桃小酪	12
6921168559244	农夫山泉水溶 C100	10
6954540736216	伟祥指甲刀	34
6952395704657	青椒香菇拌饭酱	24
6948326903206	胜旺跳绳	31
6920742589011	神内胡萝卜汁	30
6920546800046	旺旺仙贝	13
6924743919259	乐事薯片黄瓜味	30
6926366120227	雪豹鞋油	21
6944839905010	康师傅柠檬味冰红茶	12
6902774002245	宜家大玻璃杯	46
6974175370116	棉柔洁面巾	10
6949930103518	美年达百香果菠萝味	31
6944839957637	康师傅蜂蜜柚子	30
6947929617428	法丽兹酸奶巧克力味曲奇	13
6901668005755	奥利奥巧克力夹心味	34
6973977010010	作业本	1
6958833304090	艾草糕团红豆蛋黄味	122
6922503504505	易佳净刷刷球	408
6917536003013	日清 UFO 飞碟炒面（意面味）	163
6958770001892	莫小仙菌菇牛肉煲仔饭	900
6903148047767	舒肤佳金银花/菊花沐浴露 400mL	152
6921317940312	康师傅喝开水	53
6935498309028	冠芳山楂树下复合饮料	267
6973870130006	康师傅无糖冰红茶	134
6949930103471	美年达葡萄味（瓶装）	264
6944839989461	冰糖雪梨（瓶）	179
6952395704633	双椒拌饭酱	124
6933606620123	席老大沐浴擦	122
6924187821644	洽洽香瓜子 260g	88
6924187828544	洽洽香瓜子 308g	150
6902934990362	喜之郎什锦果肉果冻	30
6921168558025	东方树叶（红茶）	352
6911988000682	达利园派	100
6917935002150	日清合味道海鲜杯面	251
6921168509256	农夫山泉矿泉水	254
6915324005898	妮维雅洁面乳	141
6944839956982	冰糖雪梨（盒）	122
6921168558049	东方树叶（茉莉花茶）	125
6910019022747	纳爱斯健爽白牙膏	31

（续）

货品编码/条码	货品名称	出库量（SKU）
6920546800053	旺旺雪饼	146
6921168558018	东方树叶（绿茶）	167
6903148047729	舒肤佳芦荟沐浴露	100
6903148042441	日清 UFO 飞碟炒面（鱼香肉丝味）	60
6955838000781	Sam's 会员芝士夹心饼干	67
6901668005946	奥利奥生日蛋糕味	37
6921168596348	东方树叶（青柑普洱）	124
6936571950090	美年达葡萄味（罐装）	65
6925303730574	统一阿萨姆原味奶茶	60
6902132008951	登康牙刷	30
6921738002415	宝克大容量中性笔	44
6924975886985	小浣熊空气清新剂	50
6949930102535	百事可乐（瓶）	12
6903148157008	汰渍无磷洗衣皂	88
6910019005498	纳爱斯牙刷	50
6920174720631	立白椰油精华洗衣皂	21
6936481802564	丁家宜维生素 E 乳（芦荟）	37
6974175370234	清洁湿巾	10
6947509910710	Tempo 德宝天然无香面纸巾	21
6926636305309	金怡神甘蔗红糖	86
6948118451274	淇悦强力粘钩	60

表 7-5　出库作业记录表 3（1 月下旬报）

货品编码/条码	货品名称	出库量（SKU）
6933606620123	席老大沐浴擦	557
6924187821644	洽洽香瓜子 260g	243
6924187828544	洽洽香瓜子 308g	217
6902934990362	喜之郎什锦果肉果冻	165
6921168558025	东方树叶（红茶）	14
6911988000682	达利园派	100
6917935002150	日清合味道海鲜杯面	53
6921168509256	农夫山泉矿泉水	21
6915324005898	妮维雅洁面乳	141
6944839956982	冰糖雪梨（盒）	122
6926366120227	雪豹鞋油	12
6944839905010	康师傅柠檬味冰红茶	12
6902774002245	宜家大玻璃杯	46
6974175370116	棉柔洁面巾	10
6949930103518	美年达百香果菠萝味	31
6944839957637	康师傅蜂蜜柚子	30
6947929617428	法丽兹酸奶巧克力味曲奇	13
6973977010010	作业本	1
6958833304090	艾草糕团红豆蛋黄味	254
6922503504505	易佳净刷刷球	998
6917536003013	日清 UFO 飞碟炒面（意面味）	225
6958770001892	莫小仙菌菇牛肉煲仔饭	4
6903148047767	舒肤佳金银花/菊花沐浴露 400mL	152
6921317940312	康师傅喝开水	53
6935498309028	冠芳山楂树下复合饮料	267

（续）

货品编码/条码	货品名称	出库量（SKU）
6973870130006	康师傅无糖冰红茶	134
6949930103471	美年达葡萄味（瓶装）	264
6944839989461	冰糖雪梨（瓶）	179
6952395704633	双椒拌饭酱	124
6921168558049	东方树叶（茉莉花茶）	85
6910019022747	纳爱斯健爽白牙膏	31
6920546800053	旺旺雪饼	45
6921168558018	东方树叶（绿茶）	24
6903148047729	舒肤佳芦荟沐浴露	100
6903148042441	日清 UFO 飞碟炒面（鱼香肉丝味）	60
6955838000781	Sam's 会员芝士夹心饼干	67
6901668005946	奥利奥生日蛋糕味	100
6921168596348	东方树叶（青柑普洱）	13
6936571950090	美年达葡萄味（罐装）	65
6925303730574	统一阿萨姆原味奶茶	60
6902132008951	登康牙刷	30
6921738002415	宝克大容量中性笔	44
6924975886985	小浣熊空气清新剂	50
6949930102535	百事可乐（瓶）	12
6903148157008	汰渍无磷洗衣皂	88
6910019005498	纳爱斯牙刷	50
6920174720631	立白椰油精华洗衣皂	21
6936481802564	丁家宜维生素 E 乳（芦荟）	37
6974175370234	清洁湿巾	55
6947509910710	Tempo 德宝天然无香面纸巾	224
6926636305309	金怡神甘蔗红糖	86
6948118451274	淇悦强力粘钩	39
6949930103433	橙味美年达（瓶装）	25
6921168594511	农夫果园 50% 混合果蔬	13
6949930110080	橙味美年达（罐装）	46
6902083922658	AD 钙 450mL	2
6903148117835	汰渍洗衣液	30
6913221010106	立顿精选红茶	12
6948832901116	爱梳牌梳子	21
6902083881085	AD 钙 220g	2
6922314970043	枣家庄酸角	44
6944839947461	康师傅蜜桃小酪	12
6921168559244	农夫山泉水溶 C100	10
6954540736216	伟祥指甲刀	34
6952395704657	青椒香菇拌饭酱	24
6948326903206	胜旺跳绳	31
6920742589011	神内胡萝卜汁	30
6920546800046	旺旺仙贝	20
6924743919259	乐事薯片黄瓜味	30

表 7-6　出库作业记录表 4（2 月上旬报）

货品编码/条码	货品名称	出库量（SKU）
6901668005946	奥利奥生日蛋糕味	100
6921168596348	东方树叶（青柑普洱）	13

（续）

货品编码/条码	货品名称	出库量（SKU）
6936571950090	美年达葡萄味（罐装）	65
6925303730574	统一阿萨姆原味奶茶	60
6902132008951	登康牙刷	87
6921738002415	宝克大容量中性笔	44
6924975886985	小浣熊空气清新剂	50
6949930102535	百事可乐（瓶）	12
6948832901116	爱梳牌梳子	21
6902083881085	AD 钙 220g	2
6922314970043	枣家庄酸角	44
6944839947461	康师傅蜜桃小酪	12
6921168559244	农夫山泉水溶 C100	10
6954540736216	伟祥指甲刀	34
6952395704657	青椒香菇拌饭酱	24
6948326903206	胜旺跳绳	31
6920742589011	神内胡萝卜汁	30
6920546800046	旺旺仙贝	20
6903148157008	汰渍无磷洗衣皂	24
6910019005498	纳爱斯牙刷	32
6920174720631	立白椰油精华洗衣皂	31
6936481802564	丁家宜维生素 E 乳（芦荟）	50
6974175370234	清洁湿巾	64
6947509910710	Tempo 德宝天然无香面纸巾	21
6926636305309	金怡神甘蔗红糖	20
6948118451274	淇悦强力粘钩	39
6949930103433	橙味美年达（瓶装）	12
6921168594511	农夫果园 50%混合果蔬	13
6949930110080	橙味美年达（罐装）	46
6902083922658	AD 钙 450mL	2
6903148117835	汰渍洗衣液	30
6913221010106	立顿精选红茶	12
6924743919259	乐事薯片黄瓜味	15
6926366120227	雪豹鞋油	12
6944839905010	康师傅柠檬味冰红茶	12
6902774002245	宜家大玻璃杯	22
6974175370116	棉柔洁面巾	17
6949930103518	美年达百香果菠萝味	12
6944839957637	康师傅蜂蜜柚子	12
6947929617428	法丽兹酸奶巧克力味曲奇	13
6973977010010	作业本	1
6958833304090	艾草糕团红豆蛋黄味	426
6922503504505	易佳净刷刷球	1008
6917536003013	日清 UFO 飞碟炒面（意面味）	541
6958770001892	莫小仙菌菇牛肉煲仔饭	4
6903148047767	舒肤佳金银花/菊花沐浴露 400mL	421
6921317940312	康师傅喝开水	53
6935498309028	冠芳山楂树下复合饮料	267
6973870130006	康师傅无糖冰红茶	134
6949930103471	美年达葡萄味（瓶装）	264
6944839989461	冰糖雪梨（瓶）	179

（续）

货品编码/条码	货品名称	出库量（SKU）
6952395704633	双椒拌饭酱	124
6933606620123	席老大沐浴擦	89
6924187821644	洽洽香瓜子 260g	243
6924187828544	洽洽香瓜子 308g	217
6902934990362	喜之郎什锦果肉果冻	165
6921168558025	东方树叶（红茶）	14
6911988000682	达利园派	100
6917935002150	日清合味道海鲜杯面	53
6921168509256	农夫山泉矿泉水	21
6915324005898	妮维雅洁面乳	12
6944839956982	冰糖雪梨（盒）	122
6921168558049	东方树叶（茉莉花茶）	85
6910019022747	纳爱斯健爽白牙膏	31
6920546800053	旺旺雪饼	45
6921168558018	东方树叶（绿茶）	24
6903148047774	舒肤佳金银花/菊花沐浴露 200mL	2
6903148047729	舒肤佳芦荟沐浴露	124
6903148042441	日清 UFO 飞碟炒面（鱼香肉丝味）	60
6955838000781	Sam's 会员芝士夹心饼干	67

表 7-7　出库作业记录表 5（2 月中旬报）

货品编码/条码	货品名称	出库量（SKU）
6958833304090	艾草糕团红豆蛋黄味	1114
6922503504505	易佳净刷刷球	245
6917536003013	日清 UFO 飞碟炒面（意面味）	256
6958770001892	莫小仙菌菇牛肉煲仔饭	4
6903148047767	舒肤佳金银花/菊花沐浴露 400mL	244
6921317940312	康师傅喝开水	53
6935498309028	冠芳山楂树下复合饮料	267
6973870130006	康师傅无糖冰红茶	134
6949930103471	美年达葡萄味（瓶装）	264
6944839989461	冰糖雪梨（瓶）	21
6952395704633	双椒拌饭酱	43
6933606620123	席老大沐浴擦	115
6924187821644	洽洽香瓜子 260g	243
6924187828544	洽洽香瓜子 308g	217
6902934990362	喜之郎什锦果肉果冻	165
6921168558025	东方树叶（红茶）	13
6911988000682	达利园派	100
6921168509256	农夫山泉矿泉水	21
6915324005898	妮维雅洁面乳	12
6944839956982	冰糖雪梨（盒）	24
6921168558049	东方树叶（茉莉花茶）	12
6910019022747	纳爱斯健爽白牙膏	224
6920546800053	旺旺雪饼	45
6921168558018	东方树叶（绿茶）	124
6903148047774	舒肤佳金银花/菊花沐浴露 200mL	251
6903148047729	舒肤佳芦荟沐浴露	21
6903148042441	日清 UFO 飞碟炒面（鱼香肉丝味）	60

（续）

货品编码/条码	货品名称	出库量（SKU）
6955838000781	Sam's 会员芝士夹心饼干	58
6901668005946	奥利奥生日蛋糕味	100
6921168596348	东方树叶（青柑普洱）	60
6936571950090	美年达葡萄味（罐装）	65
6925303730574	统一阿萨姆原味奶茶	60
6902132008951	登康牙刷	155
6921738002415	宝克大容量中性笔	63
6924975886985	小浣熊空气清新剂	50
6949930102535	百事可乐（瓶）	15
6903148157008	汰渍无磷洗衣皂	6
6910019005498	纳爱斯牙刷	51
6920174720631	立白椰油精华洗衣皂	124
6936481802564	丁家宜维生素 E 乳（芦荟）	25
6974175370234	清洁湿巾	64
6926636305309	金怡神甘蔗红糖	20
6948118451274	淇悦强力粘钩	39
6949930103433	橙味美年达（瓶装）	52
6921168594511	农夫果园 50%混合果蔬	35
6949930110080	橙味美年达（罐装）	12
6902083922658	AD 钙 450mL	179
6903148117835	汰渍洗衣液	25
6913221010106	立顿精选红茶	42
6948832901116	爱梳牌梳子	25
6902083881085	AD 钙 220g	122
6922314970043	枣家庄酸角	44
6944839947461	康师傅蜜桃小酪	53
6921168559244	农夫山泉水溶 C100	10
6954540736216	伟祥指甲刀	12
6952395704657	青椒香菇拌饭酱	24
6948326903206	胜旺跳绳	31
6920742589011	神内胡萝卜汁	30
6920546800046	旺旺仙贝	20
6924743919259	乐事薯片黄瓜味	15
6926366120227	雪豹鞋油	12
6944839905010	康师傅柠檬味冰红茶	85
6974175370116	棉柔洁面巾	17
6949930103518	美年达百香果菠萝味	12
6944839957637	康师傅蜂蜜柚子	10
6947929617428	法丽兹酸奶巧克力味曲奇	13
6973977010010	作业本	1

表 7-8　出库作业记录表 6（2 月下旬报）

货品编码/条码	货品名称	出库量（SKU）
6958833304090	艾草糕团红豆蛋黄味	1136
6922503504505	易佳净刷刷球	244
6917536003013	日清 UFO 飞碟炒面（意面味）	165
6958770001892	莫小仙菌菇牛肉煲仔饭	125
6903148047767	舒肤佳金银花/菊花沐浴露 400mL	163
6921317940312	康师傅喝开水	11

（续）

货品编码/条码	货品名称	出库量（SKU）
6935498309028	冠芳山楂树下复合饮料	123
6973870130006	康师傅无糖冰红茶	589
6949930103471	美年达葡萄味（瓶装）	125
6944839989461	冰糖雪梨（瓶）	225
6952395704633	双椒拌饭酱	3
6933606620123	席老大沐浴擦	42
6924187821644	洽洽香瓜子260g	25
6924187828544	洽洽香瓜子308g	25
6902934990362	喜之郎什锦果肉果冻	36
6921168558025	东方树叶（红茶）	25
6911988000682	达利园派	60
6917935002150	日清合味道海鲜杯面	35
6921168509256	农夫山泉矿泉水	36
6915324005898	妮维雅洁面乳	60
6944839956982	冰糖雪梨（盒）	63
6921168558049	东方树叶（茉莉花茶）	50
69100019022747	纳爱斯健爽白牙膏	88
6920546800053	旺旺雪饼	86
6921168558018	东方树叶（绿茶）	3
6903148047774	舒肤佳金银花/菊花沐浴露200mL	125
6903148047729	舒肤佳芦荟沐浴露	21
6903148042441	日清UFO飞碟炒面（鱼香肉丝味）	100
6955838000781	Sam's会员芝士夹心饼干	55
6901668005946	奥利奥生日蛋糕味	12
6921168596348	东方树叶（青柑普洱）	50
6936571950090	美年达葡萄味（罐装）	21
6925303730574	统一阿萨姆原味奶茶	125
6902132008951	登康牙刷	12
6921738002415	宝克大容量中性笔	5
6903148157008	汰渍无磷洗衣皂	12
6920174720631	立白椰油精华洗衣皂	88
6936481802564	丁家宜维生素E乳（芦荟）	125
6974175370234	清洁湿巾	100
6947509910710	Tempo德宝天然无香面纸巾	12
6926636305309	金怡神甘蔗红糖	21
6949930103433	橙味美年达（瓶装）	52
6921168594511	农夫果园50%混合果蔬	100
6949930110080	橙味美年达（罐装）	30
6903148117835	汰渍洗衣液	13
6913221010106	立顿精选红茶	46
6948832901116	爱梳牌梳子	25
6902083881085	AD钙220g	27
6922314970043	枣家庄酸角	27
6944839947461	康师傅蜜桃小酪	39
6921168559244	农夫山泉水溶C100	1
6954540736216	伟祥指甲刀	12
6952395704657	青椒香菇拌饭酱	36
6920546800046	旺旺仙贝	30
6924743919259	乐事薯片黄瓜味	30

（续）

货品编码/条码	货品名称	出库量（SKU）
6926366120227	雪豹鞋油	31
6902774002245	宜家大玻璃杯	2
6974175370116	棉柔洁面巾	30
6949930103518	美年达百香果菠萝味	13
6901668005755	奥利奥巧克力夹心味	1
6907917132425	奇强高级净柔皂	5
6973977010010	作业本	2

表 7-9　云仓 1 号近期入库货物 ABC 分类表

货品编码/条码	货品名称	统计周内总周转量 （SKU）	统计周内商品周转率 （%）	累计周转率 （%）	分类结果
					A
					B
					C

注：本表仅作为参考形式，不作为最后正确答案。

（二）编制收货检验单

根据入库货物制订收货检验单，具体可参考表 7-10。

表 7-10　收货检验单参考样表

收货检验单							
入库任务单编号：RK0001FD				供应商:沣东商贸集团有限公司			
序号	商品名称	规格/mm	重量/kg	应收数量/箱	实收数量/箱	外观质量	备注
1	艾草糕团红豆蛋黄味	480×320×200	20	37			
2	Tempo 德宝天然无香面纸巾	320×260×260	20	28			
3	Sam's 会员芝士夹心饼干	380×315×260	25	18			
4	日清 UFO 飞碟炒面（意面味）	430×265×165	25	45			
5	宜家大玻璃杯	370×190×270	10	29			
主管签字：				日期：			

注：本表仅作为参考形式，不作为最后正确答案。

（三）制作货物组托图

根据入库单基本信息绘制组托图，明确各个货物所需的托盘。

1. 托盘基本信息

1）尺寸：L1200mm×W1000mm×H200mm（1210 川型托）。

2）托盘重量 10kg/个。

3）托盘承重≤470kg。

2. 绘制要求

1）建议使用 Word 或 WPS 等具有绘图功能的办公自动化软件制作示意图。

2）需画出码放的奇数层和偶数层俯视图，以及整托的主视图（见图7-1）。

3）在图上标出托盘的长、宽尺寸（以mm为单位）。

4）用文字说明堆码后的层数。

5）用文字说明此类商品所需托盘的个数。

6）将托盘上的货物以浅灰色填涂。

7）货物组托时均需压缝。

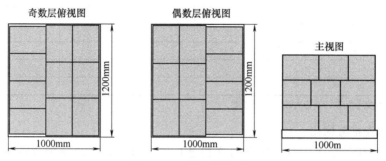

图7-1　组托图绘制样图

3. 货架参数

1）重型货架（托盘货架）。基本形式：1排6列4层，双货位。

2）货位参考尺寸如下。

第一层：L1125mm×W1000mm×H1000mm

第二层：L1125mm×W1000mm×H880mm

第三层：L1125mm×W1000mm×H880mm

3）单位货位（货格）承重≤500kg。

4）货位示意图如图7-2所示，其中阴影部分为货位锁定（不可放置货物），叉车或手动叉车的安全操作距离为150mm。

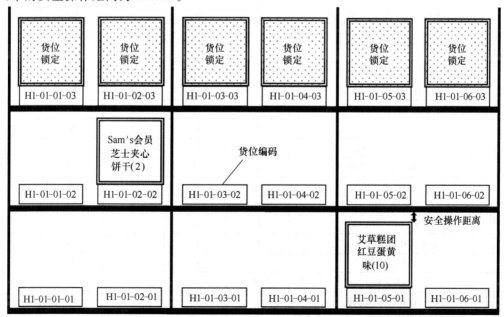

图7-2　重型货架形式与现有库存货位示意图

（四）设计托盘条码形式

条码设计形式不限，建议使用 CODE39 码，一托一码。条码打印形式推荐表见表 7-11。

表 7-11　条码打印形式推荐表

托盘条码	货品编码/条码	货品名称	数量
			2
			2
			2
			2
			2
			2
			2

注：本表仅作为参考形式，不作为最后正确答案。

（五）货位安排与优化

按照 ABC 分类的结果，对入库单的货物进行储位分配，并以重型货架的层数为单位，将货位存储情况绘制（反映）至存储示意图中。

三、制订出库计划

任务描述：

云仓 1 号仓配中心电商系统接到客户的采购需求计划，见表 7-12～表 7-16。请根据客户的档案，确定客户有效性与优先权，确定采购订单的拣选方案、补货计划。

表 7-12　空港公司采购订单

订单编号：CK001

序号	商品名称	单位	单价/元	订购数量	金额/元	备注
1	艾草糕团红豆蛋黄味	箱	100	5	500	
2	日清 UFO 飞碟炒面（鱼香肉丝味）	箱	200	4	800	
3	Sam's 会员芝士夹心饼干	箱	200	3	600	
4	宜家大玻璃杯	箱	300	5	1500	
5	日清 UFO 飞碟炒面（意面味）	箱	200	3	600	
6	立白椰油精华洗衣皂	个	10	3	30	
7	汰渍无磷洗衣皂	个	10	3	30	
8	奇强高级净柔皂	个	10	4	40	
9	洽洽香瓜子 260g	包	20	2	40	
10	奥利奥巧克力夹心味	盒	10	2	20	
11	立顿精选红茶	盒	40	1	40	
12	AD 钙 220g	瓶	5	3	15	
13	AD 钙 450mL	瓶	10	4	40	
14	东方树叶（青柑普洱）	瓶	10	3	30	
15	东方树叶（茉莉花茶）	瓶	10	7	70	
16	达利园派	包	10	2	20	
17	喜之郎什锦果肉果冻	个	10	2	20	
18	法丽兹酸奶巧克力味曲奇	盒	10	1	10	

表 7-13 渭城公司采购订单

订单编号：CK002

序号	商品名称	单位	单价/元	订购数量	金额/元	备注
1	艾草糕团红豆蛋黄味	箱	100	2	200	
2	Tempo 德宝天然无香面纸巾	箱	200	5	1000	
3	Sam's 会员芝士夹心饼干	箱	200	4	800	
4	金怡神甘蔗红糖	箱	300	2	600	
5	日清 UFO 飞碟炒面(意面味)	箱	200	5	1000	
6	洽洽香瓜子 260g	包	20	2	40	
7	奥利奥巧克力夹心味	盒	10	2	20	
8	立顿精选红茶	盒	40	1	40	
9	AD 钙 220g	瓶	5	3	15	
10	AD 钙 450mL	瓶	10	4	40	
11	东方树叶(青柑普洱)	瓶	10	1	10	
12	东方树叶(茉莉花茶)	瓶	10	2	20	
13	达利园派	包	10	2	20	
14	喜之郎什锦果肉果冻	个	10	1	10	
15	法丽兹酸奶巧克力味曲奇	盒	10	1	10	
16	旺旺雪饼	包	10	1	10	
17	旺旺仙贝	包	10	2	20	
18	乐事薯片黄瓜味	包	10	2	20	

表 7-14 秦都公司采购订单

订单编号：CK003

序号	商品名称	单位	单价/元	订购数量	金额/元	备注
1	艾草糕团红豆蛋黄味	箱	100	5	500	
2	日清 UFO 飞碟炒面(鱼香肉丝味)	箱	200	1	200	
3	Sam's 会员芝士夹心饼干	箱	200	5	1000	
4	宜家大玻璃杯	箱	300	3	900	
5	日清 UFO 飞碟炒面(意面味)	箱	200	3	600	
6	立白椰油精华洗衣皂	个	10	2	20	
7	汰渍无磷洗衣皂	个	10	2	20	
8	纳爱斯牙刷	个	10	1	10	
9	洽洽香瓜子 260g	包	20	2	40	
10	奥利奥巧克力夹心味	盒	10	2	20	
11	立顿精选红茶	盒	40	2	80	
12	冰糖雪梨(盒)	盒	5	3	15	
13	冰糖雪梨(瓶)	瓶	10	4	40	
14	东方树叶(红茶)	瓶	10	2	20	
15	东方树叶(绿茶)	瓶	10	2	20	
16	喜之郎什锦果肉果冻	个	10	2	20	
17	法丽兹酸奶巧克力味曲奇	盒	10	2	20	
18	旺旺雪饼	包	10	2	20	

表 7-15 碑林公司采购订单

订单编号:CK004

序号	商品名称	单位	单价/元	订购数量	金额/元	备注
1	艾草糕团红豆蛋黄味	箱	100	3	300	
2	日清 UFO 飞碟炒面(鱼香肉丝味)	箱	200	3	600	
3	Sam's 会员芝士夹心饼干	箱	200	2	400	
4	宜家大玻璃杯	箱	300	2	600	
5	日清 UFO 飞碟炒面(意面味)	箱	200	4	800	
6	立白椰油精华洗衣皂	个	10	2	20	
7	奇强高级净柔皂	个	10	2	20	
8	登康牙刷	个	10	1	10	
9	洽洽香瓜子 308g	包	25	3	75	
10	奥利奥巧克力夹心味	盒	10	2	20	
11	立顿精选红茶	盒	40	2	80	
12	AD 钙 220g	瓶	5	2	10	
13	AD 钙 450mL	瓶	10	4	40	
14	东方树叶(青柑普洱)	瓶	10	3	30	
15	东方树叶(绿茶)	瓶	10	2	20	
16	喜之郎什锦果肉果冻	个	10	2	20	
17	法丽兹酸奶巧克力味曲奇	盒	10	3	30	
18	旺旺雪饼	包	10	3	30	

表 7-16 雁塔公司采购订单

订单编号:CK005

序号	商品名称	单位	单价/元	订购数量	金额/元	备注
1	艾草糕团红豆蛋黄味	箱	100	4	400	
2	日清 UFO 飞碟炒面(鱼香肉丝味)	箱	200	2	400	
3	Sam's 会员芝士夹心饼干	箱	200	2	400	
4	宜家大玻璃杯	箱	300	5	1500	
5	日清 UFO 飞碟炒面(意面味)	箱	200	5	1000	
6	立白椰油精华洗衣皂	个	10	2	20	
7	奇强高级净柔皂	个	10	1	10	
8	纳爱斯牙刷	个	10	2	20	
9	洽洽香瓜子 308g	包	25	3	75	
10	奥利奥巧克力夹心味	盒	10	2	20	
11	立顿精选红茶	盒	40	2	80	
12	AD 钙 220g	瓶	5	3	15	
13	AD 钙 450mL	瓶	10	3	30	
14	东方树叶(绿茶)	瓶	10	4	40	
15	东方树叶(青柑普洱)	瓶	10	2	20	
16	达利园派	包	20	2	40	
17	喜之郎什锦果肉果冻	个	10	2	20	
18	旺旺雪饼	个	10	3	30	

任务实施:

(一)客户订单有效性与优先权分析

根据采购订单和客户档案判断客户订单有效性及优先权,表 7-17~表 7-21 为客户档案。

表 7-17　客户档案 1

客户编号	2009081602					
公司名称	空港公司			助记码		KG
法人代表	王××	家庭地址	陕西省咸阳市渭城区×××		联系方式	029-××××××××
证件类型	营业执照	证件编号	5896632477××××		营销区域	全国
公司地址	陕西省咸阳市渭城区×××		邮编	712000	联系人	王××
办公电话	029-××××××××	家庭电话	029-××××××××		传真号码	029-××××××××
电子邮箱	×××@ 136. com	QQ 账号	5841××××		微信号	734××××
开户银行	××××银行		银行账号		157××××××××××××	
公司性质	国有	所属行业	商业	注册资本	400 万元	经营范围	服装、食品
信用额度	15 万元	忠诚度	一般	满意度	一般	应收账款	13 万元
企业规模	中型企业		客户级别		B	
建档时间	2009 年 8 月		维护时间		2023 年 6 月	

表 7-18　客户档案 2

客户编号	2012400309					
公司名称	雁塔公司			助记码		YT
法人代表	张××	家庭地址	陕西省西安市雁塔区×××		联系方式	029-××××××××
证件类型	营业执照	证件编号	12010876543××××		营销区域	全国
公司地址	陕西省西安市雁塔区×××		邮编	710000	联系人	牛××
办公电话	029-××××××××	家庭电话	029-××××××××		传真号码	029-××××××××
电子邮箱	×××@ 136. com	QQ 账号	65326××××		微信号	275××××
开户银行	××××银行		银行账号		632××××××××××××	
公司性质	民营	所属行业	商业	注册资本	600 万元	经营范围	食品、日用百货
信用额度	6 万元	忠诚度	一般	满意度	一般	应收账款	5 万元
企业规模	微型企业		客户级别		B	
建档时间	2007 年 7 月		维护时间		2022 年 6 月	

表 7-19　客户档案 3

客户编号	2008160902					
公司名称	渭城公司			助记码		WC
法人代表	薛瑾	家庭地址	陕西省咸阳市渭城区×××		联系方式	029-××××××××
证件类型	营业执照	证件编号	12010875437××××		营销区域	全国
公司地址	陕西省咸阳市渭城区×××		邮编	712000	联系人	范××
办公电话	029-××××××××	家庭电话	029-××××××××		传真号码	029-××××××××
电子邮箱	×××@ eyou. com	QQ 账号	211546××××		微信号	276××××
开户银行	××××银行		银行账号		535××××××××××	
公司性质	合资	所属行业	零售业	注册资本	3600 万元	经营范围	食品、日用品
信用额度	10 万元	忠诚度	高	满意度	高	应收账款	9.8 万元
企业规模	中型企业		客户级别		A	
建档时间	2008 年 8 月		维护时间		2023 年 2 月	

表 7-20　客户档案 4

客户编号	2004030123					
公司名称	秦都公司			助记码		QD
法人代表	王××	家庭地址	陕西省咸阳市×××		联系方式	029-××××××××
证件类型	营业执照	证件编号	12010675478××××		营销区域	全国
公司地址	陕西省咸阳市秦都区×××		邮编	712000	联系人	任××
办公电话	029-××××××××	家庭电话	029-××××××××		传真号码	029-××××××××
电子邮箱	×××@126.com	QQ账号	875388××××		微信号	665××××
开户银行	××××银行		银行账号	864×××××××××××		
公司性质	民营	所属行业	零售业	注册资本	1200万元	经营范围	食品、办公用品
信用额度	150万元	忠诚度	高	满意度	较高	应收账款	142万元
企业规模	大型企业		客户级别	A		
建档时间	2006年5月		维护时间	2023年4月		

表 7-21　客户档案 5

客户编号	2009012403					
公司名称	碑林公司			助记码		BL
法人代表	李××	家庭地址	陕西省西安市碑林区×××		联系方式	029-××××××××
证件类型	营业执照	证件编号	12010378934××××		营销区域	全国
公司地址	陕西省西安市碑林区×××		邮编	710000	联系人	李××
办公电话	029-××××××××	家庭电话	029-××××××××		传真号码	029-××××××××
电子邮箱	×××@126.com	QQ账号	73849×××		微信号	334××××
开户银行	××××银行		银行账号	156×××××××××××		
公司性质	外资	所属行业	零售	注册资本	9400万元	经营范围	食品、日用百货
信用额度	150万元	忠诚度	较高	满意度	高	应收账款	150万元
企业规模	特大型企业		客户级别	A		
建档时间	2009年1月		维护时间	2023年3月		

1. 判断订单有效性

根据客户的订单及客户的基本档案判断订单是否有效，具体见表 7-22。

表 7-22　客户订单有效性分析表

客户名称	订单编号	是否有效	无效原因	订单处理
空港公司				
雁塔公司				
渭城公司				
秦都公司				
碑林公司				
主管签字：			日期：	

2. 判断有效订单的优先权

客户优先权判断过程中应选择以下指标：企业规模、客户级别、满意度、忠诚度，权重及赋分指标见表 7-23。通过计算得到各个订单的优先权，参考表 7-24。

表 7-23　权重及赋分指标

权重主体	具体赋分及指标			
企业规模(30%)	特大型企业(4)	大型企业(3)	中型企业(2)	微型企业(1)
客户级别(20%)	A(4)		B(2)	
满意度(20%)	高(4)	较高(3)	一般(2)	差(1)
忠诚度(30%)	高(4)	较高(3)	一般(2)	差(1)

表 7-24　客户订单优先权排序

客户优先权排序	权重赋分	客户名称	订单是否有效	订单处理
第一排序	—	××公司	√	最优分配库存
第二排序	—	××公司	—	—
第三排序	—	××公司	—	—
第四排序	—	××公司	√	最后分配库存
第五排序	—	××公司	×	不予发货

注：本表仅作为参考形式，不作为最后正确答案。

（二）库存分配计划表

根据各个库区的现有库存（见表 7-25～表 7-27，重型货架的存储情况应按照本单元"二、制订入库计划"的最终结果确定）。按照客户订单及其优先权制订库存分配计划表，库存分配计划表样例见表 7-28。

表 7-25　电子标签现有库存

条码	商品名称	单位	数量
6974175370234	清洁湿巾	包	20
6924743919259	乐事薯片黄瓜味	包	11
6920546800046	旺旺仙贝	包	20
6948118451274	淇悦强力粘钩	包	20
6974175370116	棉柔洁面巾	包	20
6926366120227	雪豹鞋油	包	20
6901668005946	奥利奥生日蛋糕味	盒	20
6902934990362	喜之郎什锦果肉果冻	个	20
6911988000682	达利园派	包	20
6924187821644	洽洽香瓜子 260g	包	20
6922314970043	枣家庄酸角		13
6920546800053	旺旺雪饼	包	20
6958770001892	莫小仙菌菇牛肉煲仔饭	盒	10
6924187828544	洽洽香瓜子 308g	包	20
6901668005755	奥利奥巧克力夹心味	包	20
6952395704633	双椒拌饭酱	瓶	13
6973977010010	作业本	个	11
6952395704657	青椒香菇拌饭酱	瓶	15
6922503504505	易佳净刷刷球	个	20
6913221010106	立顿精选红茶	盒	20
6933606620123	席老大沐浴擦	包	20
6954540736216	伟祥指甲刀	包	20
6948832901116	爱梳牌梳子	个	20
6921738002415	宝克大容量中性笔	盒	14
6947929617428	法丽兹酸奶巧克力味曲奇	盒	20
6948326903206	胜旺跳绳	包	20
6924975886985	小浣熊空气清新剂	个	20

表 7-26　阁楼货架区现有库存

条码	商品名称	规格	数量
6920174720631	立白椰油精华洗衣皂	202g	20
6936481802564	丁家宜维生素 E 乳（芦荟）	100g	20
6903148117835	汰渍洗衣液	1000g	11
6903148047729	舒肤佳芦荟沐浴露	200mL	10
6903148157008	汰渍无磷洗衣皂	202g	20
6903148047774	舒肤佳金银花/菊花沐浴露	200mL	10
6910019022747	纳爱斯健爽白牙膏	45g	20
6910019005498	纳爱斯牙刷	个	20
6902132008951	登康牙刷	个	20
6907917132425	奇强高级净柔皂	202g	20
6903148047767	舒肤佳金银花/菊花沐浴露	400mL	10
6915324005898	妮维雅洁面乳	120g	20

表 7-27　重型货架现有库存

序号	商品名称	规格	数量
1	神内胡萝卜汁	238mL	8
2	AD 钙	220g	20
3	AD 钙	450mL	20
4	美年达百香果菠萝味	500mL	20
5	橙味美年达（罐装）	330mL	20
6	橙味美年达（瓶装）	500mL	20
7	美年达葡萄味（瓶装）	500mL	20
8	美年达葡萄味（罐装）	330mL	20
9	康师傅无糖冰红茶	500mL	20
10	康师傅柠檬味冰红茶	500mL	20
11	冰糖雪梨（盒）	250mL	20
12	冰糖雪梨（瓶）	500mL	20
13	康师傅蜜桃小酪	500mL	20
14	康师傅蜂蜜柚子	500mL	20
15	东方树叶（红茶）	500mL	20
16	东方树叶（青柑普洱）	500mL	20
17	东方树叶（茉莉花茶）	500mL	20
18	东方树叶（绿茶）	500mL	20
19	农夫山泉矿泉水	550mL	20
20	康师傅喝开水	550mL	20
21	农夫山泉水溶 C100	445mL	8
22	农夫果园 50%混合果蔬	500mL	12
23	统一阿萨姆原味奶茶	500mL	8
24	百事可乐（瓶）	500mL	5

表 7-28　库存分配计划表样例

库区	商品名称	单位	现库存	××公司		××公司		××公司		××公司		总需求	剩余库存	备注
				需求量	分配量	需求量	分配量	需求量	分配量	需求量	分配量			
重型货架	×××商品		20									21	−1	缺货
	×××商品		20									19	1	

（续）

库区	商品名称	单位	现库存	××公司		××公司		××公司		××公司		总需求	剩余库存	备注
				需求量	分配量	需求量	分配量	需求量	分配量	需求量	分配量			
阁楼货架区														
重型货架散货区														
电子标签区														

注：本表仅作为参考形式，不作为最后正确答案。

（三）补货作业计划

根据库存分配计划表缺货情况及时与客户沟通并制订补货计划。客户订单异常处理样表见表 7-29。

表 7-29　客户订单异常处理样表

客户名称	订单编号	货物名称	缺货数量	解决办法	订单处理
××公司	××	××	2	到货后补发	无
××公司	××	××	2	缺货货物采购取消	订单修改
××公司	××	××	2	订单取消	订单取消

主管：　　　　　　仓管员：　　　　　　日期：

（四）拣选计划作业设计

根据库存情况及订单情况设计拣选单，设计的拣选单必须便于拣选作业，可采取订单合并、订单拆解等方式，最终达到拣选次数少、路径最优、拣选效率最高的效果。播种式拣选单样例见表 7-30，摘果式拣选单样例见表 7-31。

表 7-30　播种式拣选单样例

货物名称			储位区域		储位编码		
日期			拣选总数		拣选方式		播种式
序号	客户名称	订单编号	拣选数量	规格	分配月台	备注	
					×号月台		
					×号月台		

理货员：　　　　　　审核员：　　　　　　完成日期：

注：此表仅作为参考样例，具体设计时应考虑将所有货物呈现在拣选单中。

表 7-31　摘果式拣选单样例

客户名称				订单编号		
拣选品类数				日期		
拣选总数				分配月台		×号月台
序号	货物名称	储位编码	库区	拣选数量	规格	备注
			电标区			
			重散区			
			立库区			
			阁楼区			
			重货区			
			智能区			

理货员：　　　　审核员：　　　　完成日期：

四、制订配送方案

任务描述：

龙海物流集团云仓 1 号库位于 P 点，将于第二天向渭城（A）、空港（B）、碑林（C）、秦都（D）、临潼（E）、长安（F）、未央（G）、莲湖（H）、雁塔（I）9 家公司配送货物。图 7-3 所示连线上的数字表示公路里程（km）。靠近各公司括号内的数字，表示各公司对货物的需求量（t）。配送中心备有 2t 和 4t 载重量的汽车可供使用，且汽车（只按顺时针方向行驶）一次巡回里程不能超过 35km。设送到时间均符合用户要求，试用节约里程法制订最优的配送方案。

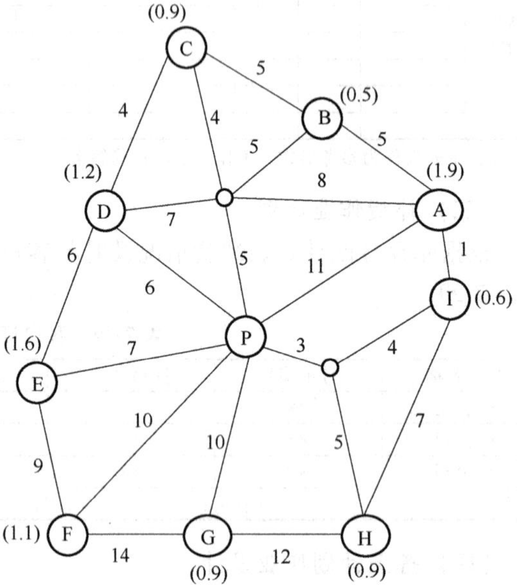

任务实施：

根据配送线路优化结果，绘制配送车辆积载图。根据客户绘制的情况，可不显示货物品种，但要体现配送的先后顺序。

图 7-3　配送网络

小组需根据指定车型完成车辆配装，指定车型信息如下。

1. 大车规格

车厢内尺寸（长×宽×高）：1.54m×1.02m×1.07m。

车辆外尺寸（长×宽×高）：1.60m×1.06m×1.10m。

车厢侧拉门 1 个、后双开门 1 个。

2. 小车规格

车厢内尺寸（长×宽×高）：1.32m×0.86m×0.8m。

车辆外尺寸（长×宽×高）：1.35m×0.90m×0.88m。

车厢侧拉门 1 个、后双开门 1 个。

以上数据误差为 0.02m。

单元二　生产企业智慧物流综合实训

【实训背景】

彩虹工贸集团制造有限公司是一家研发、设计、生产和销售的实业型企业，主营产品包括阴极射线管、绝缘陶瓷管、充电转子等专业设备配件。根据公司董事会决议，需要在陕西省西咸新区沣西新城新建智能装配制造示范基地，占地面积约 $10000m^2$，年产量超过 1200 万件。

该车间计划占地面积为长 30m×宽 20m，主要包括原材料存储库、装配车间和成品库，目前已初步确定年计划生产 12 个月，主要硬件设备具体如下。

原材料存储库（长 15m×宽 10m）：采用货到人（GTP）作业模式与搬运机器人（AGV），主要用于原材料的存储与搬运；装配车间（长 15m×宽 10m）：采用点到点（P2P）作业模式与搬运机器人（AGV），主要用于装配车间原材料补给。装配车间 AGV 原材料补给的转运接驳区域为长 9m×宽 4.8m；产成品到自动化立体仓库的转运接驳区域为长 6m×宽 7.2m。

一、原材料需求分析

任务描述：

彩虹工贸集团制造有限公司为了有效提升公司生产运营效率、改善产品质量，计划新建"智慧生产示范车间"（以下简称车间），车间目前制造组装 A 型绝缘陶瓷管和 B 型绝缘陶瓷管两类产品。请根据相关数据，分析 2024 年 A 型绝缘陶瓷管和 B 型绝缘陶瓷管二者的年总需求、日产能规划和时产能规划，以对应各种原材料的日需求和时需求。

任务实施：

（一）预测年总需求

根据市场调研，A 型、B 型绝缘陶瓷管的需求与加热元件的市场需求有一定的联系。因此市场部对近五年绝缘陶瓷管与加热元件销售数据进行调查，见表 7-32。

表 7-32　近五年绝缘陶瓷管与加热元件销售数据列表　　　　（单位：万件）

年份	A 型绝缘陶瓷管年总需求	B 型绝缘陶瓷管年总需求	加热元件销售数据
2019 年	89.76	88.31	103.24
2020 年	90.24	87.76	105.22
2021 年	85.87	84.32	98.76
2022 年	77.96	76.54	88.83
2023 年	90.54	90.01	108.87

根据市场预测，加热元件 2024 年需求总量为 110 万件。

通过表 7-32，利用一元线性回归分析可以得到：

A 型绝缘陶瓷管年总需求为（＿＿＿＿＿＿＿＿＿＿）；

B 型绝缘陶瓷管年总需求为（＿＿＿＿＿＿＿＿＿＿）。

（二）预测各原材料的需求

通过产线产能规划信息表（见表 7-33）和 A 型、B 型绝缘陶瓷管 BOM 清单（见表 7-34），推算出各原材料的需求量（见表 7-35）。

表 7-33　产线产能规划信息表

产线名	产品型号	班次/（班/日）	每日工作时长/（小时/班）	月工作日/天	产线数量/条
产线一	阴极射线管	3	5	25	1
产线二	绝缘陶瓷管	3	5	25	1

表 7-34　产成品 BOM 清单

A 型绝缘陶瓷管 BOM 清单						
物料编码	BOM 清单	数量/件	长/mm	宽/mm	高/mm	重量/kg
6921168509256	陶瓷外管 I 型	1	40	50	35	0.2
6949930103471	基座 I 型	2	50	40	35	0.1
6903148047767	金属导极 I 型	1	40	50	40	0.3
6910019005498	陶瓷内管 I 型	1	50	40	30	0.2
6921168559244	绝缘外壳 I 型	1	50	50	24	0.2

备注：A 型绝缘陶瓷管成品每件规格为 200mm×90mm×80mm，重量为 1kg

B 型绝缘陶瓷管 BOM 清单						
物料编码	BOM 清单	数量/件	长/mm	宽/mm	高/mm	重量/kg
6921168594511	陶瓷外管 II 型	1	46	26	45	0.2
6933606620123	基座 II 型	1	40	50	40	0.2
6973870130006	金属导极 II 型	1	35	33	45	0.2
6958770001892	陶瓷内管 II 型	1	52	37	31	0.2
6936571950090	绝缘外壳 II 型	2	50	40	30	0.2

备注：B 型绝缘陶瓷管成品每件规格为 210mm×110mm×80mm，重量为 1.8kg

表 7-35　各原材料需求量分析预测结果

产品名称	BOM 清单	数量/件	月需求/件	日需求/件	班需求/件	时需求/件
绝缘陶瓷管 A	陶瓷外管 I 型	1				
	基座 I 型	2				
	金属导极 I 型	1				
	陶瓷内管 I 型	1				
	绝缘外壳 I 型	1				
绝缘陶瓷管 B	陶瓷外管 II 型	1				
	基座 II 型	1				
	金属导极 II 型	1				
	陶瓷内管 II 型	1				
	绝缘外壳 II 型	2				

二、存储区智慧存储设备分析

任务描述：

将货物存放至原材料存储库中。原材料存储库尺寸为长 15m×宽 10m。采用货到人（GTP）作业模式与搬运机器人（AGV），主要用于原材料的存储与搬运，如图 7-4 和图 7-5 所示。

通过各原材料的需求分析，以满足阶段性生产周期为目标，计算各个原材料所需料箱数、所需 AGV 货架总数，以确保原料供应。原材料的存储库相关设备参数见表 7-36。

图 7-4　AGV 机器人与 AGV 货架

图 7-5　AGV 机器人与料箱

表 7-36　原材料存储库设备参数

参数名称	参数值	参数名称	参数值
货架规格/mm	1020×1020×1900	货架底层(托举)高度/mm	400
货架每层高度/mm	300	货架层数/层	5
物料料箱容器体积/mm	500×330×180	物料料箱有效使用空间	50%
原材料存储库存储量	A 类货物:1.5 倍日存储量 B 类货物:1.25 倍日存储量 C 类货物:1 倍日存储量	料箱需求比例	1:1.1

备注:
1. 每个 AGV 货架只能存放 1 种原材料
2. 每个货位可放置 1 个容器
3. 每种原材料料箱需求根据需求比例连续计算,最终结果按实际要求取整

任务实施:

(一) 原材料存储量确定

为保证原材料仓库布局合理规范且效率最高,各个原材料存储量按物动量 ABC 进行存储,其中 A 类货物为日产能的 1.5 倍,B 类货物为日产能的 1.25 倍,C 类货物为日产能的 1 倍。各原材料最优存储量见表 7-37。

表 7-37　各原材料最优存储量

产品名称	原材料名称	原材料库存储量/件	分类标准
绝缘陶瓷管 A	陶瓷外管 I 型		B 类
	基座 I 型		B 类
	金属导极 I 型		A 类
	陶瓷内管 I 型		C 类
	绝缘外壳 I 型		C 类
绝缘陶瓷管 B	陶瓷外管 II 型		C 类
	基座 II 型		B 类
	金属导极 II 型		A 类
	陶瓷内管 II 型		A 类
	绝缘外壳 II 型		C 类

(二) 原材料存储料箱数确定

为保障物流标准化作业和物流作业流通顺畅,全过程搬运均需要标准料箱,以便计算货位数量。表 7-38 为各原材料标准物料箱箱装量,表 7-39 为各原材料标准物料箱数。

表 7-38　各原材料标准物料箱箱装量

产品名称	原材料名称	原材料体积/mm³	标准料箱体积/mm³	箱装量/件
绝缘陶瓷管 A	陶瓷外管Ⅰ型	40×50×35		
	基座Ⅰ型	50×40×35		
	金属导极Ⅰ型	40×50×40		
	陶瓷内管Ⅰ型	50×40×30	500×330×180	
	绝缘外壳Ⅰ型	50×50×24		
	陶瓷外管Ⅱ型	46×26×45		
绝缘陶瓷管 B	基座Ⅱ型	40×50×40		
	金属导极Ⅱ型	35×33×45		
	陶瓷内管Ⅱ型	52×37×31		
	绝缘外壳Ⅱ型	50×40×30		

表 7-39　各原材料标准物料箱数

产品名称	原材料名称	存储量/件	箱装量/(件/箱)	物料箱数/个
绝缘陶瓷管 A	陶瓷外管Ⅰ型			
	基座Ⅰ型			
	金属导极Ⅰ型			
	陶瓷内管Ⅰ型			
	绝缘外壳Ⅰ型			
绝缘陶瓷管 B	陶瓷外管Ⅱ型			
	基座Ⅱ型			
	金属导极Ⅱ型			
	陶瓷内管Ⅱ型			
	绝缘外壳Ⅱ型			

（三）原材料存储库 AGV 货架数量确定

各物料箱在原材料存储区应放置于 AGV 货架上，以实现货到人的操作。原则上一个 AGV 货架放置一种原材料，原材料不宜混装。各原材料标准物料箱数见表 7-40。

表 7-40　各原材料标准物料箱数　　　　　　（单位：个）

产品名称	原材料名称	物料箱数	AGV 货架料箱存储量	AGV 货架数
绝缘陶瓷管 A	陶瓷外管Ⅰ型			
	基座Ⅰ型			
	金属导极Ⅰ型			
	陶瓷内管Ⅰ型			
	绝缘外壳Ⅰ型			
绝缘陶瓷管 B	陶瓷外管Ⅱ型			
	基座Ⅱ型			
	金属导极Ⅱ型			
	陶瓷内管Ⅱ型			
	绝缘外壳Ⅱ型			

三、智慧仓配各区域设备需求分析

任务描述：

接下来，需要对原材料存储区、装配接运车间和接驳区域这三部分运行的 AGV 数量及工作站数量进行分析。智慧生产示范车间的"三区"智慧设备见图 7-6。

具体的工作流程如下。

（1）原材料入库流程 AGV 接到入库指令→AGV 顶举货架→AGV 带空货架前往入库工作站→操作员将物料箱放置在货架上→AGV 接到货位指令→AGV 运行至货位放下货架→AGV 前往 AGV 等待区充电→等待下次命令。

（2）原材料出库至产线 AGV 接到出库指令→AGV 前往目标货架→AGV 顶举货架→AGV 带货架前往拣选工作站→操作员按箱取货后 AGV 回到休息区→料箱放置在出库工作站后操作系统（此时生产车间 AGV 前往出库工作站）→操作员将料箱放置在生产车间 AGV 上→生产车间 AGV 前往产线→工位工人取货后放置在线边库→生产车间 AGV 回到装配接运车间的 AGV 休息区。

（3）成品入库至自动化立体库 成品转运 AGV 接到命令前往成品缓存库→操作员将成品料箱放置在 AGV 上→系统操作后前往自动化立体库→自动化立体库入库→成品转运 AGV 返回等待区。

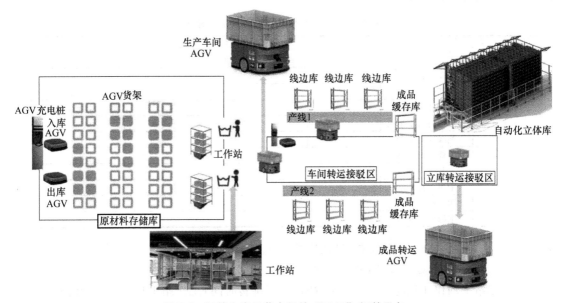

图 7-6 智慧生产示范车间的"三区"智慧设备

任务实施：
潜伏式搬运机器人和线性搬运机器人 AGV 运行参数见表 7-41 和表 7-42。

表 7-41 潜伏式搬运机器人 AGV 运行参数

参数名称	参数值	参数名称	参数值
AGV 行驶速度/(m/s)	1	AGV 步长/m	1.2
AGV 充电时长(0~100%)/h	1	AGV 续航时间/h	4
AGV 到达货架平均时间/s	20	站点切换平均时间/s	40
AGV 顶举货架平均时间/s	3	货架旋转平均时间/s	18
AGV 放下货架平均时间/s	3	入库工作站任务平均作业时间/(s/箱)	72
拣选工作站任务平均作业时间/(s/箱)	35	AGV 单程平均转弯次数/次	5
AGV 平均转弯速度/(s/次)	3	—	—
备注：潜伏式 AGV 用于货架顶举，与 AGV 货架联用			

表 7-42 线性搬运机器人 AGV 运行参数

参数名称	参数值	参数名称	参数值
AGV 行驶速度/(m/s)	1	AGV 步长/m	1.2
AGV 充电时长(0~100%)/h	1	AGV 续航时间/h	4
载重/kg	100	读码精度/mm	10
AGV 单程平均转弯次数/次	2	AGV 平均转弯速度/(s/次)	3
装配车间 AGV 到达工作站平均时间/s	12	成品转运 AGV 到达成品线边仓平均时间/s	12
备注:线性 AGV 用于跨区等各类接驳			

(一) 原材料存储区智慧设备数量计算

1. 工作站数量的计算

工作站是配合 AGV 及生产线工作的中间处理站,是处理拣选任务、入库任务及越库任务的关键因素,其与各原材料每小时的搬运次数有密切关系。因此应先对各原材料每小时的搬运次数进行分析,见表 7-43。

表 7-43 原材料每小时的搬运次数分析

产品名称	原材料名称	数量/件	箱装量(件/箱)	每小时需求量/件	搬运次数	取整
绝缘陶瓷管 A	陶瓷外管 I 型					
	基座 I 型					
	金属导极 I 型					
	陶瓷内管 I 型					
	绝缘外壳 I 型					
绝缘陶瓷管 B	陶瓷外管 II 型					
	基座 II 型					
	金属导极 II 型					
	陶瓷内管 II 型					
	绝缘外壳 II 型					

工作站=搬运次数/工作站 1h 作业效率

工作站 1h 作业效率=3600/工作站平均作业耗时

工作站平均作业耗时=站点切换时间+货架旋转时间+工作站平均作业处理时间

可以得到,入库工作站=拣选工作站=(_____)个。

2. AGV 数量及充电桩计算

入库 AGV=AGV 往返时间/入库工作站单次作业耗时

AGV 往返时间=到达货架时间+顶举货架时间+放下货架时间+(1/2×库长+1/4×库宽)/(AGV 行驶速度+转弯速度×转弯次数)×2

入库工作站单次作业耗时=站点切换时间+货架旋转时间+工作站平均作业处理时间

原材料存储区 AGV 数量分析见表 7-44。

表 7-44 原材料存储区 AGV 数量分析

项目	数据
AGV 单次作业往返时间	
拣选 AGV 数量	
入库 AGV 数量	
存储区充电桩数量(即 AGV 总数的 1/4)	

（二）车间转运接驳区智慧设备数量计算

装配车间 AGV = AGV 每小时搬运次数/AGV 每小时作业效率

AGV 每小时作业效率 = 3600/生产车间 AGV 往返时间

装配车间 AGV 往返时间 = 装配车间 AGV 到达货架时间 + (1/2×库长 + 1/4×库宽)/
(AGV 行驶速度 + 转弯速度×转弯次数)

装配车间 AGV 数量分析见表 7-45。

表 7-45　装配车间 AGV 数量分析

项目	数据	项目	数据
装配车间单次作业时间		装配车间充电桩	
装配车间 AGV 每小时工作效率		装配车间充电桩数量	
装配车间 AGV 数量			

（三）立库转运接驳区智慧设备数量计算

AGV 每小时作业效率 = 3600/成品转运区车间 AGV 往返时间

成品转运区 AGV 往返时间 = 装配车间 AGV 到达货架时间 + (1/2×库长 + 1/4×库宽)/
(AGV 行驶速度 + 转弯速度×转弯次数)

成品转运区 AGV 数量分析见表 7-46。

表 7-46　成品转运区 AGV 数量分析

项目	数据	项目	数据
成品转运区 AGV 单次作业时间		成品转运区 AGV 数量	
成品转运区 AGV 每小时工作效率		成品转运区 AGV 充电桩数量	
成品搬运次数			

四、智慧物流生产作业运营计划制订

任务描述：

智慧物流生产作业运营计划是整个作业环节中最关键的一部分，下面对生产作业环节进行配送节拍、上料节拍及周转库存的计算，以确保补料任务顺利、按时进行，保持生产节拍稳定，产线运转平稳。

表 7-47 是两条生产线在生产时的组装装配工艺与节拍；表 7-48 是成品库设备（成品缓存库）参数；表 7-49 是各产线工位上的线边库设备参数。

表 7-47　组装装配工序与节拍

产线名称	组装工序 1		组装工序 2		组装工序 3		组装工序 4		线边原材料安全库存
	工序周期时间	物料	工序周期时间	物料	工序周期时间	物料	工序周期时间	物料	
A 型绝缘陶瓷管生产线	14s	绝缘外壳 I 基座 I	13s	金属导极 I	13s	陶瓷内管 I	13s	陶瓷外管 I	按生产 45 件成品设置
B 型绝缘陶瓷管生产线	15s	绝缘外壳 II 基座 II	14s	金属导极 II	14s	陶瓷内管 II	13s	陶瓷外管 II	按生产 45 件成品设置

表 7-48　成品库设备参数

参数名称	具体参数	参数名称	具体参数
物料箱容器体积/mm	500×330×180	货架排数	单排
货架层数/层	2	货架列数/列	1

表 7-49　线边库设备参数

参数名称	具体参数	参数名称	具体参数
货架规格/mm	1020×700×1000	货架排数	单排
物料箱容器体积/mm	500×330×180	每个货架放置容器量/个	8
货架层数/层	4	货架列数/列	1
物料箱有效使用空间	50%	物料箱有效使用空间	50%

备注:
1. 每个生产工位设置 1 个原材料缓存货架,每条生产线设置 1 个成品缓存货架
2. 每个货位可放置 2 个容器
3. 原材料缓存货架每个货位只能存放 1 种原材料

任务实施:

(一) 配送节拍、上料节拍及周转库存的计算

配送节拍＝AGV 到达货架时间+顶举货架时间+(1/2×库长+1/4×库宽)/(AGV 行驶速度+转弯速度×转弯次数)+货架旋转时间+站点切换时间+工作站任务平均处理时间

上料节拍＝装配车间到达货架时间+(1/2×库长+1/4×库宽)/(AGV 行驶速度+转弯速度×转弯次数)

补料周转库存＝(配送节拍+上料节拍)/瓶颈节拍+安全库存

配送节拍、上料节拍及周转库存见表 7-50。

表 7-50　配送节拍、上料节拍及周转库存

成品名称	配送节拍	上料节拍	瓶颈节拍	周转库存/件	取整
A 型绝缘陶瓷管					
B 型绝缘陶瓷管					

(二) 补料点的确定

补料周转库存＝(配送节拍+上料节拍)/瓶颈节拍+安全库存

原材料及产成品周转库存及补料点见表 7-51。

表 7-51　各原材料及产成品周转库存及补料点

原材料名称	BOM 关系	安全库存/件	周转库存/件	补料点/件
陶瓷外管Ⅰ型				
基座Ⅰ型				
金属导极Ⅰ型				
陶瓷内管Ⅰ型				
绝缘外壳Ⅰ型				
陶瓷外管Ⅱ型				
基座Ⅱ型				
金属导极Ⅱ型				
陶瓷内管Ⅱ型				
绝缘外壳Ⅱ型				

参 考 文 献

[1] 薛威. 仓储作业管理 [M]. 4 版. 北京：高等教育出版社，2022.

[2] 刘雅丽，解翠杰. 仓储与配送管理 [M]. 北京：高等教育出版社，2021.

[3] 操露. 智慧仓储实务：规划、建设与运营 [M]. 北京：机械工业出版社，2023.

[4] 谈慧. 仓储与配送管理 [M]. 北京：高等教育出版社，2021.

[5] 郑克俊. 仓储与配送管理 [M]. 4 版. 北京：科学出版社，2018.

[6] 鲁楠，刘明鑫. 采购管理与库存控制 [M]. 5 版. 大连：大连理工大学出版社，2022.

[7] 北京中物联物流采购培训中心. 物流管理职业技能等级认证教材：中级 [M]. 南京：江苏凤凰教育
      出版社，2019.

[8] 李海民，薛刚. 物流配送实务 [M]. 3 版. 北京：北京理工大学出版社，2019.

[9] 王斌. 智能物流：系统构成与技术应用 [M]. 北京：机械工业出版社，2022.

[10] 弗布克管理咨询中心. 仓库管理员精细化管理工作手册 [M]. 北京：化学工业出版社，2020.

[11] 弗布克管理咨询中心. 配送人员精细化管理工作手册 [M]. 北京：化学工业出版社，2020.